George Cypriano Bühler
Kampf den Piraten

George Cypriano Bühler

KAMPF DEN PIRATEN

Mein Einsatz unter fremder Flagge

Aufgeschrieben von Tina Klopp

Econ

Ausländische Städtenamen wurden im Text und der Klappkarte bewusst
in englischer Transkription abgedruckt.

Econ ist ein Verlag
der Ullstein Buchverlage GmbH

ISBN 978-3-430-20150-6

© der deutschsprachigen Ausgabe
Ullstein Buchverlage GmbH, Berlin 2013
© für Fotos: George Cypriano Bühler
© für Karte: Peter Palm, Berlin
Alle Rechte vorbehalten
Gesetzt aus der Sabon und der Helvetica
Satz: LVD GmbH, Berlin
Druck und Bindearbeiten: CPI – Clausen & Bosse, Leck
Printed in Germany

Inhaltsverzeichnis

Prolog eines Contractors

»Dann geht ihr eben ohne Waffen aufs Schiff!«, hatte mein Vorgesetzter entschieden. »Ihr fahrt mit. So oder so.«

Ich wischte mir den Schweiß von der Stirn. Dann las ich die E-Mail noch einmal.

Wir saßen in Muscat fest, der Hauptstadt des Oman, in einem schäbigen Hotel ohne Klimaanlage oder halbwegs funktionierende Klospülung. Mein Zimmer war dürftig eingerichtet, das Haus hatte die besten Zeiten längst hinter sich gelassen. Von meinem Hotelfenster aus schaute ich direkt auf das Hafenbecken – eine gewaltige Portanlage mit protzigen Luxusyachten und der Edelyacht der omanischen Herrscherfamilie. Der Kontrast zur extremen Kargheit des Landes hätte größer kaum sein können.

Der Chef jedenfalls meinte, was er sagte. Daran hatte der Ton seiner E-Mail keinen Zweifel gelassen.

Ich musste zweimal kräftig durchatmen, um nicht sofort empört zurückzumailen. Stattdessen klappte ich das Notebook wieder zu und verstaute es in dem schäbigen Hotelzimmersafe, eher aus Platzmangel denn aus echtem Sicherheitsbedürfnis. Diesen Safe hätte vermutlich jede omanische Großmutter mit Hilfe einer Haarnadel aufbekommen.

Unten im Hotelrestaurant wartete mein Teamkollege Jeff auf mich. Er löschte seinen Kater vom Vortag mit frischem Tee.

Es war der 25. Dezember. Gestern Abend hatten wir zusammen Weihnachten gefeiert. Mit viel Dosenbier und schlechten Witzen, bei sommerlichen Temperaturen und in der Gesellschaft einer Handvoll Küchenschaben, die geschäftig über den Hotelfußboden krabbelten.

Jeff war Engländer. Gestern Abend hatte er sich feierlich eine selbst gebastelte Partymütze auf den Kopf gesetzt und behauptet, das sei die nationaltypische Weihnachtstracht der Briten. Mein Gott, ich hatte schon schlechtere Weihnachten gefeiert.

Unser letzter Einsatz hatte uns hierher geführt. Wir hatten die *Mona-Lisa*, einen alten venezolanischen Frachter, von Suez in Ägypten hierher begleitet, durch den Golf von Aden und an der somalischen Küste entlang. Jetzt saßen wir schon seit zwei Tagen in diesem abgerockten Hotel und wussten nicht so recht, wie es mit uns weitergehen sollte.

Die vergangenen Tage waren mehr als nervenaufreibend gewesen. Und während wir auf neue Instruktionen gewartet hatten, war die Stimmung im Team immer weiter in den Keller gewandert. Bei unserer Ankunft in Muscat waren wir noch zu viert gewesen. Aber zwei von uns hatten sich vor zwei Tagen bereits verabschiedet und waren mit dem nächstbesten Flieger in ihre Heimat abgeflogen. Die beiden waren die Einzigen im Team gewesen, die schon über Einsatzerfahrung verfügten. Und sie hatten keinen Zweifel daran gelassen, dass sie die Schnauze voll hatten von diesem Auftrag und dem haarsträubenden Missmanagement unserer Firma. Zu viel war bisher schon schiefgegangen.

Unser aktuelles Problem ließ sich in einem einfachen Satz zusammenfassen: Wir hatten keine Waffen mehr. So schnell das Problem auch umrissen war, so wenig ließ es sich lösen. Es war völlig undenkbar, mitten in Muscat und auf eigene Faust mal eben eine Handvoll Gewehre aufzutreiben. Auch unsere Einsatzleitung wusste keinen Rat. Zwar wollte man uns am liebsten schon morgen in den nächsten Einsatz schicken. Aber man war nicht in der Lage, dafür Gewehre oder gar neue Männer zu organisieren.

Und damit war auch klar, warum sich die beiden erfahrenen Teamkollegen aus dem Staub gemacht hatten. Der Einsatz sah nämlich vor, dass wir zwei Versorgungsschiffe, sogenannte *supply vessels*, nach Mauritius begleiten sollten.

Obwohl ich noch ziemlich neu war im Geschäft, ahnte ich, was das bedeutete: Mit zwei Mann, ohne eine einsatzbereite Waffe, geschweige denn eine einzige müde Patrone, war das ein Himmelfahrtskommando. Es war schlicht Wahnsinn. Die Strecke würde uns durch genau die Region führen, die in jeder ordentlichen Seekarte als *high risk area*, also als Hochrisikozone, gekennzeichnet war. In der Gegend gab es fast so viele Piraten wie Seevögel.

Dort unten in Muscat begriff ich etwas Wichtiges. Etwas, das für einen privaten Sicherheitsmann wie mich von wesentlicher Bedeutung war: Niemand in diesem Business gab auch nur einen Penny auf mein Leben. Wenn ich in diesem Job überleben wollte, musste ich ganz allein auf mich aufpassen.

Bei der Bundeswehr hätte es einen Vorgesetzten gegeben, der im Zweifel zur Rechenschaft gezogen worden wäre, wenn er uns in einen schlecht geplanten Einsatz geschickt hätte und uns dabei etwas zugestoßen wäre. In dieser Branche gab es keinen direkten Vorgesetzten. Oft wusste ich nicht einmal, wer der Mensch war, der mir die E-Mail mit dem Auftrag geschickt hatte. Es gab auch keine Telefonnummer, die ich wählen konnte, wenn ich ein Problem hatte.

Ich mag das Wort »Söldner« nicht, und ich sage daher lieber: Ich fahre unter fremder Flagge, oder: Ich bin ein Contractor, oder noch lieber: Operator. Spricht man von Söldnern, denken die Leute immer gleich an brutale Typen und die allerschlimmsten Geschichten – vielleicht zu Recht.

Aber wahr ist auch, dass der Security-Typ immer nur der gekaufte Soldat ist in einem Konflikt, von dem sich die klugen Kritiker und Journalisten in ihren gemütlichen Büros oft gar keine konkrete Vorstellung mehr machen. Meist geht es um politische Konflikte, die viel zu verwickelt sind, als dass sie noch mit einem einfachen moralischen Urteil wie »gerecht« oder »ungerecht«, »gut« oder »böse« belegt werden könnten. Kurz: Wir mussten halt ran, wenn es sonst niemanden gab, der seinen Kopf hinhalten wollte.

Wir waren auch die Typen, die in keiner Statistik auftauchten, wenn ihnen im Ausland etwas zustieß, und um die öffentlich nie jemand weinte. Im Gegenteil, auf uns wurde geschimpft, wenn etwas schiefging. Wenn von uns einer überreagierte oder mit dem Stress nicht klarkam und zu früh auf den Abzug drückte, würde es genauso Ärger geben wie in dem umgekehrten Fall, wenn die Piraten Erfolg hätten und es ihnen gelänge, ein Schiff samt Besatzung in ihre Gewalt zu bekommen. Was übrigens schon unendlich oft passiert ist. Aber noch nie, wenn ein bewaffneter Guard mit an Bord war.

So war es jetzt allein an mir zu entscheiden, ob ich für die 500 Dollar am Tag weiter mein Leben riskieren und mich im Zweifel von Kugeln in einen Schweizer Käse verwandeln lassen wollte. Oder ob ich dem Rat der erfahrenen Kollegen folgte und mir diesen Job, der wohlgemerkt eigentlich mein Traumjob war, zumindest für dieses eine Mal lieber durch die Lappen gehen ließ. Den Chef brauchte ich jedenfalls nicht um Rat zu fragen. Solange der Kunde zahlte, würde er mich in den Einsatz schicken, so oder so. Den Leuten im Office war egal, ob ich dabei nur die miesen Kochkünste des Schiffskochs und ein bisschen Langeweile an Deck zu fürchten hatte. Oder ob die Wahrscheinlichkeit, heil aus diesem Unterfangen zu kommen, kaum größer war als die Überlebenschance eines Koi-Karpfens in einem Haifischbecken.

Ich schrieb meinem Vorgesetzten eine E-Mail und bat um ein Rückflugticket. Es dauerte nicht lange, bis ich es bekam. Und nicht nur das. Die Antwort war klar und unmissverständlich: Man würde dann, schrieben sie mir, wohl auch in Zukunft auf meine Hilfe gut verzichten können.

Danke gleichfalls, dachte ich.

Ich kannte meinen Preis. Und mein Leben, hatte ich beschlossen, war mir definitiv zu teuer für diesen Einsatz.

Das Himmelfahrtskommando

Ich erinnere mich noch gut an den Tag, als ich meinen ersten richtigen Auftrag in der privaten Sicherheitsbranche bekam – für die Tour nach Muscat, die dann so schlimm endete. Damals lebte ich noch als Surflehrer in Cuxhaven. Es war ein Abend im Winter 2010. Noch im Neoprenanzug, etwas durchgefroren vom Wind und dem kalten Meer, betrat ich meine kleine Wohnung in der Nähe des Sahlenburger Strandes. Draußen war es bereits dunkel. Beim Surfen war ich immer der Erste auf dem Wasser, und ich war auch der, der als Letzter zurückkam.

Ich hatte so eine kleine Heimkomm-Routine: Licht an, Rechner schon mal hochfahren, dann sofort den Neoprenanzug aus, in der Küche schon mal zwei Brotscheiben in den Toaster oder Wasser für Nudeln auf den Herd – und dann ab unter die heiße Dusche. Auf dem Weg von der Küche zurück ins Bad warf ich immer schon einen ersten Blick auf den Rechner, der dann bereits fertig hochgefahren war. Wie immer überblickte ich die Mails mit einem Haufen Anmeldungen neuer Surfschüler, aber es war auch noch eine andere Mail gekommen, die mich kurz in meiner abendlichen Routine innehalten ließ.

Ich war schon halb ausgezogen und mir war kalt, doch die Mail ließ mich vergessen, dass ich dringend unter die warme Dusche gehörte. Denn was ich da las, war die Anfrage eines amerikanischen Sicherheitsunternehmens. Sie wollten mich für einen Auftrag im Golf von Aden. Ich sollte einen Frachter begleiten, bewaffnet und im Team mit drei anderen Operatoren.

Das kam ziemlich überraschend. Auf so einen Auftrag hatte ich schon lange gehofft. Ich dachte nicht lange nach, sprang nur kurz unter die Dusche, um mich aufzuwärmen, holte mir ein Bier aus dem Kühlschrank und setzte mich vor den Rechner. Noch in derselben Nacht schickte ich dem Kontaktmann alle Unterlagen, die er von mir verlangte: einen ausführlichen Lebenslauf, eine Kopie meines Impfpasses, umfassende Angaben zu meinem Gesundheitszustand und eine Kopie meines polizeilichen Führungszeugnisses. Die Bewerbungsunterlagen hatten ja lange genug in der Schublade vor sich hingestaubt.

Außerdem unterschrieb ich in den folgenden Tagen mehrere Erklärungen – zum Beispiel, dass ich damit einverstanden war, unter Verzicht auf alle Bezüge umgehend nach Hause geschickt zu werden, sollte ich Streit mit den Kollegen anfangen oder dabei erwischt werden, wie ich Alkohol oder Drogen konsumierte. Dass die Firma dafür klare Regeln vorsah und konsequent mit Problemfällen umging, war mir durchaus sympathisch. Vom Militär kannte ich das nicht anders. Ich konnte mir gut vorstellen, dass die Sicherheitsbranche nicht nur brave Jungs anzog, die in ihrer Freizeit Briefmarken sammelten oder sich im Kleingartenverein engagierten. Sondern durchaus auch ein paar Draufgänger und Waffennarren. In Verbindung mit Alkohol oder Drogen ergab das schnell eine heikle Mischung. Dass einige der Fragen aus dem Firmenoffice eher an Schreiben erinnerten, die Lehrer vor einer Klassenfahrt an die Eltern verschickten, befremdete mich zwar etwas, bestärkte mich letztlich aber in dem guten Gefühl, an ein seriöses Unternehmen geraten zu sein. Ein Eindruck, der sich wenig später allerdings als Fehlschluss erweisen würde.

So gingen ein paar E-Mails hin und her, und ich machte schon bald eine verbindliche Zusage. Sie schickten mir ein elektronisches Ticket zurück, und als Treffpunkt wurde mir der Flughafen Kairo genannt. Mehr nicht.

Das kam mir zunächst extrem kurios vor. Sowieso hatte ich ja bislang nur mit einer unbekannten Person via elektronischer Post kommuniziert und wusste überhaupt nicht, was mich erwartete. Deutsche Kollegen, die bereits Erfahrungen in der Branche vorweisen konnten und die ich hätte fragen können, hatte ich zu diesem Zeitpunkt auch nicht. So blieb mir nichts anderes übrig, als der Sache zu vertrauen.

Gleichzeitig kümmerte ich mich darum, in Cuxhaven meine längere Abwesenheit vorzubereiten. So brachte ich meine Surfboards an einen trockenen Platz und stellte mich darauf ein, dem beschaulichen frühwinterlichen Cuxhaven für einige Zeit den Rücken zu kehren. Ich war ziemlich euphorisch, dachte aber auch: Oh Gott, jetzt wird es ernst.

Eigentlich mochte ich das Leben am Wasser zu dieser Jahreszeit. Der Westwind war ideal zum Surfen, und im Trockenanzug ließ es sich auch bei den frühwinterlichen Temperaturen noch ganz gut aushalten. Aber natürlich war dieses Surferdasein nicht gerade aufregend. Außer mir und ein paar anderen Verrückten war niemand mehr am Strand unterwegs, und auch die Innenstadt wirkte jenseits der Saison wie ausgestorben. Ich war schon ziemlich froh über die Aussicht, mal wieder eine Zeitlang herauszukommen. Jetzt musste ich das nur noch mit meiner Freundin beibringen.

Wobei – so überraschend kam der Einsatz nun auch wieder nicht. Ich hatte mich ja schon seit Jahren für die Branche interessiert, das wusste meine Freundin. Und ich hatte ihr auch schon erklärt, dass dieser Job gar nicht so gefährlich war, wie er in der Öffentlichkeit gerne dargestellt wurde. Vorausgesetzt natürlich, man beherrschte sein Handwerk. Überraschend war nur, dass jetzt tatsächlich Wirklichkeit werden sollte, worüber wir schon so oft miteinander geredet hatten.

»Ein bisschen habe ich wohl gehofft, dass es immer ein Traum bleiben würde«, sagte sie. Meine Freundin saß mir gegenüber am Küchentisch. Sie zog den Wäschekorb zu sich hinüber und fing an, ihre frischgewaschenen T-Shirts zusammenzulegen.

»Du meinst: Du hast gehofft, ich rede nur davon, aber wenn es ernst wird, bleibe ich doch lieber zu Hause?«, wollte ich wissen.

So empört, wie es für meine Freundin klingen musste, war ich gar nicht über diesen Gedanken. Ich hatte mir die Frage in den letzten Tagen ja selbst oft genug gestellt. Vielleicht war diese ganze Contractor-Nummer auch ein bisschen ein Hintertürchen gewesen, um mich zu beruhigen, wenn es mit meiner Surfschule oder sonst im Leben mal wieder nicht so gut lief. Und jetzt, da die Tür tatsächlich ein Stückchen offenstand, wusste ich selbst nicht, ob ich hindurchgehen wollte.

»Nein, so habe ich das nicht gemeint …«, sagte meine Freundin ausweichend. Sie schaute mir kurz prüfend ins Gesicht, dann wendete sie sich wieder ihrer Wäsche zu. Ich fragte mich, seit wann sie die T-Shirts zu derart kleinen Rechtecken faltete.

»Gut«, sagte ich und stand auf.

Am Reisetag selbst fuhr mich meine Freundin mit dem Wagen nach Bremen, von wo aus ich den Flieger nach Amsterdam und dann weiter nach Ägypten nehmen sollte. Die Fahrt über redeten wir kaum. Meine Freundin konzentrierte sich auf den Verkehr, und ich starrte auf die Landschaft rechts und links der Autobahn. Ich ahnte, dass sie nicht gerade begeistert war von der jüngsten Entwicklung in meinem Leben. Am Flughafen angekommen, wich sie nicht von meiner Seite. Nachdem ich mich an der Sicherheitsschleuse von ihr verabschiedet hatte, sah sie mir traurig hinterher, während ich mich in Richtung Gate entfernte. Sie ging sogar noch auf die Besucherplattform, um meiner Maschine beim Start hinterherzugucken. Mir kam der Gedanke, dass sie mich wohl doch ein bisschen gern haben musste. Obwohl ich so ein chaotischer Kerl war, der ihr mit seinem unsteten Lebenswandel sicherlich immer mal wieder Kummer bereitet hatte.

Das Seltsame an diesem Auftrag war ja, dass ich ihr noch nicht einmal hatte sagen können, wann und von wo ich zurückkehren würde. Ich wusste schließlich selbst kaum mehr als das, was in den drei, vier standardisierten E-Mails gestanden hatte, die mir die Firma geschickt hatte. Die Homepage gab auch keinen Aufschluss. Genau genommen sah sie so simpel aus, die hätte jeder Fünftklässler programmieren können.

Wenn ich ehrlich gewesen wäre, hätte ich meiner Freundin sagen müssen, dass es mir ein bisschen so vorkam, als reiste ich nicht nur auf einen fremden Kontinent, sondern regelrecht ins Nirgendwo. Ich selbst mochte das Gefühl ja. Aber ich wollte nicht, dass sie sich zu viele Sorgen machte. Ich wusste schließlich, dass sie mein Fernweh und meine Abenteuerlust nicht teilen und auch nicht verstehen konnte.

Ein bisschen unsicher war ich außerdem, ob sich die ganze Mission am Ende nicht doch als Hirngespinst erweisen würde. Schließlich hatte ich bislang nur die E-Mail-Adresse eines Firmenmitarbeiters irgendwo in den USA, ein One-Way-Ticket nach Kairo und den Hinweis, dass mich ein Agent der Firma vom Flughafen abholen würde. In Port Suez sollte ich auf die anderen Teamkollegen treffen und dann auch endlich erfahren, worum es bei dem Auftrag eigentlich ging. Ich dachte einfach, das wird schon klappen. Schon lustig, dass ich mich darauf verließ.

In Amsterdam hatte ich sechs Stunden Aufenthalt. Und ärgerte mich, dass mir die Firma keine bessere Verbindung gebucht hatte. Doch anstatt mir über all das weiter den Kopf zu zerbrechen, nutzte ich den Flug von Amsterdam nach Kairo, um mich noch ein wenig auszuschlafen.

Der *Cairo International Airport* ist ein zumindest von innen recht modernes Gebäude, das gut 17 Kilometer vom Zentrum der ägyptischen Hauptstadt entfernt liegt. Es wimmelte in den Hallen von bleichen Touristen mit überladenen Gepäckwagen und ernsten, arabisch aussehenden Geschäftsreisenden.

Ich hatte eigentlich erwartet, gleich am Flughafen in Empfang genommen zu werden. Alle privaten Sicherheitsfirmen arbeiten mit kleinen Subunternehmern zusammen, so ähnlich wie das Reiseunternehmen auch tun, die sich dann um Einreiseformalitäten, Unterkünfte und Transfers kümmern. Wenn sie ihren Job beherrschen, sind die einheimischen Vertrauensmänner Gold wert. Sie wissen, wo man selbst in der einsamsten Gegend am Abend noch ein gutes Steak bekommt, sie können einem sagen, wie man mit bockigen Zollbeamten umgeht, wenn es Ärger mit der Einfuhr von Schusswaffen gibt, und sie wissen auch, in welchem Supermarkt es Nutella gibt oder zu welchen Ärzten man im Notfall gehen kann, ohne sein Leben noch mehr zu gefährden, als es durch die Krankheit schon der Fall ist.

Doch die Halle leerte sich, ohne dass mir jemand ein Schild unter die Nase hielt oder mich komisch von der Seite ansprach. Als ich am Ende völlig allein im Ankunftsbereich übrig geblieben war, machte ich mich etwas irritiert auf den Weg zu Gepäckausgabe und Passkontrolle. In den E-Mails der Firma hatte es geheißen, man habe sich schon um die Einreiseformalitäten gekümmert. Doch an der Passkontrolle wusste niemand Bescheid. So musste ich ein Visum beantragen und die Gebühr für die Papiere selbst bezahlen. Das fängt ja gut an, dachte ich. Ich war aber nicht genervt oder verärgert. Dafür war alles viel zu aufregend.

Auch in der großen Halle hinter der Zollabfertigung schien niemand auf einen wie mich gewartet zu haben. Bald waren meine Mitreisenden in alle Himmelsrichtungen entschwunden, und ich stand ein bisschen hilflos mit meinem Rucksack und einem großen Fragezeichen auf der Stirn auf dem fremden Flughafen herum. Wie würde ich jetzt auf eigene Faust nach Port Suez kommen, um dort mein Team zu treffen? Ich schaute mich schon nach einer Touristeninformation um, da stolperte ein etwas windig dreinschauender Typ auf mich zu und fragte mich in gebrochenem Englisch, ob ich nach Port Suez wolle. Ich nickte und ließ mich von ihm quer durchs Gebäude und durch eine Drehtür nach draußen führen. Der Fahrer einer schmutzig-weißen Limousine döste bereits wartend in der untergehenden Sonne. Sehr beruhigend, dass er sich noch einmal ausschlief vor der langen Fahrt.

»Said«, stellte er sich vor, nachdem ich ihn mit einem Tippen am Ellbogen aus dem Schlaf geschreckt hatte. »George«, antwortete ich. Wir gaben uns die Hand. Ich warf meinen Rucksack in den Kofferraum und wollte einsteigen. Doch eine Hand hinderte mich daran. Der Typ aus der Ankunftshalle. Ich musste noch mit einer wichtigen ägyptischen Kulturtechnik vertraut gemacht werden.

Diese Landessitte sollte mir von da an immer wieder begegnen: Der Ägypter, der mich zu Said gebracht hatte, hielt mir die offene Hand entgegen und verlangte einen Lohn für seine Dienste. Schließlich hatte er es auf sich genommen, mich einmal quer durch die Halle zu diesem Parkplatz zu bringen. Das waren mindestens zwanzig Meter gewesen. Er zeigte auf die Zigaretten. Tatsächlich hatte ich mir aus der zollfreien Zone eine Stange Kippen mitgebracht, und nun erklärte ich mich murrend bereit, ihm eine Schachtel abzutreten. Doch der Typ zeigte mit dem Finger auf die ganze Stange. Der war wohl nicht ganz bei Trost. Für 15 Schritte meine komplette Kippenration? Ich zeigte ihm einen abwinkenden Zeigefinger, in der Hoffnung, dass diese Geste auch international verständlich war.

Mein Fahrer machte es etwas geschickter, doch mit derselben Absicht. Zunächst behandelte Said mich, als wäre ich sein bester Kumpel, während er den Wagen aus dem Flughafengelände hinaus und auf eine Art Autobahn steuerte. Auch das ist mir in den Ländern des Nahen Ostens später noch des Öfteren begegnet: Generell gehen arabische Männer auf eine so herzliche und körperliche Weise miteinander um, dass man sie bei uns zu Lande sofort für schwul hielte. Es ist zum Beispiel normal, dass sich gute Freunde, die gemeinsam auf der Straße gehen, an den Händen halten. »Habibi« nennen die Araber das, und dazu muss man wissen, dass dieses Wort übersetzt sowohl »guter Freund« als auch »Geliebter« bedeuten kann. Ich sollte später einen Agenten kennenlernen, der nahm mich einfach an die Hand, wenn er mir etwas zeigen oder mich an einen bestimmten Ort führen wollte. Den mochte ich wirklich, keine Frage. Und mir blieb in dem Fall auch nichts anderes übrig, als gutmütig neben ihm herzutrotten und mir später die Scherze meiner Kollegen anzuhören. Ich konnte ihm ja schlecht sagen: »Lass sofort meine Hand los, du Schwuchtel!«, obwohl mir das beinahe herausgerutscht wäre.

Auf die Zuneigung meines Fahrers war ich jedenfalls nicht vorbereitet gewesen. Er bedachte mich spontan mit einer Sympathie, als hätten wir erst gestern beschlossen, den Rest unseres Lebens gemeinsam zu bestreiten. Dass ich es in Ägypten einfach mit besonders netten Zeitgenossen zu tun bekäme, dachte ich gerade einmal fünf Minuten lang. Dann witterte ich seine Absicht. Denn statt mich auf schnellstem Wege nach Port Suez und in mein Hotel zu bringen, wie ich es mir sehnlichst gewünscht hätte, redete er ununterbrochen auf mich ein: Er müsse mir unbedingt noch einen tollen Laden zeigen. Weil ich sein bester Freund sei, müsse unbedingt für mich gesorgt werden. »You want coffee, of course, you want coffee!«, behauptete Said. Dann stellte er zufrieden fest, dass ich zudem auch noch hungrig sei, auch wenn ich noch so heftig den Kopf schüttelte.

Rechts und links der Autobahn prangten alle hundert Meter Werbeplakate an langen Pfählen. Von diesen Farbtupfern einmal abgesehen, schien Ägypten vor allem aus Gelb- und Brauntönen zu bestehen. Das galt sowohl für die Häuser als auch für die Landschaft ringsherum. Nur zwischendurch tauchten immer mal wieder kleine grüne Rasenflächen mit ein paar Palmen auf. Wir fuhren inzwischen durch den Ostzipfel Kairos, keine besonders gute Gegend. Am Straßenrand lag Müll, und die Strommasten ragten etwas windschief aus der Erde. Ich ahnte bereits, dass wir uns nicht unbedingt auf dem schnurgeradesten Weg Richtung Port Suez befanden. Als wir dann bei dem schäbigsten Imbiss abbogen, den ich in meinem ganzen Leben gesehen hatte, war es keine große Überraschung mehr für mich, dass der Laden Saids Bruder gehörte.

Mit Stolz in der Stimme pries Said nun jedes Produkt an, das in der stinkenden Bruchbude zu haben war. Mit fast schon aggressiver Freundlichkeit forderte er mich auf, etwas von dem Zeug zu kaufen. Es war heiß, es roch vergammelt, und Fliegen schwirrten um uns und um die Lebensmittel. Ich wehrte mich nach besten Kräften, doch am Ende knickte ich ein, sonst wäre mein Trip wohl schon kurz hinter dem Flughafen in diesen

Slums versandet. So bekam Said Geld für einen Kaffee und einen Sack Pistazien – und ich meine Ruhe.

Inzwischen habe ich gelernt, mit dieser Mischung aus Betteln, Erpressen und Vetternwirtschaft ein bisschen geschickter umzugehen. Wirklich entgehen wird man dem wohl nie. Aber heute weiß ich zum Beispiel, dass man diese Leute am besten mit derselben Arroganz abstraft, wie es die Ägypter mit ihresgleichen tun. Nur wenn man sofort den wohlerzogenen, weichherzigen Europäer und Touristentrottel in sich ausschaltete und verächtlich ausspuckte, sobald man angesprochen wird, hat man eine Chance, den hartnäckigen Überredungs- und Erpressungsversuchen zu entkommen. Auf diese Weise habe ich mir auch schon manch langes Rumgefeilsche erspart, das mir im Gegensatz zu den Menschen des Nahen Ostens keinen sonderlichen Spaß bereitet. Meinen südamerikanischen Freund Juan José, genannt J. J. habe ich da noch als viel härter erlebt, vielleicht weil er es aus seinem eigenen Land nicht anders kannte. Wenn jemand etwas von ihm haben wollte, sagte er: »Verpiss dich!« und würdigte ihn keines weiteren Blickes.

Natürlich ist mir klar, dass ich für die meisten Menschen in dieser Region einfach nur ein privilegierter weißer Geldsack bin, der es nicht besser verdient hat, als nach allen Regeln der Kunst gelinkt und ausgenommen zu werden. Aber bei wem sollte ich anfangen, die ungerechte Einkommensverteilung ins Lot zu bringen? Sollte ich mich schlecht fühlen, weil ich nicht jedem Einzelnen etwas geben konnte?

Wir ließen also Saids Bruder und seinen stinkenden Schuppen hinter uns und kehrten zurück zu der Karre, die diesmal immerhin schon beim dritten Startversuch ansprang. Said verschanzte sich mit verschlossener Miene hinter dem Steuer. Innerhalb von Sekunden war mein eben noch bester Habibi erstaunlich wortkarg geworden. Er hatte das Radio aufgedreht, aus dem ein monotoner Singsang ertönte, und die Stimmung im Wagen kippte so schlagartig ins Düstere wie zuvor die Abenddämmerung über den milchigweißen Himmel. Ich fühlte mich wie in einem arabischen Roadmovie. Als ich etwas fragen wollte, zischte mich mein bester Freund nur an und deutete mit strenger Miene aufs Radio. Ich solle mich ruhig verhalten. Der Prophet schien keinen Spaß zu verstehen, wenn man ein Wort seiner Predigt verpasste. So ging es die nächsten zwei Stunden. Gebete, Gebete, Gebete. Bei Saids Fahrstil durchaus angebracht.

Die Fahrt wurde immer irrealer. Wie dunkel arabische Nächte sind, merkt man erst, wenn man sich mitten in der Wüste befindet. Wir bretterten über den rauen Asphalt, als wäre der Teufel hinter uns her. Rechts und links nur Schwärze, und im Rückspiegel die rot leuchtenden Staubfahnen, die der Wagen hinter sich herzog. Wir wurden in der rostigen Kiste durchgeschüttelt wie Nuggets in einem Goldschürfer-Sieb, und wenn man die Fußmatte ein wenig angehoben hätte, wer weiß, man hätte vermutlich durch den rostigen Boden einen Blick auf die Fahrbahn werfen können. Ich ließ das lieber bleiben. Mir genügte das Maß an Aufregung für den Moment.

Dafür sorgten nicht zuletzt Saids Überholmanöver – rechts in der Kurve und auf dem Sand –, und als er vor lauter Gebeten und Dunkelheit die Abzweigung nach Port Suez erst viel zu spät entdeckte, riss er wie in einem Actionfilm das Steuer herum, die Reifen quietschten, etwas im Inneren des Motors jaulte gequält auf. Ich klammerte mich an den wackeligen Griff zu meiner Rechten und schrie entsetzt auf – während Said den Wagen mit ausreichend Schwung durch den Sand auf die andere Straße zurücksteuerte und unser vermutlich zu Tode erschreckter Hintermann seinen Emotionen mit einem langanhaltenden Hupton Luft machte. Said setzte die Fahrt ungerührt fort. Ihn schien nicht zu stören, dass wir bei dem Manöver um ein Haar unser Leben verloren hätten.

Vielleicht war ihm das egal, weil auf ihn im Himmel angeblich das Paradies und zwanzig verführerische Jungfrauen warteten, aber ich legte Protest ein. Ob er mich unbedingt schon vor meiner Ankunft in Suez umbringen wollte, brüllte ich ihn an. Er erklärte nur, dass wir nun wieder auf der richtigen Strecke seien und ich ihn bei den Gebeten doch bitte nicht stören möge. So ging es weiter, rumpelnd, jaulend, staubend durch die

Wüste bis nach Suez, der 500 000-Einwohner-Stadt an der Nordspitze des Roten Meeres.

Verwunderte es mich, dass sich mein arabischer Freund dort erneut meines leiblichen Wohls und unserer tiefen Freundschaft erinnerte? Mit Worten wie »Pizza« und »French fries« versuchte er, mir den Mund wässrig zu machen. Allerdings hatte ich während der ganzen Fahrt nicht einen einzigen Junkfood-Laden gesehen und ahnte bereits, dass hier erneut ein primär verwandtschaftlich motiviertes Geschäftsessen eingefädelt werden sollte. Diesmal blieb ich hart. Als Nächstes bestand er darauf, mir den Suezkanal bei Nacht zu zeigen. Ich war ja aber weder Tourist noch auf romantische Meerespanoramen aus, ich wollte endlich ins Hotel und schlafen. Doch leider saß ich in einem Wagen, auf dessen Route ich nur entfernt einen Einfluss hatte. Die Häuser vor dem Autofenster sahen immer fertiger aus, immer enger und verwinkelter wurden die Gassen, durch die Said mit mir durch die Nacht fuhr. Schließlich blieb er auf einer Straßenkreuzung einfach stehen, rief etwas durchs offene Fenster zu einer Gruppe von Menschen am Straßenrand hinüber, und zwei Leute rissen die Türen zur Rückbank auf, um hinter mir im Auto Platz zu nehmen. Inzwischen dachte ich, mit einer Entführung noch vergleichsweise glimpflich davonzukommen. Es hätte mich auch nicht gewundert, wenn man mich alsbald in eine dunkle Ecke gefahren und mir neben meinem Hab und Gut auch noch meine Organe entnommen hätte. Die Gegend sah ärmlich und kaputt aus, und alles war in ein schmutziges Dunkelbraun getaucht. Im Scheinwerferlicht leuchteten die roten Augen von streunenden Hunden und Katzen, die zwischen Müll und brackigen Pfützen nach Nahrung suchten. Hätte Said mich hier ausgesetzt, ich glaube, ich hätte mich selbst mit einer geladenen Pistole in der Hand noch gefürchtet. Wenn ich denn eine Waffe dabeigehabt hätte. »Mein Schwager und mein Neffe«, stellte Said die neuen Fahrgäste vor. Aus dem Radio kam jetzt Musik. Er würde sie mitnehmen zur Arbeit, weil um diese Zeit in Suez noch keine Busse fuhren, klärte er mich auf. Die Verwandtschaft hielt zusammen, das musste man den Jungs hier lassen. Ich entspannte mich wieder.

Ich kann nicht sagen, dass ich zu diesem Zeitpunkt schon wirklich besorgt gewesen wäre oder den Trip gar ernsthaft bedauerte. Viel mehr beschäftigte mich die Frage: In was für eine Freakshow bin ich hier eigentlich geraten? Und wie soll ich meinen Kumpels daheim von all den Eindrücken, Farben und Gerüchen erzählen? Das war alles zu abgefahren.

Schließlich lieferte mich Said tatsächlich in der kleinen Pension namens *Red Sea Hotel* ab, nicht ohne sich dabei wortreich und sympathiebekundend von mir zu verabschieden und sich nach meiner Telefonnummer zu erkundigen. Selbstverständlich sei er bereit, mir schon morgen wieder mit Rat und Tat zur Seite zu stehen! Ich dankte ihm mehr als erleichtert und gab ihm eine Nummer, bei der ich allerdings ein paar entscheidende Ziffern verwechselte. Pech gehabt, mein Lieber, dachte ich. Aber ich bin einfach ein viel zu schlechter Beifahrer für deinen ungewöhnlichen Fahrstil.

Immerhin war ich froh, dass man in der Rezeption noch wach war und nach einigem Hin und Her tatsächlich meinen Namen gefunden hatte und mir den Schlüssel zu einem Zimmer überreichte. Mir war egal, dass die Bettdecke roch, als sei sie seit dem Ende der britischen Kolonialherrschaft nicht mehr gewaschen worden. Ich legte mich in voller Montur aufs Bett und schlief ein.

Ich hatte mir den Wecker gestellt, um nicht als Letzter zu den Teamkollegen zu stoßen. Doch als ich mich nach dem Frühstück – trockenes Brot mit einem Schälchen Butter und einem Glas zähflüssigen Orangensaft – an der Rezeption nach meinen Kollegen erkundigte, hieß es, sie seien bereits in aller Früh zu einer kleinen Tour in die Stadt aufgebrochen. Ich stand noch neben der Rezeption, als über den kleinen Hof vor dem Hotel drei Männer auf mich zukamen. Irgendwie hatten sie mich sofort erkannt, und mir ging es umgekehrt genauso. Diese Leute waren ganz sicher weder Geschäftsreisende noch Touristen. Ehemalige Soldaten erkennt man immer, zumindest wenn man selbst beim Militär gedient hat, da spielt es keine Rolle, in welcher Armee der Welt einer gewesen ist.

Mike, der Teamleader, ein kräftiger Mann in den Vierzigern, war lange in der südafrikanischen Armee gewesen. Frank war Holländer, Mitte dreißig, und verdankte seine Einsatzerfahrung vor allem den KCT (Korps Commandotroepen), einer holländischen Spezialeinheit, die mit dem KSK vergleichbar ist. Er war ein ziemlich fröhlicher und smarter Typ. Jeffrey war bei den Royal Marines gewesen. Seine Arme waren von oben bis unten mit Tattoos überzogen. Es war außerdem kaum zu übersehen, dass er viel Zeit mit dem Stemmen von Gewichten verbrachte. Sicherlich sahen die Jungs nicht wie die Traumbewerber für einen Job im Streichelzoo aus, und die Rolle des einfühlsamen Gesprächstherapeuten oder einer zerbrechlichen Künstlerseele hätte man im Film auch eher mit anderen Leuten besetzt. Das waren schon richtige Kerle. Mir war das sehr sympathisch. Ich hatte sofort das Gefühl, dass wir ein gutes Team abgaben. Alle waren freundlich, ließen einander ausreden, der Umgangston hätte unter Hochschullehrern nicht besser sein können.

Ich war der FNG, der *fucking new guy*, sagten sie mir. Das war nicht beleidigend gemeint. Sie hatten ja recht. Nichts nervt mehr als Typen, die neu in einen Job kommen und schon besser Bescheid zu wissen glauben als alle anderen. Oder so Typen, die dann gleich mit Heldengeschichten prahlen wie die Könige des Pausenhofs – und das meistens ja auch nur, um die eigene Unsicherheit zu überspielen.

So hörte ich lieber zu, was die anderen zu erzählen hatten. Und soweit ich das aus meiner eigenen Militärerfahrung beurteilen konnte, erzählte keiner von ihnen Bullshit. Keiner versuchte sich aufzuspielen, reagierte aggressiv oder missgünstig auf die Einwürfe der anderen, alles wirkte professionell und abgeklärt. Ich war heilfroh. Im Vorfeld war das meine größte Sorge gewesen. Dass ich es hier mit Spinnern oder Draufgängern zu tun bekäme. Mit verschlagenen Typen zwei Wochen lang auf einem Schiff eingesperrt zu sein, was wäre das für ein Alptraum gewesen.

Es ist ein kein Geheimnis, dass die Branche mitunter Gestalten anzieht, deren Motive zumindest als zweifelhaft bezeichnet werden können. Auf der andere Seite sagte ich mir immer: Wenn jemand wie ich, mit Abitur und intaktem Sozialverhalten, sich von einem solchen Job angezogen fühlt, warum sollte es dann nicht noch ein paar mehr von meiner Sorte geben? Und offensichtlich lag ich damit gar nicht so falsch.

Wir hatten noch ein wenig Zeit, denn das Schiff unseres Auftraggebers steckte im Suezkanal fest und würde den Hafen erst mit einiger Verspätung erreichen. Wir beschlossen daher, uns noch ein wenig in der Stadt umzugucken.

Die Promenade führte vom Hotel in einem großen Bogen an der Bucht entlang ins Innere der Stadt. Cuxhaven war mir noch nie so weit weg vorgekommen. Die Straßenschilder mit den arabischen Schriftzeichen waren für uns unlesbar, es roch nach Diesel und nach dem Essen, das in kleinen Buden am Straßenrand gegrillt wurde. Überall lag Müll auf den Straßen, deren Bürgersteige sich nur dank ihrer schwarz-weißen Randmarkierungen vom Grau des Straßenasphalts abhoben. Teilweise säumten anstatt richtiger Häuser nur windschiefe Hütten aus Blech die Straßen, zwischendrin ragten immer wieder prunkvolle und reichverzierte Häuser in orientalischer Bauweise auf oder riesige Hochhäuser, die wie Rohbauten aussahen, weil sie oft gar keine Fenster mehr hatten.

Die Straßen waren an vielen Stellen so verstopft, dass den Autofahrern anstelle des Gaspedals nur noch die Hupe zur Benutzung blieb. Unter den Straßenlärm mischten sich das arabische Stimmengewirr der Händler und Passanten und das Rufen der Muezzins. Die Mehrzahl der Frauen war verschleiert. Und in diesem wilden arabischen Großstadttreiben stachen wir natürlich heraus wie Eisberge in einer Lavalandschaft. Nach Suez verschlägt es selten Touristen.

Bald waren wir umzingelt von Menschen, die uns etwas verkaufen, tolle Restaurants zeigen oder ihren Familien vorstellen wollten. Und wer das nicht versuchte, guckte misstrauisch. Ich dachte darüber nach, mich vor meinem nächsten Stadtspaziergang als Araber zu präparieren oder mir zumindest landestypische Kleidung zu besorgen. Ich fragte mich kurz, hinter wie vielen Burkas womöglich auch nur der Wunsch steckte, ein bisschen ungestört flanieren zu können.

Als wir zurück ins Hotel kamen, erwartete man uns bereits mit einer Nachricht an der Rezeption. Der Agent hatte angerufen. Heute um drei Uhr sollte es losgehen. Man würde uns vom Hotel abholen und mit dem Lotsenboot zum Frachter fahren, der uns dann aus dem Suezkanal bereits entgegenkommen würde. Das hieß: Wir hatten gar nicht mehr viel Zeit, um unsere Sachen zu packen. Und so fanden wir uns wenig später am Hoteleingang ein, jeder in seiner besten Ausgehklamotte: Mike hatte seinen südafrikanischen Kampfanzug an, Frank tauchte in einem weißen Poloshirt mit beiger Hose und Stiefeln auf, ich war in meine Khaki-Klamotten gesprungen – wir sahen wirklich so aus, wie man sich eine bunt zusammengewürfelte Söldnertruppe dem Klischee nach vorstellt.

Bei meiner späteren Firma gab es einheitliche Kleidung für alle Mitarbeiter. Das machte auch der Besatzung gegenüber einen wesentlich professionelleren Eindruck.

Da hielt auch schon der Minivan vor unserem Hoteleingang und fuhr uns auf direktem Weg zum Hafen. Er lag nicht weit entfernt. Vom Hotel aus hatte ich schon das Geschrei der Möwen gehört.

Es war jetzt schon ein paar Jahre her, dass ich während meiner Bundeswehrzeit auf hoher See im Einsatz gewesen war, und ich war sehr gespannt. Ich mochte die Seefahrt, keine Frage. Aber für einen ehemaligen 76er wie mich ist sie nicht unbedingt mit romantischen Gefühlen verbunden. Wir von den Marineschutzkräften, der sogenannten Verwendungsreihe 76, fuhren selten einfach nur so gemütlich auf einem Schiff mit. Wir waren die Soldaten, die immer erst dann an Bord kamen, wenn es irgendwo brannte. Und meistens geschah das An-Bord-Kommen auf eher unbequeme Weise. Kein normaler Mensch klettert an einer Lotsenleiter 15 Meter eine Schiffswand hoch oder verlässt ein Schiff auf hoher See, wenn es nicht gerade sinkt. Doch genau das war es, woraus unsere Trainings primär bestanden hatten.

Zuerst kam die Zollkontrolle. Wir mussten alle unsere Pässe abgeben und die Taschen öffnen, wobei die Ägypter sehr ernste Mienen aufsetzten. Es ging weiter zu dem kleinen Anleger, an dem mehrere Lotsenboote warteten. Unseres erkannten wir daran, dass auf ihm geschäftiges Treiben einsetzte und der Motor mit einer dicken schwarzen Rußwolke ansprang, sobald wir aus dem Wagen gehüpft waren. Während unser Gepäck verstaut wurde, hielt in der Nähe ein weißer Toyota, der mit mehreren Holzkisten beladen war. Mike zeigte zu dem Pick-up hinüber und sagte: »Das ist wohl unsere Ausrüstung.« Also stiegen wir beruhigt ins Boot, und während wir ablegten, konnten wir sehen, wie die Kisten ebenfalls abgeladen und auf einem zweiten Boot verstaut wurden. Ich hatte mich schon gefragt, wie das funktionierte mit den Waffen. Mike erklärte mir, dass sie beim ägyptischen Zoll für uns hinterlegt worden waren. Man hatte sie freigegeben, nachdem wir nun selbst die Ausreiseformalitäten erledigt hatten.

Heute weiß ich, dass man mit Waffen beim ägyptischen Zoll eher vorsichtig sein sollte und sich Ausrüstung am besten selbst mitbringt oder sie an anderer Stelle übernimmt.

Derweil nahm das Lotsenboot an Fahrt auf und steuerte uns in schnurgerader Linie aus dem Hafen Richtung Kanal. Die Gischt brach sich am Bug und regnete als kühler Nieselregen auf uns herab. Ich war froh, der bedrückenden Atmosphäre von Suez entkommen zu sein. Jeffrey tippte auf seinem Handy herum und hielt es dann in die Luft. Es ertönte »Fortunate Son« von Clearence Clearwater Revival, ein Song der späten 60er, den viele aus Computerspielen und Filmen zum Vietnamkrieg kennen. Es war ein toller Moment. Ich saß an der Bordkante und dachte: Alter, du hast es geschafft. Jetzt geht es endlich los!

Draußen in der Bucht suchten wir das Meer nach unserem Frachter ab, der in diesen Minuten aus dem Kanal kommen sollte. Als wir ihn entdeckt hatten, bekam meine Begeisterung allerdings einen ersten Dämpfer. Das Schiff hatte seine besten Zeiten schon lange hinter sich. Ein absolut hässliches Ding. Der rot-blaue Anstrich wurde in regelmäßigen Abständen von dicken Rostfahnen unterbrochen. Es war nur allzu ersichtlich, warum man uns hierher beordert hatte. Schiffe dieser Art, sogenannte *bulk carrier*, sind für Piraten leichte Beute. Die größten dieser Frachter fassen an die 400 000 Tonnen. Sie liegen tief im Wasser und kommen mit allerhöchstens 15 Knoten voran, also gerade einmal 15 Seemeilen in der Stunde, das macht nicht mal 28 Stundenkilometer. Die Piratenskiffs, kleine, wendige Schnellboote, die mit bis zu drei Außenbordmotoren bestückt sind, erreichen hingegen schnell an die 25 Knoten und können dieses Tempo problemlos über längere Strecken halten. Die meisten haben zusätzlichen Sprit in Kanistern oder Fässern an Bord. In der Regel werden die Skiffs von einem Mutterschiff versorgt. Das sind Frachter, meist aus vorangegangenen Beutezügen, mit denen die Piraten in ihre Jagdgründe fahren. Die kleinen Skiffs lassen sie erst zu Wasser, wenn sie ein geeignetes Opfer erspäht haben. Dann preschen sie mit hoher Geschwindigkeit auf die trägen Riesen zu, und sind sie erst einmal nah genug herankommen, ist es für sie ein Leichtes, das relativ niedrige Freibord – so nennt man den Abstand zwischen Wasseroberfläche und der Oberkante der Bordwand – mit einer Enterleiter zu überwinden und das Schiff zu kapern. Kurz: Unser Schiff hatte alles, was ein Piratenherz höher schlagen ließ. Und wir würden Kurs nehmen auf eine Region, die zu ihren bevorzugten Jagdrevieren gehörte. Keiner sagte etwas, aber die anderen, die ja schließlich keine Anfänger waren, mussten dasselbe denken wie ich. Während unser Lotsenboot längsseits ging, schauten wir schweigend an der niedrigen Bordwand hinauf. Jeffreys Handy dudelte immer noch, aber die Melodie klang auf einmal etwas kläglich.

Zu meiner Freude wurde für uns kurz darauf die Gangway heruntergelassen, das war sehr komfortabel. Üblich ist das nicht. Das sogenannte *boarding* oder die *embarkation* ist normalerweise eine nicht ganz ungefährliche Angelegenheit. Die meisten Guards kommen nicht etwa bei einem Piratenüberfall zu Schaden, sondern bei dem Versuch, auf hoher See mit Hilfe einer Lotsenleiter an Bord zu klettern. Eigentlich geht es nur darum, die Sprosse im richtigen Moment zu greifen. Klingt simpel. Wenn die Lotsenleiter von einer festen Wand runterhängen würde, wäre das auch gar kein Problem. Aber wenn sie an einem großen Frachter herunterbaumelt, der auf den Wellen driftet, und das Beiboot daneben schaukelt mindestens genauso, dann kann die Höhe der Sprosse von einer Sekunde auf die nächste leicht bis zu drei, vier Meter schwanken. In diesem Moment sollte man nicht halbherzig zugegriffen haben oder schon mit einem Fuß in der Sprosse hängen, denn ins Wasser zu fallen ist nicht wirklich empfehlenswert. Zum einen sind die Schiffe in dieser Situation manövrierunfähig. Wenn der Abgestürzte Pech hat, gehen die Schiffe im nächsten Augenblick wieder zusammen, und er wird zwischen den Bordwänden zerquetscht. Außerdem läuft der Propeller des Lotsenboots ja meistens weiter, da der Motor auf Vortrieb geschaltet ist. Erst 2011 gab es wieder zwei Todesfälle, einer ereignete sich vor Mauritius, ein weiterer vor Sri Lanka. In beiden Fällen sind die Guards von der Lotsenleiter gestürzt, zwischen den beiden Schiffswänden gelandet und durch den starken Wasserstrom sofort hinten durch den Mixer gezogen worden.

Bei der Marine haben wir das *boarding* bis zum Abwinken geübt – bei Nacht, bei hohem Seegang und bei schlechtem Wetter, sogar dann, wenn man uns auf dem Schiff gar nicht haben wollte.

Die Ersten, die uns an Deck begrüßten, waren die Philippinos. Sie waren mit Arbeiten auf dem Vordeck beschäftigt und beäugten uns nun neugierig. Ich habe die Fipse, wie wir dieses liebenswerte Volk immer nannten, als einen besonders zuverlässigen Menschenschlag kennen- und schätzen gelernt. Man neigt zunächst dazu, sie zu unterschätzen. Sie sind scheu und halten sich gern heraus. Man hat sogar immer den Eindruck, es seien viel weniger Fipse da, als tatsächlich an Bord sind. Sie gehen einem lieber aus dem Weg. Sobald man ihnen aber den Rücken zudreht, beobachten sie einen sehr genau, und daher wissen sie auch immer, was auf dem Deck so vor sich geht. Dreht man sich plötzlich um, sieht man sie nicht selten noch um die Ecke linsen – und sich dann ertappt zurückziehen. Die Fipse sind also eine gute Informationsquelle, wenn es darum geht, was andere Mitglieder der Crew an Bord so treiben. Und hat man sich erst einmal mit ihnen angefreundet, verhalten sie sich meist loyal. Warum ausgerechnet dieses Völkchen so häufig als Bordcrew auf den Schiffen der Welt mitfährt? Vermutlich hat es damit zu tun, dass sie besonders billige, aber dennoch erfahrene Seeleute sind. Eine deutsche Schiffscrew zum Beispiel würde man auf einem solchen Frachter niemals antreffen, sie wäre viel zu teuer, allein schon wegen der Versicherungen. Selbst deutsche Kapitäne und Offiziere sind recht selten, auch sie sind vergleichsweise teuer. Neben den Indern sind die Fipse in der Region also das Dienstleistungsvölkchen Nummer eins, wobei sich Inder und Philippinos Land und See anscheinend paritätisch untereinander aufgeteilt haben.

Die Fipse jedenfalls schienen sich wahnsinnig zu freuen, uns zu sehen. Ähnlich ging es dem ebenfalls philippinischen Kapitän, der uns auf der Brücke in Empfang nahm – zu meiner Überraschung in kurzer Hose und Flip-Flops.

Ein Kapitän bekam zwar in diesen Hochrisikozonen die doppelte Heuer, aber vermutlich konnte er den Extra-Sold nicht so wirklich entspannt genießen – es war offenkundig, was für eine Einladung sein Schiff an die Piraten darstellte. »Raubt uns bitte aus!«, schien in großen Lettern über diesem Pott geschrieben. Und genau das war im letzten Jahr auch passiert, wie er uns sogleich erzählte. Kein Wunder also, dass uns die Crew so beglückt in Empfang nahm. Im vergangenen Jahr war sie nur um ein Haar der Geiselnahme durch Piraten entgangen.

Als Nächstes brachten die Fipse unser Gepäck in die Kabinen, und ich konnte sehen, wie auch das zweite Beiboot längsseits ging. Unsere Waffenkisten wurden nun ebenfalls an Bord geholt. Über das Funkgerät hörte ich, wie der Erste Offizier den Befehl erteilte, die Kiste mit den Waffen in den *bounded locker* zu bringen. Im *bounded locker* ist üblicherweise alles verstaut, was nicht in fremde Hände kommen darf und was wir nicht einführen dürfen, wenn wir in einem anderen Hafen an Land gehen. Unsere Waffen gehörten ganz sicher dazu, aber auch alle zu verzollenden Güter wie Alkohol und Zigaretten wurden dort unter Verschluss gehalten.

Man gab uns eine schnelle Orientierung auf dem Schiff, und wir richteten uns in unseren Kammern ein. Wer hier nun eine anheimelnde Seefahrer-Atmosphäre erwartet haben sollte – mit Bullaugenromantik, vergoldetem Kompass und Buddelschiff an der Wand –, wäre beim Anblick meiner Kabine sicherlich in Depressionen verfallen. Immerhin hatte ich eine Außenkabine. Doch das Bullauge nützte mir wenig. Aus Sicherheitsgründen waren die Fenster abgeklebt. Das Schiff sollte keinerlei Licht abgeben, wenn wir nachts durch gefährliches Gebiet fuhren. Zu leicht wollten wir es den Piraten nämlich auch nicht machen. Lange hatten Nachtfahrten zwar als sicher gegolten. Allerdings verfügen inzwischen auch viele Piraten über Radar- und Nachtsichtgeräte, mit denen sie die Handelsschiffe auch im Dunkeln orten können. Ich weiß allein von zwei Vorfällen aus den Jahren 2011 und 2012, bei denen die Piraten auch bei einbrechender Dunkelheit nicht abließen oder sogar gezielt zuschlugen. Daher also – kein Zimmer mit Seeblick für mich.

Insgesamt war die Kabine funktional und fast steril eingerichtet. Mir war das recht. Immerhin standen mir ab sofort 25 eigene Quadratmeter sowie saubere Duschen und ein WC auf dem Gang zur Verfügung. Das war mehr, als mir das *Red Sea* Hotel geboten hatte, und das war auch mehr, als ich auf vielen der folgenden Touren bekommen sollte. Als Fußboden diente auch in der Kabine der typisch grüngestrichene Stahlboden. Eine rote Bank mit Lederimitat wurde zu meiner Klamottenablage, meine Einsatzkleidung brachte ich allerdings an einer anderen Stelle unter: Hose, Weste, Stiefel und Ausrüstungsgürtel mit Holster waren – in dieser Reihenfolge – von links nach rechts vor meinem Bett drapiert. Ich habe einmal die Zeit gestoppt. Bei einem nächtlichen Angriff stünde ich nach drei Minuten angezogen auf der Brücke. Die meisten Soldaten kennen das aus ihrer Grundausbildung, da nennt man das Alarmstuhl.

Als Nächstes ging es zum Essen. Wir durften am Tisch des Kapitäns Platz nehmen – Sicherheitsleute werden an Bord in der Regel wie Offiziere behandelt –, der uns mit einem zufriedenen Lächeln begrüßte. Auch der Koch war ein Philippino, und da ich zu Hause gerne asiatisch essen ging, freute ich mich nach dem schrecklichen Fraß im Hotel bereits sehr auf ein paar Leckerbissen. Was dann kam, hatte ich allerdings noch nie auf einem Teller gesehen, und ich hatte es dort auch ganz sicher nicht vermisst. Zumindest gab es Reis, den erkannte ich, das war die gute Nachricht. Die schlechte war, dass der Rest der grauen Pampe einmal ein Fisch gewesen sein musste. Das ließ sich allerdings nur noch aus den Gräten schließen, von denen es dafür mehr als genug gab. Genauer gesagt: Ich sah den Fisch vor lauter Gräten kaum. Auf einen begeisterten Armstupser des Kapitäns und sein »Schmeckt das nicht wunderbar?!« antwortete ich nur mit einem Husten. Ich war zu sehr damit beschäftigt, mein Leben zu retten und an dem piksigen Brei in meinem Mund nicht zu ersticken.

Wenn ich geahnt hätte, was uns an diesem Abend noch erwartete, hätte ich dem geselligen Essen vermutlich mehr Positives abgewonnen. So war ich nur gespannt darauf, als Nächstes unsere Waffen in Augenschein zu nehmen, und sah meiner ersten Wachschicht entgegen.

Nach dem Essen beorderte uns Mike hinunter vor den *bounded locker*. Zum *bounded locker* wird immer ein Raum im Schiff auserkoren, zu dem es eine abschließbare Stahltür gibt. Der Erste Offizier öffnete sie uns. Und weil der Raum sehr voll war, vor allem mit zahlreichen Alkoholpaletten, schlüpfte Mike allein mit einem Fips hinein, um die Waffenkiste zu öffnen. Doch schon nach kurzer Zeit kam Mike wieder heraus und blieb zögernd in der Schiffsluke stehen. Dort stand er ein wenig gebeugt im schmalen Durchtritt und starrte uns an. Nein, fröhlich sah sein Gesicht nicht aus. Eigentlich so überhaupt nicht fröhlich.

»Okay«, sagte Mike. »Ich glaube, wir haben ein Problem.«
Er gab uns ein Handzeichen, wir sollten ihm in die Offiziersmesse folgen. Und so tapsten wir die Eisentreppen wieder nach
oben über das Achterdeck zurück Richtung Offiziersmesse –
das ist der Speise- und Aufenthaltsraum der Offiziere.

In seinem immergleichen Ton brummte das Schiff über das
Rote Meer. Draußen war es bereits dunkel geworden. Es war
ein bisschen Wind aufgekommen. Als wären sie nur auf Durch-
reise, schob sich ein Konvoi pelziger Wolken an dem schmalen
Halbmond vorbei. So an die vier Stunden waren wir jetzt bestimmt schon unterwegs. Alles wirkte sehr friedlich, wie auf
einer Urlaubsreise.

Als wir uns um den Tisch in der Offiziersmesse versammelt
hatten, sagte Mike: »Die Kiste ist leer.«

Ich lachte und klopfte mit der Hand auf den Holztisch, weil
ich davon ausging, dass ich von den anderen gerade getestet
werden sollte. *Fucking new guy – ja, ja, alles klar.* So leicht ließ
ich mir keine Angst einjagen.

Leider war es kein Scherz. Die Waffen waren weg. Entweder
hatte sie jemand beim Zoll mitgehen lassen und uns stattdessen
die leeren Kisten mitgegeben, oder das Malheur war schon vorher passiert. Wir hatten das nur nicht gemerkt, weil wir die
Kiste bislang nicht selbst in den Händen gehabt hatten. Sonst
wäre aufgefallen, dass sie viel zu leicht war, um Waffen und
Munition zu beinhalten.

Mike ging hoch zur Brücke und informierte den Kapitän.
Moderne Schiffe verfügen über eine direkte E-Mail-Verbin-
dung via Satellit, es ist kein Problem, jederzeit E-Mails zu
schreiben oder zu empfangen, und die Mitglieder der Besatzung haben einen eigenen Zugang. Auf so alten Schiffen wie
unserem gab es jedoch nur ein Satellitentelefon und einen
Rechner, der beim Kapitän in der Kabine stand und mit dem er
einmal täglich seinen Bericht verschickte. Also musste Mike jedes Mal zum Kapitän in die Kammer, wollte er eine Nachricht
an unsere Firma absetzen.

Mike schickte eine E-Mail an unseren Auftraggeber und

fragte bei der Gelegenheit auch gleich nach, was unsere Kiste eigentlich enthalten sollte. Die Antwort lautete: ballistische Schutzwesten, Funkgeräte, Ferngläser und vier M4-Sturmgewehre aus amerikanischer Produktion mit 500 Schuss Munition pro Nase. Das war eine vernünftige Ausstattung. Mit der sich jetzt vermutlich irgendein Ägypter oder sonst wer vergnügte.

Der Kapitän zeigte wenig Verständnis. »Wir haben euch gebucht, das ist nicht mein Problem«, sagte er und hatte ja nicht ganz unrecht. Davon einmal abgesehen, dass er den riesigen Frachter nicht einfach zurück nach Suez steuern konnte – bei wem hätten wir uns auch beschweren sollen? Die Chance, unsere Waffen zurückzubekommen, war gleich null. Dennoch dauerte es sicher ein, zwei Stresszigaretten, bis wir anfingen, uns an den Gedanken zu gewöhnen. Die Stimmung auf dem Schiff kippte. Unter den Fipsen brach Unruhe aus. Einige waren beim letzten Mal an Bord gewesen, als Piraten das Schiff beschossen und um ein Haar geentert hatten. Sie wollten das nicht noch einmal erleben.

Gemeinsam überlegten wir, was wir tun konnten. Frank schlug vor, die Piraten mit selbstgebastelten Molotowcocktails abzuwehren. Er hatte Erfahrung damit. Einmal war er von vornherein nur als unbewaffneter Sicherheitsberater gebucht worden. Heute weiß ich, dass ich mich auf einen solchen Auftrag nie im Leben einlassen würde. Auch die Signalraketen, die wir nun an Bord zusammensuchten, beruhigten uns nicht sonderlich – das war blinder Aktionismus. Wir gingen auf die Brücke, und während Mike noch einmal mit dem Kapitän redete, deponierten wir unser Willkommensfeuerwerk an den Türen, die zu den sogenannten *bridge wings* führten, das sind die kleinen Anbauten oben, jeweils rechts und links der Brücke, auch Nocks genannt. Natürlich war uns klar, dass bewaffnete Piraten darüber nur müde lächeln würden. Aber was sollten wir sonst tun?

Wenn man auf halber Höhe eine gerade Linie durchs Rote Meer zieht, ist damit der nördliche Rand der sogenannten

Hochrisikozone markiert. Inzwischen gilt die gesamte Strecke hinunter bis zu Meeresenge von Bab al-Mandab (zu Deutsch: »Tor der Tränen«) zwischen Jemen und Djibouti und dann weiter durch den Golf von Aden als Hochrisikozone. Das Gleiche gilt für einen breiten Meeresstreifen den Indischen Ozean hinunter bis Madagaskar sowie für das Arabische Meer im Norden, wo es in den Golf von Oman mündet.

Und ausgerechnet durch diese Gebiete führt die Handelsroute zwischen Asien und Europa, vermutlich eine der wichtigsten Handelsrouten der Welt, so etwas wie die Lebensader der globalisierten Wirtschaft. Jedes Jahr passieren an die 25 000 Schiffe den Suezkanal und das Rote Meer, und am Tag werden 3,3 Millionen Barrel Öl durch die Straße von Bab al-Mandab gefahren. Die Strecke ist praktisch umzingelt von Staaten, in denen Bürgerkrieg und Anarchie herrschen.

Von der Gefahrenzone im Roten Meer, in der 2010 in besonders schlimmen Wochen gut jedes dritte Schiff überfallen wurde, waren wir noch eine, maximal zwei Tagesreisen entfernt. Unser Schiff, informierte uns der Kapitän, würde mit seiner derzeitigen Ladung maximal 12 Knoten schaffen. Das war nicht einfach nur langsam, das war absolutes Schneckentempo. Und hieß, dass uns die Piraten in einem Handstreich übernehmen würden. Die Leuchtraketen konnten wir uns im Prinzip auch jetzt schon an die Mützen stecken.

In so einer Situation kommen die verrücktesten Ideen auf. Wir dachten nicht nur über alles nach, was sich irgendwie in eine Waffe verwandeln ließe, wir fantasierten auch herum, wie wir auf anderem Wege an Waffen gelangen könnten. Dabei saßen wir in der Offiziersmesse und zündete uns die Zigarette an der Glut der eben aufgerauchten an. Viele Sätze begannen mit: »Wie geil wäre es denn, wenn …«, oder: »Stellt euch mal vor, dass …« Unsere Träume handelten von Hubschraubern, die über uns kistenweise Sturmgewehre abwarfen. Oder von anderen Frachtern und Militärbooten, die zum Kaffeetrinken vorbeischauten, nur um uns ein paar ihrer besten Kanonen dazulassen. Klar war nur eins: Das alles würde niemals passieren.

Sicher war auch: Wenn wir in diesem Tempo weiterrauchten, würde unser Zigarettenvorrat schon vor Bab al-Mandab aufgebraucht sein. Ansonsten war gar nichts sicher.

In all den Fantasien, die uns durch unsere vernebelten Köpfe gingen, tauchte immer wieder auch ein Kumpel von Frank auf, ein Niederländer, der angeblich im Jemen sein Unwesen trieb und wohl in der Lage sein musste, uns mit Waffen zu versorgen. Wie das genau funktionieren sollte, wusste Frank allerdings auch nicht. Die jemenitische Küste war nun nicht gerade einen Katzensprung entfernt und auch nicht die ultimative Wellness-Region – doch sie war wiederum nicht so weit weg, dass es völlig abwegig schien, einen kleinen Abstecher dorthin zu unternehmen. Irgendwann in der Nacht zog Frank dann tatsächlich ein kleines zerfleddertes Büchlein aus der Tasche, suchte die Mobilfunknummer dieses Freaks heraus und hielt sie uns unter die Nase. »Hier ist unsere Rettung«, sagte er. Je tiefer das Schiff in die Nacht und damit in die gefährliche Zone hineinfuhr, desto mehr nahm dieser jemenitische Kleinganove vor unserem inneren Auge Gestalt an. Bis uns klar wurde: Er war tatsächlich unsere einzige Hoffnung.

Als Frank es dann mit dem Satellitentelefon des Kapitäns versuchte, gelang es ihm tatsächlich, diesen Typen an die Strippe zu bekommen. Das war so was von verrückt! So wie ich in Cuxhaven beim Pizzaservice anrief und eine *Bacon Speciale* mit extra viel Knoblauchsoße orderte, bestellte Frank nun also irgendwo im Jemen eine Handvoll Gewehre.

»Ja, ich bräuchte dann natürlich noch die Munition dazu«, hörten wir ihn auf Niederländisch sagen. Während er weitersprach, nickte er zu uns herüber.

Dann schaltete er das Telefon aus und schaute uns grinsend an. »Geht klar.« Einem kleinen Einkaufsausflug in die Nähe von Al Hudaydah stand eigentlich nichts mehr im Wege.

Mit dieser Info machte sich Mike erneut auf den Weg zur Brücke. Draußen war ein kräftiger Wind aufgekommen, der die Wolken über unseren Köpfen vertrieben und den Blick auf einen blitzenden Sternenhimmel freigegeben hatte. Einen solchen

Anblick bekommen Menschen in der westlichen Welt so gut wie nie zu Gesicht, zumal es in der Stadt niemals so dunkel wird wie auf See, Hunderte Meilen von der nächsten bewohnten Hütte entfernt. Doch mir stand der Sinn nicht nach romantischer Sternenguckerei. Ich hatte eher das Gefühl, in einen Agentenfilm geraten zu sein, und erwartete schon fast hinter der nächsten Ecke ein Kamerateam, das mich darüber aufklärte, dass das alles selbstverständlich nicht ernst gemeint sei. Wie sollte es auch, das war völlig absurd. Aber angesichts unserer Lage verspürte ich doch ein gewisses Unbehagen in der Magengegend. Wenn ich bedachte, dass die Piraten da draußen womöglich bereits ihre Skiffs herrichteten und ihre Kanonen wienerten, um uns schon morgen mit einem Ausholschwung ihres Enterhakens in Ostafrika willkommen zu heißen, kam mir das durchaus berechtigt vor.

Zuerst sagte der Kapitän nein, und zwar ziemlich resolut. Er hatte durchaus seine Gründe: Treibstoff hatten wir nicht unbegrenzt zur Verfügung. Und sollten wir einen Abstecher an die Küste des Jemen machen, würden wir dadurch ein ganzes Stück von der geplanten Route abkommen. Zudem lag der Treffpunkt mit unserem niederländischen Kontaktmann, in der Nähe des kleinen Ortes Al Hudaydah, seinerseits bereits in der *hot zone*.

Obwohl das von offizieller Seite immer geleugnet wird: Einige Piraten stammen womöglich selbst aus dieser Gegend oder erfahren in den jemenitischen Hoheitsgewässern zumindest mehr Unterstützung als die allseits ungeliebten Amerikaner. Die Jemeniten haben inzwischen auch den Militärschiffen der internationalen Gemeinschaft verboten, in ihre Hoheitsgewässer einzufahren. Das führt natürlich dazu, dass die somalischen Piraten nach einem Überfall bevorzugt in dieser Region ablaufen, und das grenzt bereits an eine offizielle Unterstützung für das Treiben aus dem somalischen Nachbarland. Der geplante Landgang jedenfalls war ganz sicher kein vergnügungssteuerpflichtiger Freizeitspaß, und dem Kapitän lag wenig daran, seine ohnehin schon ziemlich wehrlose Security-Truppe jetzt auch noch bei einem durchgeknallten Maschinengewehr-Shopping zu verlieren.

So standen wir also schweigend da. Abgesehen vom regelmäßigen Brummen der Motoren und den vereinzelten Funksprüchen, die nachts noch über den Äther gingen, war es totenstill auf der Brücke. Man konnte dem Kapitän regelrecht beim Denken zusehen. Mike hatte mit der Firma Rücksprache gehalten. Von dort hatte es bereits geheißen: Machen!

Der Kapitän ging zu seinem Kartentisch, zirkelte ein wenig herum und brummelte dabei etwas. In Küstennähe war das Gewässer gefährlich flach. Um uns in größerer Entfernung vom Land auszusetzen, waren die Rettungsboote jedoch zu klein. Wir würden ersaufen, noch bevor wir im Jemen angekommen waren.

»Okay«, sagte er nach einer Weile. »Wir holen die Knarren.«

Ich sah, wie Mike aufatmete. Er wusste aufgrund seiner Einsatzerfahrung ja besser als ich, was eine Passage durch den Golf von Aden ohne Waffen bedeutet hätte.

So wurde also der Kurs geändert, und der schwere Kahn hielt ab sofort direkt auf die jemenitische Küste zu. Ich war nervös wie lange nicht und konnte die ganze Nacht nicht schlafen. In meinem Magen rumpelte es, und ich war wenig begeistert, dass ausgerechnet ich ausgesucht worden war, Frank auf den Törn zu den Jemeniten zu begleiten.

Als die Sonne aufging, waren wir so nah an der Küste, dass die Crew eines der Rettungsboote klarmachen konnte, mit dem wir aufs Wasser gesetzt werden sollten. Radar und Horizont hatten wir beständig im Blick, schließlich befanden wir uns bereits in der Hochrisikozone, und wir beteten inständig, dass sich nicht just in diesem Moment ein Piratenboot ausgerechnet in dieser Gegend auf die Suche nach einem Opfer machen würde. Frank und ich bekamen Schwimmwesten und die 800 Dollar, die wir zusammengesammelt hatten, außerdem wurden uns zwei Fipse zur Seite gestellt. Unser Frachter würde den Motor weiterlaufen lassen und einen großen Kreis vor der Küste fahren. Anhalten konnte er schlecht. Im Falle eines verdächtigen Kontakts würde es sonst viel zu lange brauchen, bis er wieder an Fahrt aufgenommen hätte.

Die Natur lieferte uns das passende Panorama für unseren kleinen Abenteuertrip: Die aufgehende Sonne hatte alles in ein milchiggelbes Licht getaucht. Ich kam mir vor wie in einem alten, grobkörnigen Super-8-Film. Irgendwo über der Wüste musste ein gewaltiger Sturm getobt haben. Er hatte Sand zu uns herübergetragen, der nun in der Luft lag und sie zusätzlich gelb färbte. Zugleich zupfte der warme Wind an der Wasseroberfläche, als hielte sie jemand mit einem Bunsenbrenner am Köcheln. Nur in der Kiellinie unseres Schiffs war das Wasser ruhig und schlammig braun. Kein gutes Zeichen. Das Wasser unter unserem Schiff war wohl nicht besonders tief.

Während wir in das kleine Beiboot kletterten, malte ich mir alle möglichen Szenarien aus: Wie man uns schon bei unserer Ankunft am Strand mit der Machete den Kopf abschlagen und unsere Leichen an die Haie verfüttern würde. Wie wir nach einem erfolgreichen Coup wieder hinausfahren würden aufs offene Meer und vergeblich nach unserem Frachter suchen würden, der in Piratenhand und bereits auf dem Weg nach Somalia war. Dazu kam eine ganz unmittelbare Gefahr: dass wir gleich an Ort und Stelle absaufen würden. Schon das Boot zu Wasser zu lassen war nämlich ein grenzwertiges Vergnügen.

Der Kapitän fuhr eine langsame Kurve, so dass das Wasser auf unserer Seite für einen kurzen Moment spiegelglatt war. Während die Seilwinde uns in unserer Nussschale herabließ, fing der Motor des Bootes bereits an zu brummen. In dem Augenblick, in dem das Boot im Wasser lag, gab unser Steuermann Gas, um an der Bordwand mit gleicher Geschwindigkeit neben dem Schiff herzufahren, während ich und der andere Seemann auf Kommando gleichzeitig zwei Schäkel losschlugen, an denen das Boot vorne und hinten aufgehängt war. Bei der Marine war es normal, mit kleinen Booten an irgendwelchen Bordwänden zu kleben, allerdings wusste da jeder genau, was er zu tun hatte. In diesem Fall jedoch hatte ich das Gefühl, mir drohte sekündlich der Tod durch menschliches Versagen.

Als wir das Boot endlich vom Schiff freibekommen hatten, ging es kaum gemütlicher weiter. Das Rettungsboot kippelte wie ein totes Stück Holz auf der bockigen Brühe, die von allen Seiten ins Boot zu schwappen versuchte. Ich musste mich mit aller Kraft an der Sitzbank festhalten, um nicht über Bord zu gehen. Frank und ich saßen jeweils am rechten und linken Rand des kleinen Bootes, und wenn wir uns einen Blick zuwarfen, konnte ich sehen, dass er das Gleiche dachte wie ich: Was ist das bitte für ein Film?!

Das stärkste Gefühl war dabei nicht einmal Angst. Eher Erstaunen. Erstaunen darüber, dass ich hier war und nicht in meinem gemütlichen Bett in Cuxhaven. Und auch Erstaunen darüber, dass ich bei dem Seegang noch nicht aus dem Boot geschleudert worden war. Merkwürdigerweise ging ich immer noch davon aus, von diesem Trip heil wieder zurück an Bord zu kommen.

Im Visier der Piraten

Nach einer guten Seemeile hatten wir den Strand erreicht. Als Treffpunkt war ein Leuchtturm an einer kleinen Steinmole ausgemacht. Am Steg lagen zwei kleine Fischerboote, die bei dem Wellengang wie tollwütige Hunde an ihren Leinen zerrten. Während die Fipse sich mühten, das Boot festzumachen, kletterten wir etwas unelegant auf den Anleger und winkten verlegen zu den Fischern hinüber, die nur kurz mürrisch aufblickten. Ein kleiner Pfad aus Kieselsteinen führte hinter der Steinmole den Strand hinauf. Das Dorf – wenn das denn ein Dorf war – bestand aus ein paar alten Bretterbuden und Lehmhäusern. Das Ganze sah eher aus wie eine Baustelle, die jemand in der Wüste vergessen hatte. Drum herum war nichts als gelbe Erde. Es gab nicht einmal ernstzunehmende Vegetation. Die Farbe Grün fehlte vollständig.

Ein paar weißgekleidete Männer saßen vor den Hütten. Was man bei uns eher als Bettlaken bezeichnet hätte, diente den Einheimischen als Freizeitkleidung. Am oberen Ende des Strandes spielten Kinder. Als sie uns entdeckten, liefen sie unter aufgeregtem Geschrei auf uns zu.

So standen wir etwas unsicher herum und zündeten uns eine Zigarette an. Trotz des Windes lief mir der Schweiß von der Stirn. Nach ewigen fünf Minuten sahen wir linker Hand einen weißen Pick-up über den Strand näher kommen. Von der Ladefläche sprangen vier Männer. Sie machten ein Gesicht, als wollten sie lächeln und zubeißen zugleich. Ihre Gastfreundschaft demonstrierten sie zusätzlich dadurch, dass jeder von ihnen eine dicke Waffe in den Händen hielt. Der Gedanke, dass uns die Jungs einfach das Geld abnehmen und dann mit den Geweh-

40

ren kräftig eins über die Rübe ziehen würden, schien irgendwie auf der Hand zu liegen. Wer hier – von uns einmal abgesehen – sollte etwas dagegen einzuwenden haben?

Ich zischelte Frank zu, ob er einen dieser Vögel kenne. »Nie gesehen«, raunte er. Die Typen hoben eine kleine schäbige Styroporkiste von der Ladefläche. Sah aus wie eine Kiste mit frischem Fisch. Damit kamen sie zu uns herunter. Als die weißgewandeten Gestalten direkt vor uns standen, stellten sie die Kiste ab und sagten irgendwas auf Arabisch. Ich versuchte es mit einem »Hi guys, good to see you!«, aber genauso gut hätte ich Ostfriesisch reden oder zur Begrüßung einen Zaubertrick vorführen können. Keine Reaktion.

Einer der Typen öffnete stattdessen den Deckel der Kiste. Zum Vorschein kamen vier AK-47, also russische Sturmgewehre der Bauart Awtomat Kalaschnikowa, allerdings handelte es sich, so viel ich sehen konnte, um einen billigen osteuropäischen Nachbau. Neben den Gewehren stand eine Blechdose mit chinesischen Schriftzeichen. Vermutlich die Munition.

»Wo hast du das Geld«, zischte ich Frank zu. Der zückte den Briefumschlag und reichte ihn einem der Männer, während ich mich bemühte, die Kiste mit dem Stiefel ein Stück in unsere Richtung zu ziehen. Ich war sicher, dass mein Herz über den ganzen Strand hinweg zu hören sein musste – und dass es zu 99 Prozent Adrenalin durch meine Adern pumpte. Es setzte kurz ganz aus, als einer der Typen die Hand hob. Jetzt, da sie das Geld in Händen hielten, würden sie uns erschießen, alles klar. *Auf Wiedersehen, war schön mit euch.*

Aber dann machte er eine nur allzu vertraute Bewegung. Zigaretten! Der Typ tat so, als würde er rauchen. »Frank«, sagte ich begeistert, »reich ihm die Schachtel!« Wenn nichts geht in dieser Welt – Zigaretten gehen immer. In Gedanken dankte ich dem Erfinder des transportablen Rauchguts, dem wahren Schutzheiligen des internationalen Sicherheitsgewerbes, und beschloss, in meinem Leben niemals mit dem Rauchen aufzuhören.

Die Jungs bedienten sich, und zwar reichlich. Dann sprangen sie wieder auf ihren Pick-up und dampften davon.

»Weg hier«, sagte Frank. Ohne einen weiteren Blick in die Kiste trugen wir unsere Beute aufs Boot. Die Fipse waren so froh, uns zu sehen, dass sie uns am liebsten um den Hals gefallen wären. Hastig machten sie die Leinen los, und wir gurgelten zurück zu unserem Frachter.

An den Rückweg habe ich keinerlei Erinnerungen, auch wenn die Fahrt bei dem hohen Seegang abenteuerlich gewesen sein muss, ebenso das Auffieren, also unsere vereinten Anstrengungen, das kleine Beiboot wieder an seinen Platz an Deck unseres Frachters zu bringen. Ich war zwar körperlich anwesend, aber vom Adrenalin so auf Droge, dass ich alles nur wie aus weiter Ferne wahrnahm. Dieses Gefühl kannte ich von unseren Trips nach Dänemark, wenn wir bei heftigem Seegang auf Meterwellen surfen gegangen waren. Man weiß später immer noch: Das muss hammergeil gewesen sein. Aber zugleich war es auch so brandgefährlich, dass es fast keinen Spaß mehr gemacht haben durfte – ich wusste es nur einfach nicht mehr, durch den Rausch waren die Erinnerung fast ausgelöscht.

An Bord erwarteten uns Mike, Jeffrey und eine Horde Fipse. Jetzt wollten natürlich alle wissen: Was hatte die Shoppingtour gebracht?

Versprochen worden waren ja eigentlich Kalaschnikows, bekommen hatten wir vier AMD-65, einen billigen Lizenznachbau aus Ungarn. Diese Waffe kursiert seit einigen Jahren sehr viel im Nahen Osten. Auch die afghanischen Sicherheitskräfte wurden von den Amerikanern mit diesen Nachbauten ausgestattet. Alle Teile, die an einer originalen Kalaschnikow aus Holz waren, sind bei der AMD aus schwarzem Plastik. Und anstatt eines vorderen Handschutzes besitzt die Waffe einen einfachen sogenannten Sturmgriff, der eine ziemliche Fehlkonstruktion darstellt. Da er nach vorn schräg abgewinkelt ist, sorgt er eher für Schmerzen im Handgelenk als für einen sicheren Anschlag.

Die Munition steckte in dieser schweren Blechdose, die ich

einem der Fipse zum Öffnen gab. »Bist du wahnsinnig?!«, rief Mike, als er das mitbekam. »Die kriegen das hin und stellen die Dose noch auf den Herd wie eine Fischkonserve!«

Da kümmerten wir uns also doch lieber selbst darum. Von der üblichen NATO-Munition war ich Patronen gewohnt, die ordentlich in Pappschachteln und dann in 8er-Packs fest in grünes Plastik geschweißt waren. Messer reinstechen und aufschlitzen, dann konnte man die Patronen einzeln entnehmen. Nicht hier. Zu der chinesischen Dose gab es einen Drahtstift, den man unterhalb des Deckels ansetzte und einmal rundherum rollte, wie an einer Thunfischdose. Dabei schälte sich ein schmaler Metallstreifen von der Dose. Waren bei der Prozedur wider Erwarten alle Daumen drangeblieben, konnte man die in öliges Krepppapier gewickelten Patronen einzeln entnehmen.

Beim ersten Zählen der Päckchen war schnell klar, dass die Munition kaum reichen würde. 300 Schuss, die wir nun aufteilten wie kleine Jungs ihre Bonbons: einer für dich, einer für dich, einer für mich. So richtig große Schießexperimente würden wir mit den neuen Waffen nicht unternehmen können. Dabei hatte niemand Erfahrung mit diesem Modell. Wir gingen erst einmal in die Offiziersmesse, bauten die Waffen auseinander und putzten die gebrauchten Teile. Dann bekam jeder eine Magazinladung mit zehn Schuss, um sie im Einzelfeuer zu testen, und noch einmal fünf für einen Feuerstoß in Vollautomatik. Wir hielten aufs Meer. Wunderbar! Das waren zwar keine neuwertigen Kalaschnikows, geschweige denn Sahnestücke von Heckler & Koch, aber soweit wir sehen konnten, funktionierten sie einwandfrei. Wir hatten nun zumindest eine gewisse Chance, uns zu verteidigen, wenn die Piraten kamen.

Die Anspannung an Bord ließ schlagartig nach. Auch die Fipse nahmen fröhlich ihre Arbeit wieder auf. Der Kapitän brachte das Schiff zurück auf Kurs, und wir traten unsere Wachdienste an. Jeder war zweimal am Tag für vier Stunden auf Posten, so dass wir den Horizont und die Geräte rund um die Uhr im Blick hatten.

Allerdings hatte unser Trip zwei unerfreuliche Nebenwirkungen. Zum einen hatten wir deutlich mehr Treibstoff verbraucht als ursprünglich geplant – für weitere Ausweichmanöver blieb jetzt also überhaupt keine Reserve mehr. Außerdem hatten wir den Anschluss an den sogenannten *asian konvoi* verpasst. Der ursprüngliche Plan hatte vorgesehen, gemeinsam mit anderen Frachtern, die sich zu diesem Zweck am Anfang des Golfes von Aden verabredet hatten, durch den IRTC zu fahren. IRTC steht für *International Recommended Transit Corridor*, eine Art Autobahn durch die gefährliche Golfzone. Schiffen mit Geschwindigkeiten über 18 Knoten wird geraten, diese Route nachts zu befahren. Langsamere Schiffe wie unseres sollten sich in den Morgenstunden am Eingang des Golfes einfinden, um ihn im Konvoi und flankiert von den Militärschiffen der *coalition forces* zu befahren, die dort am Horn von Afrika im Einsatz sind. Auf diese Weise wären wir besser geschützt gegen Überfälle, so zumindest die Hoffnung. Denn leider hält der IRTC nicht immer, was er verspricht. In den vergangenen Jahren ist es hier trotz aller Sicherheitsmaßnahmen regelmäßig zu Überfällen gekommen.

2011 gab es am Horn von Afrika 176 Piratenangriffe. Dabei wurden 25 Schiffe gekapert, das waren immerhin 11 weniger als 2010. Vorläufiger Höhepunkt war das Jahr 2009 mit 214 Angriffen und 47 Entführungen. Während die Zahl der Entführungen also zurückgegangen ist, sind die Piraten professioneller und leider auch brutaler geworden. Das lässt sich nicht zuletzt am Lösegeld ablesen, das sie den Reedern 2011 abgepresst haben. Es gibt eine Zahl von Konteradmiral Christian Canova, dem ehemaligen stellvertretenden Kommandanten der EU-Antipiratenmission ATALANTA am Horn von Afrika: Demnach erbeuteten die somalischen Piraten im Jahr 2011 rund 135 Millionen Dollar Lösegeld. Im Jahr davor waren es nur 80 Millionen.

Leider ist es insgesamt ziemlich schwierig, an zuverlässige Zahlen zu kommen. Sie können je nach Quelle sehr stark schwanken – zumal ich vermute, dass viele Überfälle gar nicht erst gemeldet werden. Auf den ersten Blick wirkt es zum Beispiel so, als wären überdurchschnittlich viele Frachter westlicher Reedereien von Überfällen betroffen. Vermutlich scheuen aber viele Unternehmen gerade aus Entwicklungsländern das Licht der Öffentlichkeit, mitunter auch aus ganz handfesten wirtschaftlichen Gründen. Denn nach so einem Vorfall erhöhen sich zum Beispiel auch die Versicherungsprämien. Außerdem ist es für die Kapitäne und Reedereien ziemlich mühsam, die Berichte zu schreiben und den Vorfall ordnungsgemäß abzuwickeln. Daher sind alle Zahlen mit größter Vorsicht zu genießen.

Fest steht, dass schon mehrere Menschen bei Piratenangriffen ums Leben gekommen sind. Und 2012 drang das erste Mal ein Bericht von einer Entführung an die Öffentlichkeit, bei der die Geiseln von ihren Entführern gezielt verstümmelt wurden – eine neue Taktik der Kriminellen, um den Druck bei den Lösegeldverhandlungen zu erhöhen. Im Fall des taiwanesischen Trawlers *Shiuh Fu No. 1* hatten die Piraten das Schiff und seine 29 Mann Besatzung schon im Dezember 2010 in der Nähe von Madagaskar entführt. Als die Lösegeldverhandlungen ins Stocken gerieten, hackten sie dem Kapitän mit der Machete den Arm ab und ließen ihn danach bei seinem Arbeitgeber anrufen, um eine Lösegeldforderung von 3 Millionen Dollar zu übermitteln.

Piraterie kostet die globale Wirtschaft an die 7 Milliarden Dollar im Jahr, schätzt *Oceans Beyond Piracy*, ein Projekt von Broomfield, einer amerikanischen Nichtregierungsorganisation mit Sitz in Colorado. Darin enthalten sind bereits die 530 Millionen Dollar, die derzeit weltweit für private Sicherheitsunternehmen ausgegeben werden.

Vor allem weil auch oft die Frachter des Welternährungsprogramms der Vereinten Nationen von den Angriffen betroffen waren, hat die EU 2009 die Schutzmission ATALANTA eingerichtet; auch die amerikanische Marine ist in der Gegend im Einsatz. Die Marineverbände der EU patrouillieren unter dem Namen *European Naval Force Somalia* (kurz EU NAVFOR) nicht nur vor der Küste Somalias, sondern auch im südlichen Roten Meer, im Golf von Aden sowie im westlichen Indischen Ozean bis hin zu den Seychellen. Das Mandat wurde mittlerweile bis Ende 2014 verlängert und auf Landgebiete unmittelbar an der somalischen Küste ausgedehnt.

Deutschland ist mit der Fregatte *Niedersachsen* und dem Marinefliegergeschwader 3 *Graf Zeppelin* aus Nordholz sowie 310 Soldaten an dem Einsatz beteiligt. Auch Frankreich, die Niederlande, Italien, Luxemburg, Schweden, Griechenland, Belgien und Spanien sind mit eigenen Fregatten engagiert. Selbst Nicht-EU-Staat Norwegen stellte zeitweise ein eigenes Schiff. Andere Staaten geben Geld, wie etwa Österreich, oder schicken zumindest Truppen.

Hauptziel der Europäer und Amerikaner ist, die Hilfslieferungen des Welternährungsprogramms zu schützen, doch die Soldaten sind auch ermächtigt, bei Angriffen auf internationale Handelsschiffe einzugreifen. Warum das bislang nur in sehr begrenztem Ausmaß gelungen ist?

Die kurze Version der Antwort: weil das ziemlich schwierig ist. Die lange: Dafür dürften viele verschiedene Gründe verantwortlich sein. So wäre sicherlich die Zerstörung der Piraten-Infrastruktur an Land ein erster Schritt in Richtung einer langfristigen Bekämpfung, zumal die Piratenstützpunkte dank Satellitenaufnahmen und Bildern aus Überwachungsflugzeugen gut bekannt sind. Und tatsächlich gilt das EU-Mandat seit März 2012 auch für Einsätze gegen Piratenhochburgen an Land. Allerdings sind auch nach dem neuen Mandat Angriffe lediglich aus der Luft und in einem Radius von bis zu zwei Kilometern zum Strand erlaubt. Positiv gesprochen: Die Piraten waren also in der Zwischenzeit immerhin gezwungen, sich hinter diese Zone ins Landesinnere zurückzuziehen. Umgekehrt kann man sich aber auch denken, dass das die Piraten nicht davon abhält, von dort weiter ihre Kaperfahrten zu unternehmen. Weitergehende Einsätze an Land sind durch das Mandat ohnehin nicht gedeckt.

Auch die bewaffneten Einsätze auf dem Wasser sind keineswegs immer von Erfolg gekrönt. Entweder ist die Fregatte zu spät am Ort des Überfalls und die Besatzung bereits in den Händen der Piraten, oder es gelingt den Piraten, vor den alliierten Schiffen oder Hubschraubern rechtzeitig zu flüchten. Oft genug greift das Militär auch mutmaßliche Piratenboote auf, muss sie aber wieder freilassen, weil die Beweislage nicht ausreicht, die räuberischen Absichten zweifelsfrei zu belegen. Reicht es zum Beispiel, wenn die Soldaten an Bord Waffen entdecken? Oder müssen sie auch eine große Enterleiter finden?

Einige Kritiker fragen sich, ob die eigentliche Quelle der Piraterie von den *coalition forces* ernsthaft genug bekämpft wird. Böse Zungen behaupten gar, die internationale Gemeinschaft habe nur ein begrenztes Interesse daran, das Piratenproblem ein für alle Mal zu lösen. Liefere es doch vor allem den Amerikanern einen praktischen Vorwand, ihre Kriegsschiffe weiterhin im Nahen Osten zu stationieren. Das Hauptinteresse, heißt es, gelte dabei weder der somalischen Piraterie noch dem Schutz der internationalen Handelsschifffahrt, sondern dem Iran und seinem Atomprogramm.

Doch wer behauptet, der Kampf gegen die Piraterie scheitere am politischen Willen, macht es sich meines Erachtens zu leicht. Sicher ist nämlich, dass ein effizienter Einsatz gegen die Piraten gar nicht so ohne weiteres möglich wäre, und wer etwas anderes sagt, macht falsche Versprechungen und weckt überzogene Erwartungen. Denn abgesehen davon, dass ein massiver Militäreinsatz jede Menge ziviler Opfer fordern könnte und damit rechtlich äußerst bedenklich wäre, stellen sich auch ganz praktische Probleme. Die hat ein britischer Befehlshaber einmal sehr zutreffend unter dem Stichwort »Terror der Distanz« zusammengefasst. Gemeint ist schlicht: Das Einsatzgebiet ist gewaltig. Fünf Seetage braucht es im Golf von Aden allein für den Weg von Nord nach Süd, und mehr als eine Tagesreise, um den Golf in der Breite zu queren. Daher können nach einem Hilferuf oft Stunden, ja halbe Tage vergehen, ehe ein Militärschiff zur Stelle ist. Davon einmal abgesehen, dass die Piraten ihren Aktionsraum längst um ein Vielfaches erweitert haben und den Golf von Aden praktisch nur noch in der Monsunzeit als Hauptjagdgebiet nutzen.

Wer also eine schnelle militärische Lösung des Piratenproblems allein aus dem staatlichen Gewaltmonopol heraus fordert, sollte dabei ehrlicherweise erwähnen, dass dafür Angriffe an Land nötig wären, dass es womöglich viele zivile Opfer geben würde und dass es für einen effizienten Kampf gegen die Piraten zu Wasser einer riesigen Marineflotte bedürfte. Vermutlich müsste man die halbe Weltmeerflotte vor Afrika zusammentrommeln – und zwar auf Jahre.

Die Kosten einer solchen Militäroffensive wären immens, wie schon das deutsche Beispiel zeigt: Müsste die Bundeswehr oder die Bundespolizei den Schutz allein der deutschen Handelsflotte übernehmen, würde das den Bund geschätzte 150 Millionen Euro jährlich kosten.

Es gibt andere Ansätze, die mir vielversprechender erscheinen, obwohl sie eher langfristig wirken. Die neue Mission NESTOR fällt mir da beispielsweise ein, die ATALANTA ergänzt und an der sich Deutschland nun nach einem Kabinettsbeschluss vom Sommer 2012 ebenfalls beteiligt. NESTOR soll die Länder der Region in die Lage versetzen, ihre Gewässer selbst zu kontrollieren. Denn ATALANTA, so ein häufiger Vorwurf, doktere nur an den Symptomen der Piraterie herum, ohne die eigentlichen Ursachen zu bekämpfen. Sinnvoller ist es ja, den Piraten auf zivilem Wege und direkt in den Herkunftsländern das Leben schwer zu machen – zumal man sich damit ja viel weniger stark in die inneren Angelegenheiten eines Landes einmischt als mit einem Luftangriff. So schickt die EU nun 175 Ausbilder und Berater in die Region, um die Regierungen von Djibouti, Kenia, den Seychellen und Somalia im Kampf gegen die kriminellen Machenschaften zu unterstützen; auf längere Sicht soll auch Tansania in das Programm einbezogen werden. Die NESTOR-Mitarbeiter sollen die Staaten bei Polizeioperationen beraten, Seeleute ausbilden und bei der Beschaffung von Ausrüstung behilflich sein. In Somalia ist außerdem die Ausbildung von Richtern und Juristen vorgesehen, damit den festgenommenen Piraten schneller der Prozess gemacht werden kann. Mit bis zu zehn Soldaten oder Polizisten will sich die Bundesregierung im Rahmen von NESTOR beteiligen. Das ist verblüffend wenig – und angesichts der großen Probleme dann vielleicht doch wieder nur ein Tropfen auf dem heißen Stein.

Zusammenfassend möchte ich an dieser Stelle schon einmal sagen, und dann ist dieser kleine Schlenker in die Politik auch schon wieder beendet: Um die Piraten langfristig zu bekämpfen, braucht es sicherlich noch viel mehr Anstrengungen, die sich primär an die betroffenen Länder richten und die Verantwortlichkeit zurück in die Hände der Regierungen legen.

In Somalia herrschen Bürgerkrieg und Anarchie, ein Ende des Chaos ist nicht abzusehen. Schaut man auf die Website des Auswärtigen Amtes, so ist da unter dem Stichwort »Somalia – Parteien« zu lesen: »Parteien im herkömmlichen Sinne existieren in Somalia nicht. An ihrer Stelle agieren bewaffnete Verbände/Bewegungen (auch Milizen), die sich an Clan-Strukturen bzw. einzelnen Führungspersonen ausrichten.« Und selbst wenn mittlerweile erste Erfolge zu erkennen sind und die Zahl der Angriffe zurückgegangen ist – solange sich daran nichts ändert, wird auch der Kampf gegen die Piraten andauern.

Das mag zynisch klingen, aber daher braucht sich meine Branche über ihre Auftragslage und ihr weiteres Wachstum keine Sorgen zu machen. Inzwischen ist wohl allen Beteiligten klargeworden, dass man um den Einsatz von bewaffneten Sicherheitskräften nicht herumkommen wird. Im Gegenteil. Denn dass die Angriffe zurückgegangen sind, liegt auch daran, dass immer mehr Guards unterwegs sind. Sobald die Piraten bemerken, dass die Schiffe gut bewacht sind, brechen sie ihre Angriffe nämlich meistens ab.

Zurück zu unserem *bulk carrier,* der also weiter Richtung Golf von Aden tuckerte. Als wir den Treffpunkt am Beginn des IRTC-Korridors erreicht hatten, war der Konvoi, der uns Sicherheit bieten sollte, schon seit einigen Stunden unterwegs. Und wir mit unserem bis zur Oberkante vollgeladenen Frachter hätten der Truppe aufgrund unserer lahmen Maschine vermutlich ohnehin nicht lange folgen können. Also machten wir uns nun allein auf den Weg. Eigentlich rechnete ich mit einer entspannten Passage. Wir hatten sie uns redlich verdient. Und zunächst schien ich damit recht zu behalten. So passierten wir die kritische Meerenge Bab al-Mandab ohne Zwischenfälle und verließen wohlbehalten den Korridor. Nun würden wir durch das Arabische Meer hindurch und um den Jemen herum Kurs auf die omanische Hauptstadt Muscat halten.

Bei unseren Wachdiensten hatte sich eine schöne Routine eingestellt. Wenn ich Dienst hatte, spähte ich entweder mit dem Fernglas aufs Meer, um verdächtige Skiffs oder als Fischerboote getarnte Dhaus zu entdecken – wie diese traditionellen Holzboote heißen, mit denen die Händler oder Fischer in der Region unterwegs sind. Oder ich informierte mich auf der Brücke, ob sich auf dem Radar oder beim Funkverkehr etwas Verdächtiges tat. Abends holte ich mein Nachtsichtgerät hervor, mit dem ich die Umrisse meiner Umgebung in einem grünschimmernden Licht erkennen konnte. Damit würde ich auch in der Dunkelheit sicher treffen.

Lange hatte es geheißen, dass die Piraten nie nachts kamen und sogar ihre Attacken abbrachen, sobald die Dämmerung einsetzte. Aber letztlich war es ein permanentes Wettrüsten: Sobald die Frachter begannen, die kritischen Regionen nur noch in der Dunkelheit zu passieren, reagierten auch die Piraten und besorgten sich die entsprechende Technik. Nachdem die Reedereien angefangen hatten, ihre Schiffe mit NATO-Stacheldraht zu umgeben, bastelten die Piraten eben längere Enterleitern, die oben so gebogen waren, dass sie die Zäune problemlos überwinden konnten. Sobald die Piraten begannen, auch nachts und mit Radargeräten nach ihren Opfern Ausschau zu halten, gingen die Kapitäne dazu über, die sogenannten AIS-Geräte abzuschalten und alle Signalleuchten zu löschen. Das AIS *(automatic identification system)* ist so etwas wie ein Flugschreiber, der in regelmäßigen Abständen Kurs, Geschwindigkeit und den eigenen Standort sowie Schiffsnamen und Schiffsidentifikationsnummer an alle umliegenden Schiffe funkt. Ursprünglich war es dazu gedacht, die Sicherheit des Schiffsverkehrs zu erhöhen und Zusammenstöße zu verhindern. Bis eben die Piraten dazu übergingen, diesen Dienst ihrerseits zu nutzen, um die lohnendsten Opfer auszuspähen. Wer also das AIS-System ausschaltete, entging mit etwas Glück der Ortung. Das Einzige, was man immer anließ, war der eigene Radar, damit man nicht im kompletten Blindflug durch die Nacht segelte.

Inzwischen sind übrigens ein paar clevere Kapitäne dazu übergegangen, das AIS bewusst eingeschaltet zu lassen und die Information auszusenden, dass sie von einer bewaffneten Security-Mannschaft begleitet werden. Denn bis heute ist noch nie ein bewachtes Schiff entführt worden.

Am Nachmittag ließ der Wind deutlich nach. Ich konnte zu meiner Schicht gehen, ohne mich dabei alle drei Meter krampfhaft irgendwo festhalten zu müssen. Bis dahin hatten sich die Wellen in zwei bis drei Meter hohen Türmen vor uns aufgebaut. Am Abend war das Meer fast völlig glatt. Ein Grund zur Freude war das allerdings nicht. Auch die Piraten haben das Meer lieber glatt. Sie können dann leichter bei ihren Opfern längsseits gehen und mit Hilfe ihrer Seile oder Enterleitern an Bord kommen. Wir hielten also den Horizont noch gründlicher im Blick als zuvor.

Ich war noch nicht lange von meinem Wachdienst zurück und hatte mich zum Schlafen in die Koje gelegt, als die Kollegen über Funk den Hilferuf eines Frachters auffingen. Da war es ungefähr sechs Uhr. Der Frachter funkte an alle umliegenden *coalition warships*, dass er von mehreren Skiffs verfolgt und beschossen werde. Dieser Frachter war nicht lange vor uns aus dem Korridor ausgelaufen und befand sich nun etwa 70 Seemeilen entfernt auf dem gleichen Kurs wie wir, Richtung Oman und Persischer Golf. Jeffrey, der zu diesem Zeitpunkt gerade Wache hielt, entschied sich, uns alle auf die Brücke zu rufen.

Ich war sofort hellwach. 70 Seemeilen. Das war verdammt

nah. Die Stimmung auf der Brücke war angespannt. Niemand sprach. Wir lauschten dem Funk und hofften zu erfahren, was genau dort gerade vor sich ging. Doch auf einmal kam nichts mehr, auch nicht auf der Frequenz *one six*, dem Kanal 16, auf den Besatzungen üblicherweise auswichen, wenn sie ihre Notlage mit den *coalition forces* besprachen und sich über mögliche Rettungsmaßnahmen austauschten. Wurde ein Schiff angegriffen, trat eine ganze Kette von Maßnahmen in Kraft. So rief man dann zum Beispiel UKMTO an und machte Meldungen der Art: »Motor vessel in position XY currently under attack, 3 skiffs firing small arms fire ...« UKMTO war so was wie 112 für die Feuerwehr. Und hörte man so einen Notruf mit – die umliegenden Schiffe konnten sich in die unterschiedlichen Kanäle ja ebenfalls einklinken –, hieß das in solchen Fällen: Für die nächsten 24 Stunden war die Region eine absolute No-go-Area. Man sollte das Gebiet dann mit einem Radius von mindestens 100 Seemeilen umfahren.

Wir hielten es für extrem unwahrscheinlich, dass es in derselben Nacht noch zu einem Angriff kommen würde. Doch klar war auch: Am kommenden Morgen würden wir direkt in die kritische Zone hineinfahren. Wenn die Piraten von dem anderen Schiff wegen der hereinbrechenden Dunkelheit abgelassen hatten, und so sah es aus, dann waren wir als Nächste dran. Denn so gehen die Piraten ja vor: Sie bleiben mit dem Mutterschiff in der Region, und sobald sie ein neues Opfer erspähen, senden sie ihre kleinen Skiffs aus, um es anzugreifen. Ich dachte: Mist. Irgendwie war klar, dass es nicht gut aussah für uns. Dabei hatte ich meine Portion Aufregung für diesen Trip schon hinter mir geglaubt.

Jetzt rächte sich unser Ausflug. Ein Ausweichmanöver, das uns um die kritische Zone herumgebracht hätte, konnten wir uns nicht erlauben. Dafür reichte der Treibstoff nicht mehr aus.

Wir suchten den Radar weiter nach verdächtigen Kontakten ab. Dabei kann man zwischen unterschiedlichen Ausschnitten wählen, zwischen einer Ansicht im 3-, 6-,12- und 24-Meilen-Abstand. Der Radar meldete bei der größtmöglichen Auflösung allerdings oft schon Kontakte, die eigentlich nichts als große Wellen waren. Die kleinen Skiffs ließen sich sowieso kaum erkennen, selbst bei allerbester Auflösung brauchte es schon ein sehr geübtes Auge, um sie von Wellenbergen zu unterscheiden. Erst wenn sich ein Signal dauerhaft auf dem Schirm hielt, konnte man davon ausgehen, dass es sich um ein fremdes Schiff handelte. Und das wurde natürlich umso schwieriger, je größer der Radius war, in dem das Radargerät suchte. Das machten sich die Piraten zunutze, indem sie sich im Radarschatten größerer Wellen unbemerkt an ihre Opfer heranpirschten.

Wenn man nun einen festen Punkt ausgemacht hatte, der sich nicht bewegte, konnte das entweder ein Fischerboot sein, das gerade seine Netze einholte, oder es handelt sich eben um ein Mutterschiff, von dem die Piraten ihre kleinen Skiffs zu Wasser ließen. So oder so: Einen solchen Punkt lohnt es sich, im Auge zu behalten.

Da sich die Piraten mit den Skiffs bis zu vierzig Seemeilen von ihren Mutterschiffen entfernen konnten, um auf dem offenem Meer der vorbeifahrenden Beute aufzulauern, ergibt sich logischerweise, dass man ihrem Aktionsradius nur entkam, indem man Risikogebiete mit einem Umweg von bis zu 100 Seemeilen umfuhr. Oder man hatte keinen Sprit mehr für die Extratour und war so dumm dran wie wir, die nun mitten hineinhielten in das Vergnügen.

Wir waren das Szenario schon mehrfach in unseren regelmäßigen Trockenübungen durchgegangen und probten nun noch ein letztes Mal den Ernstfall: Bei einem Angriff würden wir uns von der Brücke aus auf die *bridge wing* begeben und nach vorne entfalten, uns also an vorher vereinbarten Punkten schräg versetzt auf dem Deck in Position bringen. Das hatte folgenden Hintergrund: In der Regel beschießen die Piraten das Brückenhaus oder die gesamten Aufbauten, um die Besatzung zum Anhalten zu zwingen. Sie hoffen, dass eine verängstigte Besatzung irgendwann aufgibt, das Schiff stoppt und sie längsseits kommen lässt, damit sie aufentern können. Häufig schießen sie dabei aus vollautomatischen Waffen, die AK-47 zum

Beispiel ist eigentlich eine typische Piratenwaffe. Der Kalaschnikow-Nachbau ist eine der häufigsten Waffen in der arabischen Welt und dort oft billiger zu haben als ein anständiges Essen. Mit der richtigen Munition schlägt sie durch Eisen und Stahl. Das Schanzkleid der Brücke besteht nur aus dünnen Stahlplatten. Sind die Piraten nah genug, gehen die Projektile durch den Stahl hindurch, und das auch, wenn sie lediglich mit einem normalen Sturmgewehr schießen. Oben auf dem Brückenhaus ist man also in der *kill zone*. Wenn wir auf der *bridge wing* nach hinten liefen und dann hinunter aufs Achterdeck, waren wir für die Piraten nicht nur deutlich schwieriger auszumachen. Wir konnten auch viel einfacher die Stellung wechseln. Zudem würden wir die Aufmerksamkeit vom Brückenhaus ablenken und versuchen, die Piraten vom Achterdeck aus in einen längeren Schusswechseln zu verwickeln – daran haben sie nämlich in der Regel kein gesteigertes Interesse. Wenn sie merken, dass ihnen ein echter Feuerkampf bevorsteht, lassen sie meistens recht schnell wieder ab von ihren Opfern.

Strahlender Sonnenschein und Windstille. Das Wetter am nächsten Morgen meinte es vermeintlich gut mit uns. Immerhin würden wir gute Sicht haben auf das Unheil, auf das wir nun zusteuerten.

Gegen elf Uhr sichteten wir auf dem Radar einen einzelnen Kontakt, der mit weniger als fünf Knoten auf unserer Route dahindümpelte. Irgendwie war schnell klar, dass es sich dabei nicht um gute Freunde handelte, die nur darauf warteten, uns herzlich auf ihrem Meeresquadranten willkommen zu heißen. Alle anderen Schiffe waren dem Rat gefolgt, das Gebiet in großem Bogen zu umfahren, wir waren die Einzigen, die mit 11,5 Knoten mutterseelenallein durch die bedrohte Zone gurkten. Zudem verhielt sich unser Kontakt wie aus dem Lehrbuch. Als er auf acht Meilen an uns herangekommen war, kreuzte er unsere Fahrtrichtung in einem langen Bogen und beschleunigte auf acht, neun Knoten. Dann hielt das Schiff erneut an, wartete einen Moment – um wieder zu beschleunigen. Noch einmal dasselbe Spiel. Dieses Stop-and-Go folgte dreimal hintereinander. Uns war klar, was das bedeutete: Das Mutterschiff droppte soeben seine kleinen Skiffs neben sich ins Wasser, eines nach dem anderen, aufgereiht wie auf einer Perlenkette. Wer jetzt den Fehler machte und sich in Sicherheit wiegte, weil der große Kontakt, das Mutterschiff, wieder aus dem Radar verschwunden war, der irrte leider. Man erwartete uns schon. Mit dem bloßen Auge selbst bei ruhiger See schwer erkennbar, lauerten die kleinen Skiffs seelenruhig vor uns im Wasser. Wir brauchten ihnen nun noch vor die Flinten zu fahren. Und genau das taten wir.

Zwei von ihnen passierten wir, ohne dass sie sich rührten. Offenkundig wollten sie uns nur beobachten. Erst als wir 200 Meter an ihnen vorbei waren, starteten sie ihre Motoren, und wir sahen urplötzlich ihren Bug steil aus dem Wasser ragen.

Ich stand mit Mike auf der linken Seite, Frank und Jeffrey sicherten die rechte. Wir brauchten gar nicht lange zu warten, da eröffneten die Piraten auch schon das Feuer. Ich hatte mich neben einem Generatorhäuschen auf dem Achterdeck positioniert, während Mike ein paar Meter hinter mir neben einer riesigen Seilwinde Stellung bezogen hatte. Auf Zuruf tauchten wir beide aus der Deckung auf und schossen schnelles Einzelfeuer direkt ins Wasser vor die Skiffs. Unsere Gegner ließen sich davon allerdings wenig beeindrucken, sie lenkten nur ihr Feuer von der Brücke weg, mehr in unsere Richtung. Ihre Schüsse waren wahllos und ungezielt, das sind sie meistens. Gute Schützen findet man unter Piraten seltener als auf einem Dorfjahrmarkt. Doch gerade dieser sogenannte *metal spray* kann sehr gefährlich sein – schließlich konnten uns leicht Querschläger erwischen.

Ich hatte mich gerade wieder kurz aus dem Schutz meines Generatorhäuschens gelehnt, um ein paar Schüsse abzugeben, da streikte meine Waffe. Nach drei oder vier armselige Schüssen passierte auf einmal gar nichts mehr. Ich ging sofort wieder in Deckung, um das Problem zu beheben. Rasch nahm ich das Magazin ab, betätigte den Spanngriff, mit dem man die Waffe fertig lädt, und sah zwei Patronen gleichzeitig aus der Waffe fallen. Ein solches *double feeding* kann verschiedene Gründe haben, sei es nun ein Defekt am Magazin oder an der Waffe selbst. Natürlich darf so etwas nicht vorkommen, kommt es eigentlich auch nicht. Ich lud die Waffe erneut. Mike gab derweil eine weitere Salve auf unsere Verfolger ab. Als ich zu ihm hinübersah, machte er eine Handbewegung, mit der er mir bedeutete, dass er zu mir rüberkommen wollte. Also zählte ich innerlich von drei runter, nickte ihm zu und lehnte mich dann erneut um die Ecke, um den Abzug meiner Waffe zu ziehen und ihm Deckung zu geben. Doch statt des Feuerstoßes hörte ich nur wieder ein leeres *Klick*. Nichts!

Und dann halfen all die Jahre Training beim Militär nicht und der kritische Verstand auch nicht und noch nicht mal die Sorge um mein eigenes Leben – ich stand da wie ein Anfänger und starrte völlig irritiert auf das Auswurffenster meiner Waffe. Mike fuchtelte hektisch mit den Armen, gab mir mit Gesten zu verstehen, ich solle mich sofort wieder in Deckung bringen. Doch ich stand lieber da wie der größte Trottel des Schützenvereins und fingerte an meiner Waffe herum. Und dann spürte ich, wie mein Hemdkragen anfing, mich von hinten zu würgen, und wie Mike, der zu mir herübergesprungen war, mich mit einem kräftigen Handgriff um die Ecke riss. Ich wollte zuerst aufschreien: *Was soll das, du spinnst wohl!* Keine Sekunde später erklang von dort, wo ich eben noch gestanden hatte, das grelle, abgehackte Krachen von Munition. In der Wand des Generatormoduls, vor das ich mich für meine Schüsse immer hervorgewagt hatte, sah ich einige Einschusslöcher. Das hätte mein Kopf sein können. Ich lag halb auf Mikes Schoß und dachte nur: Knapp. Und: Verdammt.

Ich merkte erst jetzt, wie heiß meine Waffe geworden war und dass ich sie an ihrem vorderen Griff selbst mit Handschuhen kaum noch halten konnte. Derweil waren die Schüsse verstummt. Dafür nahm ich etwas anderes wahr, ein Geräusch, das irgendwie nicht hierher gehörte. Das Brummen eines nahenden Helikopters. Als ich über meine Schulter nach oben schaute, konnte ich einen englischen Marinehubschrauber tief über das Heck unseres Schiffes kommen sehen. Ich stand auf und beobachtete, wie der Hubschrauber große Kreise um die Skiffs flog, die in alle Himmelsrichtungen davonheizten.

Der Besatzung unseres Schiffs war es offensichtlich gelungen, während des Schusswechsels weiter um Hilfe zu rufen. Und weil wir den Golf von Aden vor noch nicht allzu langer Zeit verlassen hatten, hielt sich offensichtlich noch eine britische Fregatte in der Nähe auf. Deren Hubschrauber sind deutlich schneller vor Ort als die Marineschiffe selbst. Zudem sind sie sehr effizient. Denn sie sind normalerweise mit einer vollautomatischen 50-mm-Bordkanone ausgerüstet. Die Piraten wissen, dass sie gegen ein solches Riesenkaliber keine Chance haben.

Verschwitzt trafen wir uns auf dem Achterdeck und beobachteten schweigend, wie der Helikopter Jagd auf die Piraten machte. Allerdings gelang es den Briten nicht, die Angreifer wirklich dingfest zu machen – sie verfolgten die Skiffs offensichtlich auch nicht bis zu ihrem Mutterschiff, sondern schienen sich damit zu begnügen, die Boote zu vertreiben. Warum sie das so handhaben, war mir nicht ganz klar. Da uns die Piraten direkt angegriffen hatten, hätte es meiner Meinung nach kein Problem gegeben, sie festzusetzen oder aus der Luft unschädlich zu machen. Leider war es uns auch im Nachhinein nicht möglich, noch mehr dazu in Erfahrung zu bringen. In den öffentlich zugänglichen *reports* war lediglich vermerkt, dass es einen sogenannten *approach* gegeben und man ihnen erfolgreich entkommen war.

Nach ungefähr einer Stunde preschte von hinten auch die englische Fregatte heran. Sie drosselte ihre Geschwindigkeit, um an der Steuerbordseite neben uns herzufahren. Über Funk meldete sich eine weibliche Stimme und fragte, ob bei uns alles in Ordnung sei oder ob es Verletzte gäbe. Jeffrey wurde auf einmal ganz patriotisch zumute, und er bat den Kapitän um das Funkgerät, um der Heimatfregatte zu antworten. Er gab durch: bei uns alles in Ordnung, es ist ein Sicherheitsteam an Bord, niemand verletzt. Daraufhin beschleunigte die Fregatte wieder und drehte nach links ab, um sich in die andere Richtung davonzumachen. Die freundliche Frauenstimme wünschte uns noch gute Weiterfahrt – und frohe Weihnachten! Wir schauten uns verwundert an. Niemand hatte mitbekommen, dass Heiligabend kurz bevorstand. Ich musste an meine Familie denken und auch daran, dass ich sie heil wiedersehen würde. Das wäre ja beinahe schiefgegangen.

Das erste Mal in meinem Leben hatte jemand direkt auf mich geschossen. Komischerweise verspürte ich keine Wut. Ich war nur froh, dass ich meiner eigenen Dummheit nicht zum Opfer gefallen war. Ein seltsames Gefühl war es trotzdem.

Der Kapitän war der Erste, der uns erleichtert auf die Schultern klopfte. Er hatte auf der Brücke ausgeharrt und war mit den Sicherheitskräften in Funkkontakt geblieben. Der Rest der Besatzung hatte sich irgendwo an Bord in Sicherheit gebracht. Jetzt kamen sie hervor, und wen wir auch trafen, alle wollten sie uns die Hand schütteln und uns beglückwünschen.

Aus heutiger Erfahrung würde ich unser damaliges Sicherheitskonzept als ziemlich verantwortungslos bezeichnen. Eigentlich gab es nicht mal was, das den Namen »Konzept« nur ansatzweise verdiente. Ich bin in einer noch relativ frühen Phase in die Branche eingestiegen. Wann immer wir an Bord eines neuen Schiffes gingen, wurden wir von der Besatzung mit einer Mischung aus Erleichterung und Skepsis aufgenommen. Kontakt zu Sicherheitsleuten hatten die wenigsten von ihnen gehabt. Sie hatten in den meisten Fällen auch noch keine eigenen Schutzmaßnahmen ergriffen, um ihr Schiff gegen die Piraten abzusichern (wie zum Beispiel rundherum Stacheldraht anzubringen), oder gar einen Notfallplan für den Angriffsfall entwickelt. Geschweige denn, das Sicherheitsprozedere mit der Besatzung einmal probeweise durchgespielt. Stattdessen hatten sich die Crewmitglieder bei einem Angriff einfach irgendwo an Bord versteckt, vermutlich in ihren Kabinen oder der Mannschaftsmesse. Das wäre heute undenkbar.

Heute gehört zum Beispiel die Einrichtungen eines sogenannten *safe room* zu den Standardmaßnahmen. Weitere Sicherheitsmaßnahmen wie NATO-Stacheldraht, Nebelmaschinen oder Zickzack-Fahren – alles Maßnahmen, die dazu dienen, das Entern zu verhindern oder zumindest herauszögern – haben sich in jüngster Zeit als Standardprozedere etabliert. So gewinnt die Mannschaft Zeit, um die *coalition forces* zu Hilfe zu rufen, möglichst noch bevor es den Piraten gelungen ist, an Bord zu kommen.

Spätestens wenn die Piraten kurz vorm Entern sind, sollte sich die Crew, von den Securityleuten einmal abgesehen, dann in den gesicherten *safe room* begeben, bei dem es sich häufig um den Maschinenkontrollraum handelt. Ihn hat man üblicherweise zusätzlich mit dicken Stahlplatten und Gerät gesichert. Von außen sollte ein solcher Sicherheitsraum schwer zu finden und nicht so ohne weiteres aufzubrechen sein. Denn ist es den Piraten erst einmal gelungen, die Besatzung unter ihre Kontrolle zu bringen, wird eine Befreiung selbst für Spezialisten ziemlich heikel – und bringt die Geiseln in Lebensgefahr.

Manchmal glückt so eine Aktion aber auch, so zum Beispiel im Fall der deutschen *MV Taipan*, die durch ein Boardingteam der niederländischen Fregatte TROMP befreit werden konnte. Von diesem Einsatz kursiert sogar ein recht spektakuläres Video im Netz, das von der Helmkamera eines der beteiligten Elitesoldaten gefilmt wurde. Das niederländische Verteidigungsministerium war offensichtlich der Meinung, in der Öffentlichkeit mehr Werbung für den ATALANTA-Einsatz machen zu müssen, und so stellte es die kommentierten Aufnahmen zur freien Verfügung ins Internet.

Aber solche Einsätze gefährden nicht nur das Leben der Geiseln an Bord, eine solche Befreiungsaktion scheint sich unter den Piraten auch herumzusprechen und führt dann unter Umständen zu Racheaktionen auf anderen Frachtern. Man darf nicht vergessen: Es ist ja zu jeder Zeit eine ganze Reihe weiterer Schiffe in der Hand der Piraten, und womöglich sind daran die gleichen oder zumindest befreundete Clans beteiligt. Im September 2012 etwa befanden sich insgesamt elf Schiffe und 174 Seeleute in somalischer Geiselhaft, einige davon schon seit vielen Monaten. Bei ihnen besteht aus unterschiedlichen Gründen wenig Aussicht, sie durch eine Befreiungsaktion zu erlösen.

So folgt dann auf das Kidnapping oft, was in den deutschen Medien spätestens seit dem Fall *Hansa Starvanger* hinreichend bekannt ist: monatelange Gefangenschaft unter übelsten Bedingung, während die Seeräuber mit der Reederei über ein Lösegeld in Millionenhöhe verhandeln. Im Zweifel ist das für die Reederei allerdings immer noch günstiger, als ihren Frachter aufzugeben, dessen Wert sich mitsamt Ladung schnell zu einem dreistelligen Millionenbetrag aufaddiert. Hauptsächlich geht es aber darum, das Leben der Besatzung zu retten.

Fast genauso hoch wie die eigentliche Lösegeldzahlung ist übrigens das Honorar der Anwälte, die den Deal für die Reeder einfädeln und die Verhandlungen mit den Piraten übernehmen.

Ein bisschen anders sieht es aus, wenn sich die Besatzung erfolgreich im Sicherheitsraum verschanzt hat. Ein guter *safe room* bietet sogar die Möglichkeit, von dort die Motoren sowie die Treibstoffzufuhr lahmzulegen und weiter in Kontakt mit der Marineeinsatzzentrale und der Reederei zu bleiben. So kann die Crew im Zweifel Tage in ihrer Festung ausharren, bis ein Rettungskommando nah genug ist, um sie zu befreien. Oft genug haben die Piraten das Schiff dann längst wieder verlassen, wie etwa im Fall der *New York Star* der Hamburger Reederei CST. Der Frachter wurde im Indischen Ozean in der Nähe der Kavaratti Islands von Piraten aufgegriffen, jedoch gelang es der Crew, sich im *safe room* in Sicherheit zu bringen. Als die niederländische Marine vor Ort auftauchte, hatten sich die Piraten schon wieder aus dem Staub gemacht. Anders erging es etwa der Besatzung der *Beluga Nomination*, dem Schiff einer Bremer Reederei. Bei dem Versuch der seychellischen Küstenwache, den deutschen Frachter aus Piratenhand zu befreien, wurden zwei Seeleute von den Piraten exekutiert, und ein Ingenieur sprang auf der Flucht vor den Seeräubern über Bord, wobei er ertrank.

Wenn die Piraten noch an Bord sind und die Crew im sicheren *safe room*, verfolgen die Einsatzkräfte eine zweifache Strategie: Zum einen versuchen sie, der Piraten so schnell wie möglich habhaft zu werden. Zeitgleich macht sich ein anderes Team auf die Suche nach dem zweiten Zugang zum *safe room* – bei einem guten Sicherheitskonzept ist der nämlich gut getarnt und nur Spezialisten bekannt; oft ein unscheinbarer Notausstieg mit einer einfachen Luke, der von Laien als solcher nicht zu erkennen ist. Auf diesem Weg kann dann die Crew befreit werden. Auch wenn die Guards einen Piratenangriff erfolgreich abgewehrt haben, darf der Kapitän die Tür des *safe room* erst öffnen, wenn das Losungswort gefallen ist, das zuvor vereinbart wurde.

Unser Trip nach Muscat näherte sich derweil seinem Ende. In guter Stimmung hielten wir Kurs auf die Küste des Oman. In Muscat sollten wir von einem Lotsenboot an Land gebracht werden und in einem Hotel in Hafennähe auf unseren nächsten Einsatz warten. Doch vorher mussten wir uns noch unserer Gewehre entledigen. Schließlich war keiner von uns scharf darauf, wegen illegalen Waffenbesitzes in ein omanische Gefängnis zu wandern. Wir stellten uns auf die *bridge wing*, und da meine Waffe mich so schmählich im Stich gelassen hatte, wollte ich es noch einmal wissen. Ich lud sie fertig und leerte ein komplettes Magazin mit einem Feuerstoß ins Wasser. Als ich das zweite Magazin geladen hatte und den Abzug betätigte, schaffte sie noch einmal 15 Schuss und gab dann erneut den Geist auf. Um dieses Stück Schrott war es wirklich nicht schade. Ruhe sie friedlich auf dem Meeresgrund.

An der Gangway mussten wir noch einmal alle Hände schütteln, die sich auf dem Boot finden ließen. Vor allem die Fipse verabschiedeten uns extrem herzlich und winkten uns noch lange hinterher. So endete also mein erster Auftrag unter fremder Flagge. Spätestens als ich wenig später erschöpft und so gut geduscht wie lange nicht mehr in meinem Hotelbett lag, wurde mir bewusst, wie sehr ich meine Freundin und meine Familie vermisste.

Mein Traumjob

Ich sehe vielleicht nicht unbedingt so aus, mit meinen schwarzen Haaren und der Dauersurferbräune, aber ich bin Cuxhavener von ganzem Herzen. Ich liebe diesen kleinen Kurort im Nordwesten Niedersachsens. Hier bin ich 1977 geboren, und seitdem habe ich die Küstenstadt freiwillig nie länger für eine andere Stadt verlassen, von meiner Zeit bei der Bundeswehr und einem kleineren, privat motivierten Ausflug nach Hannover einmal abgesehen.

Na gut, es war schon ein wichtiger, längerer Ausflug, der mich nach Hannover geführt hat. Meine Tochter lebt da, mit meiner Exfreundin. Aber das tut hier nicht viel zur Sache.

Heimat ist wichtig. Ich engagiere mich sogar in einem Verein, der sich für den Erhalt der plattdeutschen Sprache und der friesischen Kultur einsetzt. Erst mit dem sicheren Gefühl, jederzeit nach Hause zurückkehren zu können, kann ich meine Ausflüge in fremde Länder und Kulturen wirklich genießen.

Cuxhaven liegt direkt an der Mündung der Elbe in die Nordsee, und die Nähe zum Wasser hat mein Leben geprägt. In einem Alter, in dem die Jungs in Hamburg oder Berlin schon Graffiti an die Häuserwände sprühten oder Punkrock hörten, habe ich am Sahlenburger Strand mit meinem Kumpel Flöße gebaut. Mir war klar, dass mein Leben sich immer in der Nähe oder besser noch: auf dem Wasser abspielen würde. Eigentlich träumte ich schon als kleiner Junge davon, zur See zu fahren.

Direkt nach dem Abitur dachte ich kurz über ein Lehramtsstudium nach, Geschichte oder Germanistik hätte mir gefallen, und das wäre sicherlich auch auf eine beschauliche, freizeitreiche Existenz hinausgelaufen.

Meine Eltern jedenfalls wären sicherlich froh gewesen, wenn ich mich für ein Lehramtsstudium entschieden hätte, anstatt zunächst eine Karriere als Surflehrer und Zeitsoldat bei der Marine hinzulegen. Mein Vater ist der typische, eher konservative Arzt, wie man ihn sich vorstellt, mit Bart und Pfeife, ein Mediziner, wie er im Buche steht. Meine Mutter arbeitet in der gleichen Klinik wie er, sie ist Krankenschwester. Da die Privatklinik direkt am Sahlenburger Strand und damit nur wenige Hundert Meter von unserem Haus entfernt liegt, bekamen die Kollegen auch ein bisschen mit, was sich bei uns im Garten oder vor der Haustür so tat, und so ließen sie auch gern einmal eine spitze Bemerkung fallen, wenn sie mich mit meinen Kumpels dabei beobachtet hatten, wie wir an einer Vespa oder Lambretta rumschraubten und die Auffahrt zur Privatklinik als Teststrecke nutzten. Die gerade, kaum befahrene Straße war auch einfach ideal, um unsere hochgetunten Motoren voll auszufahren und dabei die Zeit zu stoppen.

Wir waren eine wilde Truppe aus Scooterboys, also Rollerfahrern, und es waren auch ein paar Oi-Glatzen dabei, also Skinheads, die kurzgeschorene Haare trugen, weil ihnen der Stil der britischen Arbeiterschicht gefiel, denen aber nichts an rechtsextremem Gedankengut lag. Wir hörten *Northern Soul*, und ich liebe diese Musik noch heute. Ich würde sogar sagen, dass mich diese Musik und meine Zeit als Lambretta-Schrauber immer noch mehr definieren als alles andere, auch mehr als das Surfen oder das Militär.

Northern Soul kommt aus der britischen Musikszene, die schon immer viel cooler war als die deutsche oder auch die amerikanische. Britische DJs fingen Mitte der 60er Jahre an, eher unbekannte Interpreten jenseits der Charts zu spielen, die mit dem Mainstream der Soulmusik nicht mehr viel zu tun hatten und für die auf den Plattenbörsen der Welt wenig später von Sammlern und verrückten Musikliebhabern Spitzenpreise gezahlt wurden. Ich war selbst einer dieser Verrückten. Für meine teuerste Single habe ich 300 Pfund ausgegeben, das war damals dreimal so viel in D-Mark. Würde ich meine Plattensammlung heute verkaufen, könnte ich mir vermutlich einen Kleinwagen davon anschaffen.

Die klassische Karriere und Elternbeglückung überließ ich meiner Schwester, die übrigens meine Zwillingsschwester ist. Sie hat damals das beste Abitur unserer Schule gemacht. Ein Stipendium brachte sie zu Siemens Nixdorf. Heute ist sie mit dem ehemaligen Vorstandsvorsitzenden von Siemens USA verheiratet und lebt mit ihrer kleinen Familie wahlweise in Toronto oder in Manhattan und vertreibt sich die Zeit mit einem eigenen kleinen Unternehmen. Ich hingegen wäre fast durch die Abiturprüfung gefallen. Schuld war allerdings nicht ich, sondern das gute Wetter. Am Tag meiner letzten, entscheidenden Prüfung wachte ich sehr früh auf. Und ausgerechnet an diesem Tag waren Bedingungen, wie man sie auch in Cuxhaven zum Surfen nicht alle Tage hat. Ich dachte, es würde mich sicherlich entspannen, wenn ich vor der Prüfung noch eine kleine Runde auf dem Wasser drehte. Das tat ich dann auch. Es war fantastisch. Doch manchmal geht alles schief, was nur schiefgehen kann. Ein kleines Hindernis auf dem Weg zur Schule wuchs sich zum Super-GAU aus. Kurz: Ich kam zu spät zu meiner mündlichen Chemieprüfung.

Derartige Verkettungen unglücklicher Umstände waren einem pflichtbewussten Menschen wie meinem Vater jedoch mit allen Worten dieser Welt nicht zu erklären.

Es gab eine Menge Ärger. Und erst nach langem Rumgestreite dann doch noch die zweite Chance auf die Prüfung und das Abitur für George Bühler.

Zu meiner Bundeswehrkarriere kam ich über den großen Bruder meines Freundes. Der war Fluggerätemechaniker bei der Marine. Was er uns damals von seinem Job erzählte, beeindruckte mich irgendwie: Er war ständig unterwegs und berichtete uns von einem lustigen, abenteuerlichen Leben. Vielleicht war er auch einfach nur ein positiver Mensch oder ein guter Erzähler, wer weiß. Jedenfalls bewarb ich mich als Zeitsoldat bei der Bundeswehr, und zwar ebenfalls als Fluggerätemechaniker. 1998 allerdings, als ich zum Zug kommen sollte, gab es die angepeilte Planstelle nicht mehr, und man steckte mich zu den Marineschutzkräften. Ich war zuerst gar nicht so begeistert, als ich davon hörte.

Tja, die Verwendungsreihe 76. Sie hat einen ganz besonderen Ruf innerhalb der Marine, auch wenn das wahrscheinlich jede Verwendungsgruppe von sich behauptet. Es war zumindest gleich klar, dass ich dort keine ruhige Kugel würde schieben können. Bei den Marineschutzkräften, die zur Infanterie gehören, geht es deutlich härter zur Sache als bei vielen der eher technisch orientierten Verwendungsreihen – beziehungsweise generell bei den Truppen, die an schweren Waffen und nicht für den Kampf Mann gegen Mann ausgebildet werden wie wir. Wir sind die, die im Ernstfall die Drecksarbeit erledigen müssen. Auch das sogenannte *Vessel Protection Detachment* (VPD) gehört ausdrücklich zu unserem Aufgabenspektrum: Spezielle Schutzteams werden auf Handelsschiffen eingesetzt, um die Crew bei Sicherheitsmaßnahmen zu beraten und sie gegen Angriffe zu schützen. Wir sind auch diejenigen, die die sogenannten Speziellen Operationen unterstützen. Das heißt, wir müssen immer dann los, wenn es brennt und setzen per Hubschrauber oder Beiboot auf andere Schiffe über. Das Boardingverfahren gehört zum Handwerkszeug unserer Verwendungsreihe!

Ein bisschen Stolz auf meine Jungs in Eckernförde schwingt sicherlich mit, wenn ich von meiner Ausbildungszeit spreche, da bin ich ganz ehrlich. Wir sind auch die Einzigen in der Marine, die ein Barett tragen. Unsere Kopfbedeckung ist dunkelblau und hat ein goldenes Emblem mit zwei gekreuzten Karabinern hinter einem Anker, der umrandet ist von Eichenlaub. Das Barett hat man uns schon während der Grundausbildung immer als Anreiz vor die Nase gehalten wie dem Esel die Mohrrübe. »Wenn ihr nicht gut genug seid, bekommt ihr das Barett nicht«, hieß es immer.

Neben den Marineschutzkräften hat nur noch die Jägertruppe des Heeres ein Emblem mit goldenem Eichenlaub. Bei allen anderen Truppen sind die Abzeichen silbern. Von außen betrachtet mag das ein bisschen kindisch klingen, aber es entstand ein regelrechter Hype um diese Kopfbedeckung, und jeder wollte sie am Ende unbedingt haben. Manchmal funktionieren erwachsene Männer eben nicht anders als kleine Kinder, und an einer guten Motivation ist ja auch nichts Verwerfliches.

Die Grundausbildung absolvierte ich zunächst in Seeth in Nordfriesland, von wo ich ins Marinesicherungsbataillon I nach Glücksstadt versetzt wurde. Es folgte die Vollausbildung, die weitere sechs Monate dauerte, und dann zog ich mit meinem Verband um nach Eckernförde, wir hießen ab sofort Marineschutzkräfte. Schon während der Vollausbildung und auf allen Lehrgängen wurden wir immer wieder daran erinnert, dass wir 76er waren und innerhalb der Marine eine besondere Rolle einnahmen.

Am Ende der Ausbildung stand eine Prüfung, nach der man dann in seinen neuen Zug kam. Ich hatte schon meine Grundausbildung als Bester meiner Kompanie abgeschlossen und landete nach der Prüfung im 4. Zug, dem Zug für besondere Einsatzbereiche, also bei den Spezialisten.

Warum ich meistens eher überdurchschnittliche Beurteilungen erhielt und immer relativ gut abschnitt bei den Prüfungen, ich weiß es nicht. Natürlich ist das ohnehin immer sehr subjektiv und würde von jedem Ausbilder wieder anders bewertet werden. Das meiste war wohl Glück und Zufall. Vielleicht war ich manchmal auch einfach nur ein bisschen cleverer bei der Vorbereitung. Es reichte eigentlich, wenn man gut zuhörte und ein bisschen mitdachte. Das klingt vielleicht dämlich, aber wenn man zum Beispiel bei Vorträgen einfach motiviert mitschrieb, dann konnte man beim Test im Anschluss ganz leicht auftrumpfen. Oder ein anderes Beispiel: Wir bekamen unsere Ausrüstung ja immer Stück für Stück. Da haben sie uns etwa mit viel Tamtam unsere Tragetasche für die ABC-Maske vorgestellt. Zur nächsten Übung draußen habe ich die neue Maske dann einfach mitgenommen – dafür hatten wir sie ja schließlich bekommen. Was ich nicht bemerkt hatte: Ich war der Einzige aus meiner Gruppe, der daran gedacht hatte. Schon hatte ich gewonnen. »Der Bühler«, hieß es, »darf sich jetzt mal in die Ecke stellen und eine rauchen.« Ich feixte mir einen. Die anderen mussten im Laufschritt zurück zur Unterkunft und ihre Sachen holen. Ein paar Liegestütze durften sie auch noch machen, damit sie die Maske nicht noch einmal vergaßen.

Es ging also gar nicht darum, immer der Beste zu sein. Sondern mit offenen Augen durch die Welt zu gehen und mitzudenken. Was die sportlichen Herausforderungen anging: Das Laufen jeden Morgen zum Beispiel hat mich ziemlich genervt, da war ich sicherlich nicht der Beste. Gut war ich eher beim Klettern, beim Tauchen oder den anderen Wassersportarten.

Ich verpflichtete mich also für vier Jahre als Zeitsoldat. Im 4. Zug, dem man mich zugeteilt hatte, wurden wir noch einmal spezieller geschult. Dieser Zug bestand auch nur noch aus Soldaten, die länger bei der Bundeswehr blieben, hier gab es keine Wehrdienstleistenden mehr, während wir vorher zusammen trainiert hatten.

Eigentlich hätte ich mir damals ganz gut vorstellen können, Berufssoldat zu werden. Das mit dem Zeitsoldatentum ist jedoch so eine Sache. Man kann sich auf maximal zwölf Jahre verpflichten und dann hoffen, dass es klappt mit dem Sprung ins Heer der Berufssoldaten. Ungewiss war allerdings, was danach kam, wenn man nicht als Berufssoldat übernommen wurde. Es wäre sicherlich nicht einfach gewesen, nach mehr als einem Jahrzehnt beim Bund wieder in der freien Wirtschaft Fuß zu fassen.

Nach den vier Jahren, für die ich mich verpflichtet hatte, war ich nun also Unteroffizier und holte mir noch einmal eine Verlängerung von zwei Jahren. Langsam wurde ich nervös. Vielleicht hätte ich mir sagen können: Wird schon alles gutgehen. Aber ich bin einfach nicht der Typ, der alles auf eine Karte setzt. Dass einem der Sprung in die Berufsarmee noch vor dem Ablauf der zwölf Jahre gelang, war die absolute Ausnahme und kam bei Unteroffizieren ohne Portopee, also unter dem Feldwebeldienstgrad, ohnehin nicht vor. Und danach standen die Chancen, übernommen zu werden, je nach Verwendungsreihe bei ungefähr 1 zu 7 und lagen bei den 76ern sogar noch etwas darunter.

Berufssoldaten werden zudem extrem gründlich geprüft, auch auf gesundheitliche und körperliche Fitness, bevor man sie zu Beamten macht. Denn die Verbeamtung geht einher mit hohen Bezügen und Sicherheiten vom Staat. Wem im Einsatz etwas passiert, für den muss der Staat ein Leben lang aufkommen. Entsprechend rigoros ist die Auslese. Hinzu kommt, dass derzeit weiblichen Kräften bei gleicher Eignung der Vorzug gegeben wird.

Kurz: Ich rechnete mir einfach keine allzu großen Chancen aus und wollte nicht nach zwölf Jahren plötzlich im Zivilleben ohne Job und Perspektive dastehen. So sagte ich meinen Jungs in Eckernförde irgendwann Lebewohl. Das war 2005.

Vielleicht war das eine vernünftige Entscheidung. Sie bedeutete aber noch lange nicht, dass ich danach auch vernünftig weitermachte. Anstatt ein Studium oder eine Ausbildung anzufangen, also etwas, das mir die nächsten vierzig Jahre ein sicheres Einkommen garantiert hätte, fing ich wieder an zu surfen. Die nächsten vier Jahre lang tat ich eigentlich nichts anderes, als mit einem Freund eine Surfschule am Strand von Sahlenburg zu betreiben, Leute auszubilden und auf Wettkämpfe zu fahren. Ich war ein ganz guter Surfer und nahm in der Zeit regelmäßig an den Deutschen Meisterschaften teil.

Der Kumpel hatte das Startkapital für die Surfschule gegeben, und ich wurde sein zweiter Mann. Das ging allerdings nur so lange gut, bis die Geschäfte richtig anfingen zu brummen und es plötzlich nicht nur um Freundschaft, sondern auch um eine ganze Stange Geld ging. Da stritten wir uns auf einmal über die Bezahlung und meine Arbeitszeiten. Ich ärgerte mich, dass ich mehr arbeitete als er und trotzdem weniger verdiente, er fing plötzlich an, beim Gehalt zu knausern und es nicht mehr zuverlässig zum Ersten des Monats auf mein Konto zu überweisen. So beschloss ich, mich meinerseits mit einer Surfschule selbständig zu machen. Doch danach ging der Streit erst richtig los. Denn nun brach in Cuxhaven das Hickhack um Strandabschnitte und Kundenabwerbung los. Das war alles sehr unschön. Konflikte mit ehemaligen Freunden können einem das Leben verleiden, und so lastete dieser Dauerkonflikt auf dem eigentlich wunderbaren Job und meinem lockeren Surferleben.

Eigentlich hielt ich ohnehin schon seit längerer Zeit Ausschau nach einer neuen beruflichen Perspektive. Ich war in der ganzen Zeit weiter beorderter Reservist meiner alten Einheit in Eckernförde, hatte also auch weiterhin ein, zwei Mal im Jahr an den Übungen teilgenommen. Zum einen, um in Kontakt zu bleiben mit meinen Kumpels und um mich fit und auf dem neuesten Stand zu halten. Zum anderen ließ mich der Gedanke nicht los, dass meine Ausbildung am Ende doch zu etwas gut gewesen sein musste und dass ich im weiteren Verlauf meines Lebens noch einmal darauf zurückgreifen würde. Ich fragte mich zum Beispiel, ob nicht ein privater Auftraggeber von meinen Fähigkeiten profitieren könnte. Und so stieß ich zwangsläufig auf die private Sicherheitsbranche.

Zunächst wohl eher aus einer Mischung aus Neugier und Zeitvertreib, fing ich also an, im Internet zu recherchieren. Ich suchte mir Adressen von Firmen heraus, die private Sicherheitsleute beschäftigten, und bewarb mich bei jeder. Ohne Erfolg. Schließlich entdeckte ich ein britisches Onlineforum, in dem sich ein paar Insider über das Thema »Contractors« austauschten. Wie auf dieser Seite verlangt, meldete ich mich an und stellte mich und meine Interessen vor. Niemand beachtete mich. Später kapierte ich, dass man eines als Einsteiger auf keinen Fall machen durfte: sich irgendwo anmelden und dann gleich nach Jobs fragen. Das machten nur Trottel.

Dennoch war das Forum hilfreich, denn hier konnte ich mitlesen und ein paar nützliche Informationen abgreifen. So reichte es zum Beispiel nicht, einfach nur ein spezialisierter Exsoldat zu sein, sondern es wurde von Seiten der Firmen verlangt, dass man an Kursen und Weiterbildungen teilnahm, um den Firmenrichtlinien zu entsprechen. Für mich waren diese

Kurse damals nicht nur zu teuer und zu weit entfernt, das Ganze roch auch ein wenig nach Geschäftemacherei: Viele Firmen verlangten sehr viel Geld für diese Kurse, ohne dass klar war, ob sie einen danach auch übernehmen würden. Offensichtlich gab es damals in Großbritannien mehr Leute, die von einem Job als Contractor träumten, als Firmen, die nach neuen Mitarbeitern suchten.

In Deutschland schien sich außer mir noch niemand für diese Branche zu interessieren. Die Leute kannten höchstens noch die Fremdenlegion und das böse Wort »Söldner«, aber es gab niemanden, der bereits von konkreten Erfahrungen eines ehemaligen Kollegen im maritimen Geschäft gehört hatte. Insgesamt bestand damals wohl auch keine allzu große Nachfrage nach Exmilitärs, schon gar nicht in Deutschland.

Das änderte sich mit dem zweiten Golfkrieg. Auf einmal gab es einen riesigen Bedarf an erfahrenem Personal, das zum Beispiel Konvois mit Hilfsgütern und Lebensmitteln quer durch den Irak eskortieren sollte. Diese Leute kamen unter Bedingungen zum Einsatz, die sich von den Kampfhandlungen ihrer Militärkollegen nicht sonderlich unterschieden – davon abgesehen, dass sie privatwirtschaftlich organisiert und bezahlt wurden. In der Zeit entstanden zahlreiche neue Firmen im Bereich *private military* oder *private security*.

Wer sich damals mit dem Thema beschäftigte, stieß früher oder später auch auf den Namen *Blackwater*. Ich verfolgte die Berichte über den amerikanischen Sicherheitsspezialisten mit wachsendem Interesse. Die Firma mit Sitz in Moyock in North Carolina war von einem ehemaligen Angehörigen der US-Navy *SEALs* mitbegründet worden. Das Unternehmen hatte sich aufgrund diverser Skandale 2009 in *Xe* umbenannt. 2010 wurde es von einer Investorengruppe aufgekauft und firmiert seit 2011 unter *Academi*. Der Name mag sich geändert haben, doch die Firma verfügt nach wie vor über die größte Privatarmee der Welt.

Blackwater war an zahlreichen Einsätzen in Krisenregionen auf der ganzen Welt beteiligt, und das geschah lange Zeit, ohne dass sich die Öffentlichkeit groß dafür interessierte. Das änderte sich, als 2004 während des Irakkriegs in Falludscha vier *Blackwater*-Mitarbeiter durch einen Granatenbeschuss getötet wurden. Die Aufständischen schleiften die Leichen dieser Männer wie Trophäen durch die Stadt und knüpften sie an einer Brücke am Euphrat auf. Die Rebellen zeichneten ihren brutalen Racheakt auf Video auf, und die Aufnahmen gingen um die Welt. In den Medien wurde ein riesiges Thema daraus. Die Leute begriffen auf einmal: Das waren keine normalen Soldaten gewesen, sondern Söldner. Plötzlich interessierte sich auch die Öffentlichkeit wieder für das Thema.

Oft genug sind Mitarbeiter von *Blackwater* danach in die Schlagzeilen geraten, etwa weil sie an so verheerend erfolglosen Missionen wie dem Einsatz in Somalia teilgenommen haben oder in Skandale verwickelt waren, wie etwa 2007 im Irak. Dort entzog man ihnen sogar die Lizenz, weil sie nach einem vermeintlichen Angriff wahllos auf Zivilisten geschossen hatten. Wiederholt wurden den Einsatzkräften Machtmissbrauch und Misshandlung vorgeworfen. Außerdem verstieß *Blackwater* immer wieder gegen internationale Auflagen oder war in illegale Waffenschiebereien verwickelt.

Mich zog das trotzdem irgendwie an. Je länger ich mich mit *Blackwater* befasste, desto mehr bekam ich einen Einblick in das ganze Spektrum privater Militäreinsätze. Und auch wenn das befremdlich klingen mag und ich vor den Schattenseiten der Branche ganz sicher nicht die Augen verschließen konnte, fragte ich mich damals schon, ob mir so ein Job nicht auch gefallen könnte. Natürlich, das waren nicht nur nette Jungs, aber sie führten ein aufregendes Leben. Und obwohl in der Presse fast ausschließlich negativ berichtet wurde, wusste ich auch, dass es da noch eine andere Seite gab. So kritisierten zum Beispiel immer wieder Angehörige von Mitarbeitern, die bei Einsätzen verletzt oder getötet worden waren, dass die Firma ihre Leute aus Verantwortungslosigkeit und Gewinnsucht nicht ausreichend ausgerüstet und vorbereitet hatte. Sicher war es nicht die Schuld der Mitarbeiter allein, dass sie so oft in schwierige Situationen gerieten.

Es gab noch einen weiteren Grund, warum diese umstrittene Branche für mich so anziehend war: Private Sicherheitsleute werden extrem gut bezahlt. Das galt damals noch mehr als heute. Bundeswehrsoldaten bekommen heute für ihre Auslandseinsätze eine Zulage von bis zu 110 Euro zu ihrem täglichen Sold. Bei einem privaten Arbeitgeber hingegen waren schnell Gehälter von 2500 Euro und mehr in der Woche drin. Dafür zahlten sie für uns natürlich auch nicht in die Sozialversicherungen ein, um Renten- und Krankenversicherung mussten wir uns selbst kümmern.

Das ist übrigens ein wiederkehrender Vorwurf, der mich ganz besonders nervt: Außenstehende kritisieren gern, ich hätte mich kaufen lassen. Dieser Vorwurf ist ein wenig wohlfeil, und ich habe dazu auch eine ziemlich klare Meinung: Irgendjemand muss diesen Job machen, das ist der erste Punkt. Wenn Firmen in Kriegsgebieten unterwegs sind, Diplomaten oder Politiker oder Hilfslieferungen geschützt oder eben Waren durch die gefährlichen Gewässer vor Somalia transportiert werden sollen, dann muss nun einmal jemand seinen Kopf dafür hinhalten. Das staatliche Militär kann und soll dafür nicht immer zum Einsatz kommen, zumal die Allgemeinheit nicht dafür zuständig ist, die Sicherheit der internationalen Handelsschifffahrt oder des Warentransportes an Land zu gewährleisten, geschweige denn, das auch noch zu bezahlen. Hinzu kommt, dass sich tote Soldaten in der heimischen Presse, wie man weiß, nicht so besonders gut machen.

Was soll nun verkehrt daran sein, wenn ein Schutzsuchender – ob nun eine staatliche Stelle oder eine private Institution – einen privaten Dienstleister in Anspruch nimmt? Und warum sollten sie statt eines Bundeswehrsoldaten nicht einen Exmilitär beschäftigen? Und wieso dürfen sie ihn für diesen Drecksjob dann nicht auch anständig bezahlen?

Weiter gefragt: Sind Nationalismus oder Lust auf Rumgeballer die ehrenwerteren Motive? Ist es etwa besser, wenn sich für den Auftrag dann ein gewaltbesessener Spinner und Waffennarr findet, der nicht vom Geld gelockt wird wie ich, sondern von der Aussicht, dabei sein Leben aufs Spiel zu setzen und auf andere Menschen zu schießen?

Und was ist umgekehrt eigentlich mit dem deutschen Bundeswehrsoldaten in Afghanistan, dem man erzählt, dass er am Hindukusch unsere Freiheit verteidigt, den man mit einer Auslandszulage abspeist und im Stich lässt, wenn er traumatisiert von seinem Einsatz zurückkehrt? Ist es ehrlicher, von ihm Durchhaltewille und nationales Engagement zu erwarten? Zumal man hier gern so tut, als wäre das in Afghanistan gar kein kriegerischer Einsatz, sondern lediglich eine humanitäre Aktion, bei der ein paar Zivilisten beschützt werden, nur weil man das der heimischen Bevölkerung nicht anders vermitteln kann.

Für mich klingt das alles scheinheilig. Beim Thema Kriegseinsatz wird so viel beschönigt und herumgemauschelt, dass mir die mitunter hart und ziemlich emotionslos kalkulierten Bedingungen in der privaten Sicherheitsbranche fast schon lieber sind. Zumindest sind sie ehrlicher.

Noch war ich allerdings maximal weit davon entfernt, mir über mein Gehalt als künftiger Contractor den Kopf zerbrechen zu müssen oder Verteidigungsreden für das weltweite Söldnertum anzustimmen. Ich hatte nämlich nicht mal die Spur einer Ahnung, wie ich es anstellen sollte, einen Fuß in die Tür des Gewerbes zu bekommen. Ich konnte ja schlecht meinen Lebenslauf nach Moyock schicken und darauf warten, dass mich *Blackwater* zu einem Bewerbungsgespräch einlud. Also warten konnte ich schon, aber ich würde darüber ganz sicher irgendwann alt und grau werden.

Erschwerend kam hinzu, dass es in dieser Branche so gut wie keine Deutschen gab. Im Gegensatz zu den Niederländern, Briten, Amerikanern oder Südafrikanern, die in dieser Branche auch heute in der Mehrzahl anzutreffen sind, verfügten deutsche Exmilitärs lange über keinerlei praktische Einsatzerfahrung. In der Branche läuft zudem sehr viel über Kontakte und auf inoffiziellem Wege. War man erst einmal drin und zeigte, dass man seinen Job beherrschte, dann hatte man auch gute

Chancen, an neue Aufträge zu gelangen. Aber der Einstieg war es, der in diesem Gewerbe so schwierig war. Mittlerweile waren zwar ein paar mehr Firmen auf dem Markt aufgetaucht, und ich schickte wirklich jeder eine Bewerbung. Aber im Nu waren zwei weitere Jahre vergangen, in denen ich zum Surfen ging und nur nebenbei ein wenig las oder recherchierte, ohne dass sich irgendetwas Konkreteres ergeben hatte.

Bis zu dem Tag, von dem ich schon erzählt habe, an dem ich abends nach dem Surfen überraschend die E-Mail mit dem Auftrag in meinem Postfach fand. Letztlich verdankte ich dieses Jobangebot einem Tipp aus einem britischen Internetforum. Dort hatte mir ein anonymes Mitglied den Rat gegeben, es bei dieser Firma doch auch einmal zu versuchen. Und so hatten sich die hartnäckigen Recherchen am Ende also bezahlt gemacht.

Ich werde inzwischen relativ häufig gefragt – übrigens ausschließlich von Frauen, Männer führen solche Gespräche selten –, wieso ausgerechnet so ein Typ wie ich sich dazu entschieden hat, so einen stumpfen Job wie den eines Guards zu machen. Darauf gibt es keine einfache Antwort. Mein beruflicher Werdegang hat sich aus ein paar Entscheidungen in meinem Leben einfach so ergeben. Ich hätte auch sehr gut etwas völlig anderes machen können, den einen oder anderen Haken in meiner Biografie habe ich ja auch geschlagen.

Ich muss außerdem sagen, dass es ziemlich viele falsche Vorstellungen gibt über die Leute, die in meiner Branche tätig sind. Deshalb möchte ich noch etwas anfügen, was viele Leser vielleicht überraschen wird: Ich habe nirgends so viele nette, integre, zuverlässige Menschen kennengelernt wie in meiner Zeit beim Militär und dann später als Operator. Meinen allerbesten Freund J.J. zum Beispiel habe ich auf einem chinesischen Forschungsdampfer kennen- und schätzen gelernt. Ich weiß, dass ich mich auf ihn immer verlassen könnte, und zwar in einem Ausmaß, das die meisten Menschen sich in ihrem Alltag nicht einmal vorstellen können und zum Glück auch nicht müssen.

Insbesondere in der Zeit, als ich bei der kleinen britischen

Firma anheuerte, für die ich später die meisten Einsätze fahren sollte, lernte ich mehr großartige Menschen kennen als in meinem ganzen Leben zuvor. Es waren alles sehr professionelle, umsichtige Menschen, die ihr Ego nicht in großen Lettern vor sich hertrugen und garantiert keinen Spaß daran hatten, andere schlecht zu behandeln oder auch nur einzuschüchtern.

Doch natürlich sehe auch ich einige Entwicklungen in der Sicherheitsbranche kritisch und weiß, dass nicht alles immer so toll läuft, wie es eigentlich sollte. Gerade Jerry, mein erster Teamleader in jener britischen Firma, und ein weiterer Kollege, der wenig später zu unserer Firma stieß und den ich auf den Namen »Der Kommissar« taufte, haben im weiteren Verlauf leider eine eher unerfreuliche Entwicklung genommen. Ich habe lange darüber nachgedacht, wie es dazu kommen konnte und ob sie sich unter anderen Bedingungen vielleicht ganz anders entwickelt hätten.

Ich glaube, dass ihr Werdegang auch mit den Veränderungen in der Branche zu tun hatte. Unter anderem, weil mit dem Boom Leute in Posten gespült wurden und über Fragen zu entscheiden hatten, für die sie weder charakterlich geeignet noch gut genug ausgebildet worden waren. Das war nicht unbedingt ihr Fehler, an anderer Stelle hätten sie womöglich einen tadellosen Job gemacht. Die steigende Nachfrage nach Sicherheitsdiensten bescherte dieser vorher eher klandestinen Branche einen rasanten Aufstieg. Das tut nicht allen Menschen gleichermaßen gut. Manche Leute, die lange als Underdogs friedlich, aber auch halbwegs bescheiden ihr Dasein gefristet hatten, sind in diesem Business ziemlich schnell ziemlich reich geworden. Gleichzeitig nahm der Konkurrenzdruck unter den Firmen zu, und man versuchte, sich durch Dumpingpreise gegenseitig aus dem Markt zu kicken. Natürlich kann man Mitarbeitern keine Spitzengehälter zahlen, wenn der Wettbewerber droht, einem mit günstigeren Preisen den lukrativen Auftrag vor der Nase wegzuschnappen. Sicherheitsleute aus dem Jemen oder den ehemaligen Sowjetrepubliken waren tatsächlich für deutlich geringere Löhne zu haben. Wer westliches Personal zu ähnlichen Tarifen einstellen wollte, bekam dafür garantiert keine ehemaligen Elitesoldaten, die ihr Handwerk gelernt hatten, sondern junge Männer, die für die Aussicht auf einen abenteuerlichen Urlaubstrip am Horn von Afrika schnell ein paar bezahlte Blitzausbildungen zu absolvieren bereit waren. Es stimmt schon, was man sagt: »If you pay peanuts, you get fucking monkeys.« So tummelte sich auf dem Markt auf einmal allerhand unqualifiziertes Personal, und manch ein Hilfssheriff erhielt von den Firmen plötzlich die Chance, sich da unten ohne die nötige professionelle oder soziale Eignung unter Live-Bedingungen zu beweisen.

Sicherheitsleute, die beim Militär eine fundierte Ausbildung genossen hatten, waren so günstig natürlich nicht zu haben, und es gibt auch nicht so viele von ihnen. Man kann nun über das Militär denken, was man will, aber es trägt zumindest dazu bei, dass die Leute lernen, auch im Team und vor allem unter Druck sozial verträglich zu funktionieren. Mit waffengeilen Spinnern kann man kein gutes Team bilden, so einfach ist das. Zumal es bislang keine Instanz gibt, die die Sicherheitsteams da unten kontrollieren könnte. Wenn sich einer der Männer im entfernten Afrika wie ein wildgewordener Pistolenrowdy aufspielt, hat das in seinem Heimatland nur ganz selten Konsequenzen. Auch wenn das hart klingt: Ein toter Pirat mehr oder weniger interessiert da in der Regel auch niemanden. Die Somalier beauftragen keinen Anwalt, wenn einer vom Fischen nicht mehr zurückkehrt, und es gibt in diesen Fällen ja auch keine Zeugen oder die Möglichkeit, im Nachhinein noch Beweise aufzunehmen. Wie auch, auf offener See, Hunderte Seemeilen von der nächsten Küste entfernt.

Damit will ich natürlich nicht behaupten, dass es außerhalb der staatlichen Militärs kein gutes Personal gibt. Die Wahrscheinlichkeit ist nur etwas geringer. Denn beim Militär ist schwierigen Typen keine lange Zeit beschieden, das habe ich in meiner Militärzeit oft genug beobachtet. Wenn in der Kompanie einer immer quertreibt, zieht er das ganze Team mit sich hinunter. Wer es zum Beispiel immer wieder hinbekam, gegen die Regeln zu verstoßen, und sei es auch nur, dass er ein paarmal hintereinander seine Schuhe nicht vernünftig putzte, der bescherte unter Umständen der ganzen Truppe Überstunden, mit Vorliebe etwa bei den Liegestützen. Da hieß es dann nach der soeben absolvierten Serie von unserem Ausbilder: »So, und nun auf den besonderen Wunsch von Herrn Maier das Ganze noch einmal.« Und schon erklang das Kommando: »In den Liegestütz!« Und: »Fall!« Und spätestens bei Liegestütz Nummer 49 dachte sich dann der eine oder andere Kollege, dass man diesem Querulanten besser ein bisschen auf die Sprünge half, damit er sich in Zukunft an die Regeln hielt. In den kleinen Vierer- oder Sechserteams eines Anti-Piraten-Auftrags war so eine Dynamik nicht im gleichen Maße herzustellen. Wenn einer quertrieb, musste man ihn im Zweifel gewähren lassen und gucken, wie man das an anderer Stelle kompensierte. War man erst einmal unterwegs, konnte ja schlecht ein Disziplinarverfahren eingeleitet werden.

Gleichzeitig waren die Chancen gestiegen, in unserer Branche eine steile Karriere hinzulegen, später auf einen Office-Posten zu wechseln und damit richtig viel Kohle zu verdienen. Sicher träumten nicht wenige meiner Kollegen davon, den Rattenjob an Bord gegen einen legeren Anzugjob im Contractor-Business eines westlichen Staates einzutauschen. Das ließ einige die Ellenbogen ausfahren. Und unter diesen Bedingungen traten dann auch stärker charakterliche Schwächen zum Vorschein, die unter anderen Vorzeichen vielleicht nie zum Tragen gekommen wären. Jerry, der Typ, der mir anfangs vorgekommen war wie ein großer Bruder und von dem später noch die Rede sein wird, ist ein ziemlich trauriges Beispiel dafür, was die Branche aus Leuten machen kann, wenn man nicht gut genug auf sie achtgibt.

Fischdiät und Nachtwache

»Dann geht ihr eben ohne Waffen aufs Schiff!« An diesen Satz musste ich immer noch denken, als ich in Muscat meine Sachen packte. Was für ein Wahnsinn. Wir waren um ein Haar einem Piratenangriff entkommen, mir klang noch die Ladung Projektile im Ohr, die meinen Kopf nur um wenige Sekunden verfehlt hatte, und nun wollte uns die Firma also gleich wieder auf ein Schiff schicken. Wieder ohne Waffen, und diesmal sogar nur zu zweit. Wie egal denen ein Menschenleben doch war.

Nachdem ich mich geweigert hatte, mich auf diesen Irrwitz einzulassen, hatte man mir nicht nur das Rückflugticket zukommen lassen, sondern auch noch ein paar deftige Beschimpfungen obendrauf. Meine Kollegen und ich hätten feige gekniffen, hieß es in der E-Mail meines Auftraggebers. Gekniffen – wohlgemerkt vor dem nicht besonders verlockenden Auftrag, unbewaffnet und mit reduzierter Teamstärke durch ein paar sehr gefährliche Gebiete zu fahren.

Tja. So sahen sie also aus, die weniger schönen Seiten meines Traumjobs. Des Jobs, dem ich so viele Jahre hinterhergejagt hatte. Eigentlich wäre das ein guter Zeitpunkt gewesen, sich das einmal zu fragen: War der Job eigentlich so traumhaft? Hatte ich Lust, im Auftrag fremder Firmen meinen Kopf für ein paar rostige Tanker hinzuhalten?

Das war halt der Unterschied zwischen einem Job bei einem gut aufgestellten staatlichen Militär und den privaten Diensten. Sollte mir bei einem privaten Auftrag jemand in den Bauch schießen, wäre das allein mein Problem. Da würde keiner kommen, um mich herauszuholen, schon gar nicht meine Auftraggeber. Höchstens noch konnte ich hoffen, dass sich einer der

Teamkollegen um mich kümmern würde – wie auch immer er das dann anstellte.

Beim Militär war das etwas völlig anderes gewesen. Da hätte man mich nie verletzt liegen und verbluten lassen. Heute gilt die Regel, dass man alles unternimmt, um das Leben eines Soldaten zu retten, und zwar eines jeden Soldaten, egal, um welchen Dienstgrad es sich handelt. Eine sogenannte MedEvac – Medical Evacuation – innerhalb von 45 bis 60 Minuten ist heute der Standard beim Bund, wenn die Lage es zulässt.

Gut, ich war nun einmal nicht mehr beim Militär. Und das war eben der Deal: Ich riskierte für diese Leute mein Leben. Entsprechend gut wurde ich bezahlt. Ich wusste ja, worauf ich mich eingelassen hatte. Mir hatte nie jemand etwas anderes versprochen.

Ich packte meine Sachen und ließ mich von einem Fahrer zum Flughafen bringen. Plötzlich konnte ich es kaum mehr erwarten, nach Hause zu kommen. Wie ein kleiner Junge freute ich mich auf das eiskalte Wetter in Deutschland, auf Schnee und Eis, auf Handschuhe und Mütze. Auch saubere Bäder, trinkbares Wasser direkt aus der Leitung und frisch gewaschene Bettwäsche waren im Verlauf der vergangenen Wochen auf meiner inneren Werteskala um ein paar beträchtliche Plätze nach oben gerückt. Abenteuer, fremde Kulturen und das Gequatsche ehemaliger Elitesoldaten rutschten dafür zeitweise nach unten.

Musste man wirklich in vergammelten Betten pennen, jeden Tag Reis essen, von verschleierten Zimmermädchen in der Dusche aufgeschreckt werden oder beschossen werden, um ein ausgefülltes Leben zu führen? So hartnäckig ich mich auch selbst befragte. Die Antwort hieß irgendwie: ja.

Zurück in Cuxhaven zu sein war schön, aber zunächst auch ein seltsames Gefühl. Vermutlich war ich ein bisschen erstaunt, wie wenig sich während meiner längeren Abwesenheit verändert hatte. Cuxhaven war es natürlich egal, ob ich gerade von einer wilden Schlacht mit Piraten heimkehrte oder nur mal eben zu Edeka zum Einkaufen gegangen war. Cuxhaven blieb gleich.

Noch am ersten Abend schrieb ich eine E-Mail an meine beiden besten Freunde, mit denen meine Freundin und ich Sylvester verbringen wollten. Wir zogen der wilden Party einen behaglichen Abend bei mir zu Hause vor, mit Kaminfeuer, gutem Essen und viel Havanna Club. Sehr spießig, aber saugemütlich.

Natürlich gab ich auch ein paar Storys zum Besten. Ich glaube aber, dass zum Beispiel meine Freundin gar nicht so viel damit anfangen konnte. Ich legte auch wenig Wert darauf, von den gefährlichen Episoden zu erzählen, sondern schmückte eher die kuriosen Zwischenfälle mit Land und Leuten aus.

Ich genoss die ruhige, gemütlich Zeit um den Jahreswechsel. Dennoch wanderten meine Gedanken immer wieder zurück an das Horn von Afrika. Ich ertappte mich bei der Frage, ob ich es nicht doch irgendwie verbockt hatte. Ob es ein Fehler gewesen war, vor dem zweiten Auftrag zu kneifen, und ob mich das den Einstieg in den Contractor-Job gekostet hatte.

Diese Sorgen sollten sich bald als völlig überflüssig erweisen. Noch im Januar erhielt ich eine neue Mail, diesmal von einem kleinen britischen Unternehmen. Ein bisschen enttäuscht war ich nur, als ich nach einem Blick auf die Website feststellte, *wie* klein dieses Unternehmen sein musste. Der Geschäftsführer schlug vor, dass man sich in Hamburg treffen könne. Er habe dort in der folgenden Woche ohnehin geschäftlich zu tun.

Dafür, dass ich auf einmal so einen guten Rücklauf auf meine Bewerbungen bekam, die ich so lange vergeblich in alle Welt verschickt hatte, gab es eine recht einfache Erklärung: den wachsenden Bedarf an Sicherheitspersonal. Das Piratenproblem hatte sich massiv verschärft, und da immer klarer wurde, dass auf mittlere Sicht von der internationalen Gemeinschaft keine Lösung zu erwarten war, griffen immer mehr Reedereien zur Selbsthilfe. Das führte zu einem wahren Boom der Sicherheitsunternehmen, die ihren steigenden Personalbedarf nun vielleicht auch mit den Bewerbungen auffüllten, die lange genug in ihrem Postfach gewartet hatten.

So fuhr ich also nach Hamburg, gespannt, was mich da erwarten würde. Ich setzte meine Freundin, die ein bisschen shoppen gehen wollte, in der Mönckebergstraße ab und machte mich auf den Weg in die Hotellobby, die wir als Treffpunkt vereinbart hatten.

Der Mittvierziger, der in der Lobby sogleich auf mich zukam, war mir auf Anhieb sympathisch. Er trug eine Jeans mit Blazer und machte einen sehr lockeren und sozial kompetenten Eindruck. Er hatte noch einen zweiten Mann dabei, den er als so etwas wie seine rechte Hand vorstellte, Jerry. Auch der wirkte sehr sympathisch, hielt sich allerdings im Hintergrund und hörte unserem Gespräch schweigend zu. Ich hatte den Eindruck, dass er mehr Plan hatte von den ganzen praktischen Sachen als der Chef, der eher das Geschäftliche übernahm, während Jerry im Nachhinein wohl beurteilen sollte, ob Hand und Fuß hatte, was ich da redete. Das ganze Treffen lief sehr locker ab und nicht wie ein klassisches Bewerbungsgespräch. Erst erzählte der Chef ein bisschen von seiner Firma. Dann besprachen wir konkrete Sicherheitssituationen, und er wollte jeweils meine Meinung dazu hören.

Offensichtlich gefiel den beiden, was ich sagte. Der Chef verabschiedete sich mit dem Versprechen, sich bald bei mir zu melden.

Nachdem wir die vollen Einkaufstaschen im Kofferraum verstaut hatten, erzählte ich von der Begegnung. Ich dachte: Entweder ist das eine totale Luftnummer, oder ich habe das große Los gezogen. Kurz war in mir der Verdacht aufgekommen, dass es einfach zu schön klang, um wahr zu sein. So hatte der Chef etwa davon geredet, seine Leute immer komplett auf Firmenkosten mit dem Besten auszustatten, was es auf dem Markt zu kaufen gab. Ich dachte, ich hörte nicht recht, als er mir erzählte, dass man gerade dabei war, die neueste Modellreihe von Heckler & Koch anzuschaffen. Das waren nicht nur deutlich bessere Waffen als die, die wir bei der alten, eigentlich größeren Firma hätten bekommen sollten, das war auch noch eine Stufe über dem, was meine Kollegen bei der Bundeswehr in Händen hielten. Ich bin nun bestimmt kein Waffennarr, aber wenn Menschen auf gute Produkte achten, beeindruckt mich das.

So wartete ich also gespannt auf eine Rückmeldung.

In den nächsten Tagen schaltete ich nicht wie üblich erst spät am Abend mal kurz den Computer ein oder ließ die Kiste zwei Tage ganz aus, wie sonst manchmal. Rein zufällig hatte ich in den nächsten Tagen ein paar haushaltsnahe Tätigkeiten zu erledigen, tigerte also, um ehrlich zu sein, ständig um den eingeschalteten Rechner herum und schielte auf den Monitor. Und tatsächlich: Es dauerte nur drei Tage, und ich hatte eine E-Mail mit dem ersten Jobangebot in meinem Posteingang. Das Gehalt war weit über dem, was ich erwartet hatte. 3000 Dollar in der Woche. Ich sagte sofort zu, schickte wie verlangt meine Kleidergröße und bekam dafür mein Flugticket retour.

Die Firma legte großen Wert darauf, dass neue Teamkollegen gemeinsam an den Einsatzort flogen. Man buchte mir sogar eine Übernachtung in einem guten Hotel in Hamburg, damit ich dort am Morgen mit meinem Teamkollegen gemeinsam für den morgendlichen Flug nach Dubai einchecken konnte. J. J. war Südamerikaner, und es war ebenfalls sein erster Einsatz für die neue Firma. Wir verstanden uns auf Anhieb.

J. J. ist ein Mensch, wie man ihn vermutlich nicht alle Jahre trifft, vielleicht nicht mal in jedem Leben. Er war unter anderem acht Jahre lang im Irak im Einsatz. Er hat Geiseln befreit, ist im ungepanzerten Wagen als Personenschützer durch minenverseuchte Gebiete gegondelt und hat selbst in all den Jahren im Irakkrieg nicht einen einzigen Kratzer abbekommen. Aber das hat er mir erst erzählt, nachdem wir schon wochenlang zusammen unterwegs waren. J. J. ist kein Poser. »Bei den Piraten weiß man wenigstens, wie sie aussehen«, hat er mir mal gesagt. »Und man muss auch nicht alle fünf Minuten Angst haben, dass eine Autobombe hochgeht.«

J. J. arbeitet nicht nur sehr professionell, er ruht auch in sich selbst. So ein Piratenangriff ist für ihn vermutlich kaum aufregender als für einen Formel-1-Fahrer die Fahrt über eine Bundesautobahn. Trotzdem habe ich ihn nie bei einer Nachlässigkeit ertappt. Er ist zudem extrem gutmütig, ich glaube, er will vor allem einen guten, ausreichend bezahlten Job machen und Leute um sich herum haben, die ihn in Ruhe lassen.

Außerdem ist ihm gutes Essen genauso wichtig wie mir, was unsere Freundschaft sicherlich begünstigt hat. Hund, Meerschweinchen, Maus – ich glaube, es gibt keine einzige Fleischsorte, die J. J. noch nicht gegessen hat. Wenn wir auf unseren Trips ein interessantes Restaurant entdeckten und es war genügend Zeit, veranstalteten wir ganz gern ein kleines Festgelage. Das Geld war uns dann egal, wir sagten dem Ladenbesitzer einfach, dass er sein bestes Essen auffahren sollte, und für die Rechnung haben am Schluss alle zusammengeschmissen, wobei wir die Agenten aus dem jeweiligen Gastland immer eingeladen haben. Für sie wäre so ein Festmahl vermutlich unbezahlbar gewesen.

Jerry würde das Team führen, das J. J. und ich ab sofort verstärken sollten. Ihn würden wir im Oman treffen, er war bereits seit einer Woche auf dem Schiff im Einsatz. Ich kannte Jerry ja aus der Hamburger Hotellobby, da war er mir auf den ersten Eindruck sehr sympathisch gewesen. So hörte sich doch alles erst einmal sehr erfreulich und gut organisiert an! Ich genoss den Flug über Dubai und Muscat und schwelgte bis Salalah im Contractor-Glück.

So lange, bis ich unser Schiff sah. Das heißt, eigentlich hätte ich schon vorher ahnen können, dass dieses Schiff auch nicht das reine Paradies sein würde. Die Teamkollegen Roy (ein Schweizer) und Curl (ein Südafrikaner), die uns in Salalah abholen sollten, hatten nämlich nichts Eiligeres zu tun, als uns zwar freudig zu begrüßen, uns dann aber mit einer gewissen Zielstrebigkeit ins Auto zu befördern, um in den nächsten Supermarkt zu rasen und kistenweise Proviant einzukaufen, vor allem Cracker, Cola und anderes Hochkalorisches. Offensichtlich war die Verpflegung an Bord nicht gerade der Traum eines ausgewachsenen westlichen Mannes.

Was sich gleich im Wagen herausstellte: J. J. und Curl kannten sich bereits aus dem Irak. Da war der Spruch »Wie klein doch die Welt ist« einmal wirklich keine Übertreibung. Roy hingegen hatte sein Glück bei der Fremdenlegion versucht, bevor er zu unserer Firma kam. Der kleine Schweizer war ein flinker Typ, der immer so aussah, als würde er gerade etwas im Schilde führen. Leider war er ein bisschen verrückt.

Als wir endlich am Hafen angekommen waren, wartete die *Canaletto* bereits mit laufenden Motoren auf uns. Der Job sah vor, dass wir das Forschungsschiff *Beta Kappa* beschützten, das vor der Küste des Omans im Auftrag eines Konsortiums auf dem Meeresboden nach Ölvorkommen suchte. Die beteiligten Unternehmen hatte der omanischen Regierung viel Geld dafür gezahlt, diesen Sektor ungestört befahren zu dürfen. Fischer hatten für den gesamten Zeitraum eine Entschädigung erhalten, und theoretisch hätte außer uns niemand in der Gegend herumdümpeln dürfen. Die *Canaletto*, eigentlich ein alter Hafenschlepper, der zum Patrouillenschiff umfunktioniert worden war, sollte verdächtige Boote aufklären und dem Forschungsschiff im Notfall zu Hilfe eilen. Seit einiger Zeit machten zwei Mutterschiffe die Gegend unsicher. Sie schienen es vor allem auf Frachter abgesehen zu haben, die aus dem Golf von Aden kamen und die Küste des Jemens und des Omans passierten. Aber auch das Forschungsschiff gab mit seiner hochwertigen Ausrüstung bestimmt ein verlockendes Ziel ab.

J. J. und ich bestiegen die *Canaletto* und verstauten unser Gepäck auf dem alten Kahn. Dabei öffneten wir das erste Mal die Taschen, die uns die Firma schon von Hamburg aus mit auf den Weg gegeben hatte. Wir staunten nicht schlecht, was sie enthielt: einen dunkelblauen, sehr robusten Kampfanzug in vierfacher Ausfertigung, eine hochwertige taktische Weste, Knieschützer, splittersichere Oakley-Brillen, Handschuhe, Knicklichter und alles, was man sich sonst noch so wünschen konnte. Die gesamte Ausrüstung war von den besten Herstellern der Branche – Eagle Industries oder Blackhawk zum Beispiel. Es war auch ein aktiver Gehörschutz mit Funkgerät und einem sogenannten PTT-Taster dabei. Das ist so eine kleine Tafel, die man oberhalb der rechten Brust anbringt und die zumindest denjenigen bekannt sein dürfte, die schon mal *Raumschiff Enterprise* geguckt haben. Klopfte man mit der Hand auf diese Taste, konnte das gesamte Team über Kopfhörer hören, was man sagte. Zusammen mit dem aktiven Gehörschutz sorgte diese Vorrichtung dafür, dass man sich selbst dann noch in normaler Stimmlage verständigen konnte, wenn man im Kugelhagel stand. Als Dienstwaffen bekamen wir tatsächlich deutsche Markenqualität: von Heckler & Koch das Sturmgewehr G 36 in der Kommandoversion, mit einem Zielgerät von Aimpoint. Auch meine neue Backup-Waffe, die für den Fall vorgesehen war, dass meine Primärwaffe streikte oder mir die Munition ausging, eine Glock 19, zählte zu den besten Kompaktpistolen, die es auf der ganzen Welt zu kaufen gab. Das freute mich besonders, weil ich mit dieser zuverlässigen Waffe auch privat trainierte. Nachtsichtgeräte und Ferngläser rundeten unser Einsatzpaket ab. So kramte ich also in der Firmentasche wie ein kleiner Junge in seinen Weihnachtsgeschenken. Allein von der Ausrüstung her spielte ich nun in der obersten Liga. Das klingt für Außenstehende vielleicht ein bisschen nach Nerdquatsch und Technikgetue, aber in meiner Branche muss man sich auf seine Ausrüstung verlassen können. Es gibt für mich nichts Schlimmeres, als sich über unzuverlässige Waffen, unbequeme Schutzkleidung oder fehlkonstruiertes Equipment zu ärgern, nur weil einer ein paar Euro einsparen wollte.

Auch bei der Bundeswehr ist die Ausrüstung übrigens ein Dauerthema. Den Leuten, die beim Bund für die Beschaffung zuständig sind, müssen eigentlich permanent die Ohren klingen, so viel wie über ihre verfehlte Einkaufspolitik geklagt wird. Den 76ern ist zwar freigestellt, ihre Ausrüstung zu ergänzen, wenn ihnen etwas fehlt. Allerdings müssen sie das auf eigene Kosten tun und auch auf das Risiko hin, im Schadensfall den Versicherungsschutz zu verlieren. Ich kenne dennoch nicht wenige ehemalige Kameraden, die schon Tausende Euro in ihr Material investiert haben. Auch in Afghanistan ist wohl keiner von den Jungs noch mit der Ausrüstung unterwegs, die ihnen die Bundeswehr einst mit auf den Weg gegeben hat.

Den ersten Abend auf der *Canaletto* verbrachten wir nun damit, guter Dinge auf dem Deck zu sitzen und mit den anderen Jungs über unsere Jobs zu quatschen. Wir erzählten, was wir bisher so gemacht und erlebt hatten, und schlachteten schon einmal ein erstes Fresspaket aus dem *Salalah Lulu Hypermarket*. Dabei wehte uns ein warmer Westwind um die Mützen, die Sterne funkelten, und ich fühlte mich rundum wohl.

Als ich am nächsten Morgen an Deck kam, sah ich als Erstes ein Rudel Delphine, das in unserer Bugwelle spielte. Sie tauchten unter dem Wasserhügel hindurch und schossen auf der anderen Seite in die Luft. So etwas bekam man natürlich nicht zu Gesicht, wenn man immer nur auf großen Frachtern unterwegs war. Auf dem kleinen orange-grünen Hafenschlepper waren wir viel dichter dran am Meer und seinen zahlreichen Bewohnern. Nicht weniger beeindruckend war die felsige und zerklüftete Wüstenküste des Omans.

Nach zwei Tagen Fahrt tauchte am Horizont das Forschungsschiff auf, wo wir bereits erwartet wurden. Das Umsteigen war eine heiße Angelegenheit und schon hakelig genug, wenn die See ganz ruhig war. Bei höherem Wellengang wurde es zu einem Abenteuer. Es war ein Wunder, dass bei dem Rübergehopse nicht ein einziges Gepäckstück verlorenging, geschweige denn ein Mitglied der Besatzung. Vom Schanzkleid, also der Bordumrandung unseres Schiffes, mussten wir mit einem Sprung die zwei riesigen Luken der *Beta Kappa* treffen, die im gleichen Tempo neben uns herfuhr. Manchmal flogen die Gepäckstücke gleich hinterher. Dabei schoss das Wasser regelmäßig in riesigen Fontänen zwischen den Bordwänden hervor. Schwimmweste oder Sicherung? Die Mühe machte sich niemand.

Der *crew change*, also der Schichtwechsel der Mannschaften zwischen Forschungsschiff und Patrouillenboot, sollte einmal in der Woche stattfinden, fiel bei ganz extremem Wellengang aber schon mal aus. Jedes Teammitglied, von Jerry einmal abgesehen, sollte auf beiden Schiffen seinen Dienst machen. Das war eine Frage der Gerechtigkeit.

Auf den ersten Blick war die *Canaletto* der deutlich unbehaglichere Ort. Zunächst war der umgebaute Kahn ja ursprünglich für küstennahe Gewässer konstruiert worden und mit seinem Flachbodenrumpf überhaupt nicht hochseetauglich. Er ließ einen jede Welle auskosten, als hätte man dafür Aufschlag bezahlt. Es war eine Balanceübung für Fortgeschrittene, sich würdevoll und erhobenen Hauptes über Deck zu bewegen, ohne auszurutschen und hinzuschlagen, und eigentlich unmöglich war es, dabei trockene Füße zu behalten. Das Deck war an den meisten Stellen knöcheltief mit Wasser bedeckt und bei richtigem Seegang sogar komplett überspült.

Ab drei Meter hohen Wellen hielt es dann nichts mehr an seinem Platz. Wenn ich vom Wachdienst in die Kabine zurückkam, sah es regelmäßig so aus, als hätten Spezialagenten in meinen Sachen nach Drogen gewühlt. Alles lag über den Boden verstreut, die Schränke waren ausgeräumt, die Schubladen geleert, da konnte ich mein Zeug auch noch so sorgsam verstauen. Was in den Regalen und Schränken nicht fest angebunden oder verkeilt war, verwandelte sich auf der *Canaletto* in ein Wurfgeschoss. *Ksch-kscht …, ksch-kscht …* Das typische Geräusch, das uns unter Deck tagein tagaus begleitete, war das schleifende Kratzen oder Kullern von losen Gegenständen, die hin- und hergeschaukelt wurden, etwa ein Teller auf dem umrandeten Esstisch oder eine Colaflasche auf dem Bordfußboden. Bis sich einer erbarmte und das Zeug aufhob, ging es ewig von einer Bodenkante zur anderen und wieder zurück. Man musste sich etwas einfallen lassen, wollte man nicht jeden Tag von neuem all sein Zeug zusammensuchen. Unsere Schuhe nahmen wir mit in die Schlafkojen, unser Zeug räumten wir nicht mehr aus den Einsatztaschen, und unsere Kanonen banden wir in ihren sogenannten Peli Cases an der Bordwand fest. Manchmal waren die Wellen so hoch, dass ich keinen Zweifel mehr hatte, dass wir in dieser flachbäuchigen Hafenbarkasse bald absaufen würden. Die interessante Frage war eigentlich nur, ob wir noch einen halben Tag hätten, um vorher Abschiedsbriefe an unsere Lieben zu Hause zu schreiben, oder ob uns schon die nächste Welle erwischen und verschlucken würde. Auch Biene Maja, unser philippinischer Kapitän, schien gelegentlich solchen Gedanken nachzuhängen. Den Namen »Biene Maja« hatten wir ihm gegeben, weil er immer einen gelben Pullover mit schwarzen Streifen trug. Zudem erinnerte er ein bisschen an Professor Bienlein aus dem Comic *Tim und Struppi*. Biene Maja und der russische Kollege der *Beta Kappa* lagen in einem für Außenstehende schwer durchschaubaren Dauerclinch, der vermutlich mit Kompetenzgerangel, Schiffs- und Körpergrößenunterschieden sowie mit interkulturell differierenden Auffassungen von Seefahrerstolz zu tun hatte. Als Biene Maja dann eines besonders schlimmen Tages bei Windstärke acht beschloss, sein Schiff und die Crew für ein paar Stunden in Küstennähe in Sicherheit zu bringen, konnte man durch die Schiffswände hören, wie sich die zwei über ihre Funkgeräte anbrüllten. Biene Maja hatte keine Lust, sein Schiff nach dem nächsten Handstand über den Wellen auf der falschen Seite wiederzufinden, wie das sprichwörtliche Toastbrot auf der Marmeladenseite. Ich teilte seine Befürchtungen, auch wenn ich den Wellentanz des Schiffes dieses Mal ausnahmsweise aus der sicheren Distanz beobachten durfte. Ich gehörte nämlich zu den Glücklichen, die gerade auf dem großen Forschungsschiff Dienst taten, und schon dort ging es recht hoch her. Gleich nach dem Aufstehen hatte ich mir den Kopf heftig an einer offenen Schranktür gestoßen und musste nun mit einer hässlichen Beule herumlaufen. So war ich froh, dass wegen des hohen Wellengangs der übliche *crew change* ausgefallen war und ich mich zwar vor Beulen, nicht aber vor dem Ertrinken fürchten musste.

Mir war vorher auch noch nie auf einem Schiff schlecht geworden. Aber auf der *Canaletto* hing selbst ich kotzend über der Kloschüssel. In den kleinen abgeschlossenen Innenräumen hatte man einfach keine Chancen, das Schaukeln auszugleichen, indem man auf den Horizont guckte. Das half normalerweise immer.

Wollte man zu den Schlafkojen, musste man so tief ins Schiffsinnere, dass man fast das Gefühl hatte, bis zum Kiel hinunterzugehen, und befand sich dann in einem sehr schmalen schmutzigweißen Raum, an dessen rechter Wand drei Kojen übereinandergeschichtet waren wie überdimensionale Regalböden. Die Schlafplätze waren wohl für Kinder oder kleinwüchsige Araber bestimmt, ganz sicher nicht für westliche Männer mit normal ausgewachsenen Gliedmaßen. Man sollte sich daher vor dem Zubettgehen bereits entschieden haben, in welcher Richtung man am nächsten Morgen aufzustehen gedachte. Verspürte man mitten in der Nacht das dringende Bedürfnis, sich auf die andere Seite zu wenden, tat man gut daran, komplett aus dem Bett zu klettern und sich dann erneut zurechtzulegen. Meine Schultern waren zu breit, um das in liegender Position zu erledigen. Sonst hätte ich den Bettnachbarn über mir komplett aus der Koje gehebelt, und das wäre nicht so schön gewesen.

Trotz all der offenkundigen Nachteile hatte die *Canaletto* auch ihre Vorteile. Der größte war: Jerry blieb als Teamleiter immer an Bord des Forschungsschiffs. Auf der *Canaletto* konnte man daher ein bisschen ungestörter seinem Dienst nachgehen. Ich zog die schweren Stiefel aus, trug bequeme Turnschuhe, und wir vertrieben uns manch fade Nachmittagsstunde, indem wir uns die Angeltechniken der Fipse abschauten.

Einmal fing ich sogar einen Thunfisch. Ich hatte mir keine Vorstellung davon gemacht, wie groß so ein Ding ist, man kennt Thunfisch bei uns ja nur in kleinen Dosen. Um so einen Thunfisch in ganzer Größe hinzulegen, braucht man schon einen ganz schön großen Küchentisch.

Einmal landete sogar eine Dorade an meinem Haken. J. J. und ich waren ganz aus dem Häuschen ob dieses Fangs. Das hatte weniger mit einem plötzlich erwachten Anglerehrgeiz zu tun noch mit großem Interesse an der maritime Tierwelt. Uns trieb eine grundsätzlichere Regung, die eher auf den unteren Stufen der menschlichen Bedürfnispyramide angesiedelt war: Hunger. Blanker, archaischer und auf Dauer ziemlich zermürbender Hunger. Hinzu kam die Sehnsucht nach einem Gericht, das einmal nicht so schmecken würde, als hätte Cookie bei seiner Zubereitung Hand angelegt. Cookie, der Schiffskoch auf der *Canaletto*, kam aus Sri Lanka, und ganz gleich, was man ihm als Ausgangszutat auf den Tisch legte, am Ende verkochte er es zu der immergleichen braun-weißen Pampe. Jeden Tag dasselbe Bild auf dem Teller: Reis mit brauner, klumpiger Soße, die vor allem nach Chili schmeckte und über die man wenig Positives sagen konnte, außer vielleicht, dass sie ein wenig warm war und sich fast immer irgendwie hinunterschlucken ließ.

J. J. und ich freuten uns also riesig über den Edelfisch, und wir begannen sofort zu fantasieren, wie wir die Dorade zubereiten würden: nur als Filet mit Zitrone, Salz und Pfeffer, richtig klassisch. Zu unserem Glück fehlten eigentlich nur noch Petersilienkartoffeln und ein gute holsteinische Butter. Während wir noch mit einem anderen Fisch beschäftigt waren, schlich Cookie sich von hinten an den Eimer, in dem die kostbare Beute schwamm. Weg war der Leckerbissen. Wir bemerkten leider erst eine Viertelstunde später, dass sich der Fisch nicht mehr dort befand, wo wir ihn geparkt hatten. Zu spät. »Cookie took it«, informierten uns die Fipse. Wir jagten sofort runter in die Kombüse. Doch um den Fisch war es schon geschehen. Die Dorade, beziehungsweise ihr kläglicher Rest, sprudelte bereits im Mixer. So verfuhr Cookie mit jedem Fisch, den er in die Finger bekam: Er mangelte ihn einfach durch die Moulinette. Was am Ende dabei herauskam, war natürlich wieder ein braun-weißes Gericht, außerdem so scharf, dass einem beim Essen fast das Gesicht wegbrannte. Fast hätte es auf der *Canaletto* einen Lynchmord gegeben. Von diesem Tag an verband mich mit Cookie eine herzliche Feindschaft.

Zumal Cookie die größte Nervensäge war, die man sich vorstellen konnte. Wann immer man sich mal eine ruhige Minute an Bord gönnen wollte, sich lesend in die Schiffsmesse oder mit seinem Zeug in eine Ecke verzog, früher oder später kam der sri-lankische Koch angeschlichen, um einen neugierig aus nächster Nähe zu betrachten. Obwohl er dabei nichts weiter tat als einem zuzugucken, fühlte man sich von seinen Stielaugen regelrecht durchbohrt. Auch wenn er ein Gespräch begann, beendete er es nicht einfach wieder und ging, sondern blieb dann einfach stundenlang weiter neben einem stehen. Vermutlich hatte er einfach gern Gesellschaft, aber mir war das unfassbar lästig. Da machte sich bemerkbar, wie sehr es auf so einem Schiff an Fluchtmöglichkeiten fehlte. Eines Tages erzählte er uns, er sei früher selbst in der Armee gewesen, als Kampfschwimmer. Nachdem wir das dürre Männchen freundlich ausgelacht hatten, eilte er in seine Kabine und kam mit einem vergilbten Ausweis zurück, den er triumphierend über den Kopf hielt und vor uns herwedelte. Da waren wir baff. Wir hatten diesen kleinen Mann tatsächlich unterschätzt. Allerdings hätten wir uns noch mehr gewünscht, er hätte vor unserem Trip auch eine kleine Grundausbildung in der Küche absolviert.

Auf der *Beta Kappa* war das Leben ganz anders als auf dem kleinen Patrouillenboot. Allein schon, weil sie viel größer und voller verschachtelter Gänge war, so dass ich mich in den ersten Tagen an Bord permanent verlief. War man erst durch die riesige Steuerbordluke an Bord gesprungen, gelangte man zunächst in einen ziemlich großen Raum, in dem zahlreiche Geräte mit Schwimmkörpern herumstanden. Diese wurden durch eine riesige Öffnung im Heck ins Wasser gelassen und hinter der *Beta Kappa* hergezogen. Die Sonden dienten der Untersuchung des Meeresbodens, und zu diesem Zweck wurden in regelmäßigen Abständen kleine Schüsse senkrecht ins Wasser Richtung Meeresgrund abgegeben. Messgeräte an der Wasseroberfläche ermittelten dann, wie tief das Meer an dieser Stelle war und welche Beschaffenheit der Untergrund hatte. Während auf der *Canaletto* also ständig etwas an Bord hin- und herpolterte, war es auf der *Beta Kappa* eher das Geräusch der Mini-Explosionen, das einen durch den Tag begleitete.

Die Seeleute der *Beta Kappa* waren ebenfalls Fipse, das eigentliche Forschungsteam hingegen bestand aus Chinesen. Wie auf Forschungsschiffen üblich, war alles sehr nüchtern gehalten, die Messe war mit Stahl verkleidet, die schmalen Gänge und Räume funktional und ohne Schnickschnack. Die *Beta Kappa* war ein ehemaliges *supply vessel*, erinnerte also an ein Versorgungsschiff, das hinten komplett offen war. Auf dem Heck hatte man eine zusätzliche Konstruktion angeschweißt, die einem überdimensionalen Wohncontainer ähnelte. Dort waren zusätzliche Wohnräume und die Forschungslabors untergebracht.

Jerry begegnete ich gleich bei unserer Ankunft auf der *Beta Kappa* auf der Brücke wieder. Er stand am oberen Ende des Aufgangs und hieß mich mit einem lockeren Spruch willkommen. In den anderen Räumen war es eng und stickig gewesen. Hier auf der Brücke gab es eine gut funktionierende Aircondition, kein Wunder, dass sich der Teamleiter gern dort aufhielt. Wir kamen sofort ins Gespräch. Er zeigte mir die Brücke und stellte mich der Besatzung vor. Wir gingen hinaus auf die *bridge wing*. Dort zeigte er mir, wie sich das Schutzteam im Angriffsfall seiner Meinung nach aufzustellen hatte, und fragte mich nach meiner Einschätzung. Das überraschte mich. Offensichtlich schätzte er meine Erfahrung als 76er und als jemand, der sich immerhin schon einmal erfolgreich mit den Piraten geschlagen hatte. Ich war nicht mehr der *fucking new guy*, und das gefiel mir.

Bei unseren ersten Begegnungen führten wir einige wirklich gute Gespräche. Ich hatte von Anfang an Vertrauen zu ihm und hätte damals meine Hand dafür ins Feuer gelegt, dass Jerry ein hervorragender Teamleader und ein absolut integrer Mensch war. Auch wenn sich diese Einschätzung später nicht aufrechterhalten ließ – in den ersten Wochen auf der *Canaletto* strahlte er eine angenehme, solide Autorität aus. Er schien zu wissen, was er wollte, und machte dabei einen gelassenen und erfahrenen Eindruck. Ich war einfach nur happy, in ein so gutes Team aufgenommen worden zu sein. Die letzten Bedenken gegenüber der Branche hatte ich bald komplett über Bord geworfen.

Nach meinem ersten Wechsel auf die *Beta Kappa* wollte man mir eine Kammer zuweisen, die ich mir, wie man mich wissen ließ, mit jemandem teilen sollte. Ich war davon alles andere als begeistert. Als ich mit meinem Gepäck in der Hand an die Kabinentür klopfte, machte mir ein dickbäuchiger Araber auf, der nichts weiter trug als ein altes Tuch, das er über den Hüften verknotet hatte. Sein Bart reichte ihm bis auf die Brust. Vergleichbar schiefe Zähne hatte ich in meinem Leben noch nicht gesehen. Vermutlich konnte er Konservendosen mit seinen Zähnen aufschneiden und wurde von seinen Kumpels »der Dosenöffner« genannt. Später erfuhr ich, dass er der Fischbeauftragte der Omanischen Regierung war. Aber was auch immer für eine bedeutungsvolle Aufgabe er auf diesem Schiff bekleidete und wie bewandert er in Sachen maritimer Flora und Fauna auch sein mochte – mich blickte er nur an wie ein Wesen aus einer anderen Welt. Er verstand nicht ein Wort von dem, was ich auf Englisch zu ihm sagte. Mit ihm waren zudem Gerüche aus der Kabine gedrungen, die nichts mit dem Duft von Jasmin oder Tausendundeiner Nacht zu tun hatten. Meine Stimmung sank in den Keller. In meinem Gehirn schrillte es laut: Krise! Ich würde nicht in dieser Kabine übernachten, nicht eine Nacht. Mir fiel auch gleich ein viel besseres Argument ein als interkulturelle Differenzen, soziale Dünkel oder Probleme mit fremden Körpergerüchen: Neben der Ausrüstung trug ich immerhin zwei Waffen nebst Munition mit mir herum, die konnte ich unmöglich in einer Kammer lassen, deren einzigen Schlüssel ich mir mit einem anderen Menschen teilte.

In diesem Augenblick huschte einer der Fipse durch den Gang, und als er uns so stehen sah, fragte er mich, ob ich Hilfe benötigte. Es stellte sich heraus, dass er der Schiffsdoktor war. Der junge Fips hatte die rettende Idee. Er bot mir an, mein Quartier einfach in seinem Hospital aufzuschlagen. Der Typ wurde übrigens von allen »Doc« gerufen, hatte aber vermutlich nicht mehr als zwei, drei Semester Medizin studiert auf den Philippinen. Für ein fertiges Studium wäre er auch viel zu jung gewesen, es sei denn, er war ein seltener Überflieger und hatte das Studium bereits mit 12 Jahren angefangen. Vermutlich landete man dann aber nicht auf der *Beta Kappa*, sondern in einem Luxuskrankenhaus für Militärbonzen und Superreiche aus dem Westen. Ich hoffte jedenfalls, dass ich nie in die Verlegenheit kommen würde, von ihm eine Blinddarm-OP oder sonst irgendetwas Ernstes in Anspruch nehmen zu müssen. Die Unterkunft indes nahm ich sehr gern.

Das Angebot erwies sich als Glücksgriff. Im Lazarett gab es einen großen Raum mit einem Schreibtisch und einem breiten Krankenbett, das mit sauberen Laken bezogen war, außerdem Dusche, WC und Waschbecken. Im Vergleich zu der Kammer mit dem Fischbeauftragten war das eine echte Luxussuite – ganz für mich allein. Paradiesisch! Außerdem bot mir der junge Arzt an, dass ich seine Playstation im Hospital benutzen könne. Der Typ war wahnsinnig nett. So richtete ich mich also in meinem neuen Domizil ein und hatte von nun an einen gewichtigen Grund mehr, darauf zu achten, dass niemand auf dem Schiff verletzt wurde.

Mit der Schichtverteilung zog ich kein so großes Los – ich erwischte die sogenannte Schweineschicht, die nachts von ein Uhr bis morgens um fünf ging. Das hatte immerhin den Vorteil, dass ich keine der Mahlzeiten verpasste. Die Freude darüber war allerdings unbegründet. Meine Palette an Erfahrungen mit der authentischen asiatischen Kochkunst sollte sich nun um die chinesische Spezialitätenküche erweitern – und das wäre wirklich nicht dringend nötig gewesen. Wer denkt, dass unsere westlichen Asiaimbisse etwas mit der tatsächlichen Landeskost zu tun haben, glaubt vielleicht auch, dass amerikanische Urgroßmütter so kochen wie die Leute bei McDonald's. Ich begriff schnell, warum die Kollegen lieber auf Eiscreme, Instantnudeln und Cola zurückgriffen und in Salalah nichts Eiligeres zu tun gehabt hatten, als den ganzen Pick-up damit vollzuladen. Das war vielleicht nicht toll, aber immer noch Gold verglichen mit den Schweinezungen oder Hühnerfüßen, die uns die Chinesen hier servierten. Unter einem solchen Problem hatte ich davor noch nie gelitten: Ich bekam ernsthaft Schwierigkeiten, mein stolzes 95-Kilo-Gewicht zu halten. So griff auch ich bald zu Cola und salzigen Crackern und kam mir vor wie ein Walfisch, der deziliterweise Plankton inhalierte, wenn ich wieder einmal versuchte, ausreichend Zuckerkalorien aus der Cola herauszufiltern. Es reichte trotzdem nicht. Am Ende war ich auf 80 Kilo abgemagert. Was für eine Diät.

Wir Guards sollten dafür sorgen, dass die *Beta Kappa* in der vereinbarten Region ungestört ihre Forschungen betreiben konnte. Sobald wir in unserem Umkreis auf ein Boot stießen, das sich illegal herumtrieb, musste die *Canaletto* hinfahren und die Besatzung bitten, das Gebiet umgehend wieder zu verlassen. Entweder handelte es sich dann nämlich um Fischer, die illegal ihre Netze auswarfen, oder eben um Piraten. Die benutzten, um sich zu tarnen, ebenfalls ganz gerne die traditionellen Dhaus und versteckten ihre Waffen und Enterleitern dann unter Bergen von Wassermelonen oder Fischernetzen. Um kein Risiko einzugehen, fuhren wir diese Boote stets in voller Montur und mit der Kanone in der Hand an und versuchten dann, mit der Besatzung irgendwie ins Gespräch zu kommen – was nicht ganz einfach war. Keiner von uns verstand ihre Sprache. Ursprünglich war uns von der omanischen Regierung noch ein drittes, kleines Schiff mit Sprachmittlern gestellt worden, doch die waren so intensiv mit dem Fischen beschäftigt, dass wir auf ihre Dienste irgendwann einfach ganz verzichteten.

Natürlich hätten wir uns darüber beschweren können. Aber alle Erfahrungen mit der landeseigenen Bürokratie sagten uns, dass wir uns die Mühe sparen sollten. Und die Omanis machten das schon recht geschickt. Das Boot, so war es vereinbart, sollte immer einige Meilen vorausfahren, um die Fischer rechtzeitig zu verscheuchen. Die Zeit nutzte die Besatzung natürlich, um ihrerseits ein wenig Fisch zu fangen, und sobald ihre Vorratslager voll waren, ereilte die Kollegen ganz zufällig ein Motorschaden, oder ein Crewmitglied wurde ernsthaft krank, und sie verabschiedeten sich für eine Weile, um die Sache an der Küste wieder in Ordnung zu bringen, sprich: den frischen Fisch abzuladen und teuer zu verkaufen. Während der vielen Wochen im Einsatzgebiet bekamen wir unsere omanischen Helfer jedenfalls nicht ein einziges Mal zu Gesicht. Wer sich mit den politischen Zuständen in Ländern wie dem Oman nur ein bisschen auskennt, kann sich denken, dass es völlig hoffnungslos war, sich darüber bei der omanischen Regierung zu beschweren. Am Ende baten wir unseren Fischbevollmächtigten, für unsere Zwecke ein Flugblatt aufzusetzen, das wir dann an die Fischer verteilten. Doch so ganz sicher bin ich mir nicht, ob er etwas in unserem Sinne auf das Blatt geschrieben hat. Und ob das überhaupt irgendwer lesen konnte.

Jedenfalls vermochten sich auch Cookie oder Biene Maja, die ein wenig Erfahrungen im arabischen Raum hatten und uns daher zur Hand gingen, nicht immer ausreichend verständlich zu machen. Dabei war ja eigentlich gar nicht so schwer zu verstehen, was wir wollten. Die Typen sollten ihre Netze einziehen und woanders fischen gehen. Doch natürlich taten sie lieber so, als begriffen sie überhaupt nicht, was zum Teufel gemeint sein mochte, wenn wir auf die Netze zeigten, eine Einholbewegung machten und dann in Richtung Horizont wiesen. So blieb uns keine Wahl. Wenn die Besatzung besonders schwer von Begriff war, musste wir zu überzeugenderen Methoden greifen. Das klingt nicht schön, und es machte uns auch keinen Spaß. Aber was hätten wir tun sollen? Wir konnten ja schlecht mit jedem Einzelnen erst mal drei Wochen darüber diskutieren, warum es für die millionenteuren Sonden des Forschungsschiffes nicht so günstig wäre, wenn sie sich in einem dieser bescheuerten Fischernetze verhedderten. Die Kollegen zwar aufzufordern, aber dann unverrichteter Dinge abzuziehen, kam ebenfalls nicht in Frage. Dann hätten wir in kürzester Zeit das ganze Becken wieder voller Fischer gehabt. Wir mussten irgendwie dafür sorgen, dass sie uns ernst nahmen. Keine einfache Aufgabe, nachdem wir eigentlich keine Möglichkeit hatten, unseren Forderungen Nachdruck zu verleihen.

Als uns einer der Vögel sogar wild zu beschimpfen begann, machten wir uns das abschreckende Potential unseres martialischen Auftretens zunutze. Oder sagen wir mal so: Irgendwann findet man halt heraus, wie man seine Möglichkeiten am effizientesten nutzt. Wenn wir nach vorn kamen und uns die Fischer da so mit unseren Waffen stehen sahen, fingen selbst die größten Sturköpfe an, widerwillig ein bisschen an den Netzen rumzuziehen und zu signalisieren, dass sie sie einholen würden. Ein anderes Team, hieß es, war sogar noch einen Schritt weitergegangen – ich war froh, dass wir darauf verzichteten, denn das war garantiert nicht mehr in Ordnung. Sie nahmen zur Abschreckung nämlich das Laserlicht-Modul ihrer Gewehre zur Hilfe. Der Laser machte einen roten Punkt genau dahin, wo das Gewehr treffen sollte, und wurde eigentlich nur bei Nacht eingesetzt. Aber es konnte auch interkulturelle Verständigungsprobleme extrem abkürzen, wenn man dem Typen an der Netzwinde mit dem Pointer einfach mal drei rote Punkte aufs T-Shirt malte. Dann ging es auf dem Boot auf einmal zu wie bei einer Weltmeisterschaft. So schnell hatten die wahrscheinlich noch nie ihre Netze hochgezogen.

Ich weiß, das ist nicht nett. Und ich kann immerhin versichern, auch wenn es sich jetzt lustig erzählen lässt, dass die Kollegen nicht sonderlich stolz waren auf diese Methode. Für mich ist damit eine kritische Grenze bereits deutlich überschritten. Das war Gewaltandrohung, und man sah es den meisten Leuten schon an, wenn wir ausgerüstet auf sie zufuhren: Die hatten wirklich Angst und zogen an den Netzen wie verrückt. Natürlich hätten die Kollegen niemals die Waffen entsichert oder auch nur in die Luft geschossen. Niemals.

Dass es Grenzen gab, die nicht überschritten werden durften, war für manch anderes Besatzungsmitglied leider weniger klar. Unter den Chinesen befand sich ein Mann, der einen besonders schneidigen Armeehaarschnitt trug und schon von seinem ganzen Auftreten her den Eindruck erweckte, ein besonders hohes Tier zu sein. Allerdings gehörte er weder zum Forscherteam noch zur Crew selbst. Er war der sogenannte *party chief*, was uns zu ein paar dummen Witzen verleitete. Allerdings hatte der Typ so gar nichts mit ausgelassenem Feiern am Hut, sondern vielmehr mit der kommunistischen Partei. Er achtete darauf, dass die Chinesen auch an Bord auf Linie blieben und in den Häfen nicht einfach ausbüxten, war also so etwas wie die graue Eminenz an Bord.

Der *party chief* nun hatte von den Rahmenbedingungen unseres Auftrags ein bisschen andere Vorstellungen als wir mit unserem biederen westlichen Menschenrechtsverständnis. Ich war noch nicht eine Woche an Bord, als eine Dhau in unmittelbarer Nähe unserer Route kreuzte. Es war sofort ersichtlich, dass das echte Fischer waren und dass sie unterwegs waren in einen anderen Fischgrund jenseits unserer Forschungszone. Der *party chief* allerdings forderte uns auf, das Feuer auf die Dhau zu eröffnen. Zuerst hielten wir das für einen Scherz, doch der Funktionär – offensichtlich leicht in seiner Autorität zu kränken – bekräftigte sein Kommando. Wir klärten ihn darüber auf, dass es erstens keine Veranlassung gab, auf die Fischer zu schießen, und dass er uns zweitens gerade zu einem Verbrechen aufgefordert hatte. Wir stellten weiterhin klar, dass wir doch sehr hofften, dass er einfach nur einen schlechten Scherz gemacht hatte. Doch er war der Meinung, dass das Schutzteam an Bord seinen Weisungen zu folgen habe, ganz gleich, was er verlangte. Unser fassungsloser Blick hielt ihn nicht davon ab, noch einen üblen Witz obendrauf zu setzen und vorzuschlagen, dass man den toten Fischern ja Knicklichter in die Hälse stopfen könnte, damit sie auf jeden Fall gefunden werden würden.

Jerry unterrichtete die Schiffsführung und machte unserem Auftraggeber unmissverständlich klar, dass wir bei nächster Gelegenheit den Hafen von Salalah ansteuern würden, wo der *party chief* von Bord zu gehen habe. Dieser Bitte wurde tatsächlich Folge geleistet, und wir bekamen einen wesentlich jüngeren und auch etwas weltoffeneren Parteisoldaten als seinen Nachfolger.

»Hey George, mach dich fertig, du gehst auf einen kleinen Bootsausflug«, wurde ich eines Morgens von Jerry auf der Brücke der *Beta Kappa* empfangen. Roy machte sich draußen schon bereit, so wie einige andere Besatzungsmitglieder. Manchmal fuhren wir nicht mit der *Canaletto*, sondern mit dem Speedboot raus, um die Skiffs zu vertreiben. Jetzt war ich mit dem Spaß an der Reihe. Mit dem kleinen Flitzer jagten wir hinaus auf das spiegelglatte Meer. Es gab zwar keine richtigen Wellen, doch wir rasten über weitläufige Wasserhügel dahin, die unser Steuermann jedes Mal gekonnt im Halbkreis anfuhr, weil wir sonst regelrecht abgehoben hätten. Die ganze Aktion erinnerte mich ans Snowboarden und machte irren Spaß. Ein Sturz ins Wasser hätte den Spaß allerdings beendet, und zwar für immer. So schwer, wie wir beladen waren, mit Helm und Weste, hätten wir keine Chance gehabt, uns auch nur eine Sekunde auf der Wasseroberfläche zu halten. Wir wären abgesoffen wie Steine, noch bevor der Steuermann seinen Verlust bemerkt hätte.

Auch die Jagd auf die Skiffs war mit dem Speedboot nicht ganz ungefährlich. Tatsächlich nahmen die meisten von ihnen Reißaus, sobald wir auf sie zuhielten. Bei denen, die wir erwischten, handelte es sich stets um Fischer, und die meisten reagierten verängstigt, wenn sie uns sahen. Hätte uns jemand allerdings etwas Böses gewollt – er hätte in aller Ruhe auf uns anlegen und uns wie Tonfiguren von unserem fahrenden Untersatz schießen können.

Zu der Geschichte mit den roten Punkten auf dem Fischer-T-Shirt gab es noch eine Gegengeschichte, die allerdings ziemlich schlecht für uns ausging. Vielleicht gab es doch so etwas wie ausgleichende Gerechtigkeit. Denn während wir mal wieder mit einer Mischung aus Überredungskunst und martialischem Auftritt eine arabische Fischercrew dazu gebracht hatten, an ihren Netzwinden zu drehen, hielt unser Super-Kapitän Biene Maja immer schön mit dem Heck unseres Schleppers auf die Dhau zu, damit wir den Vorgang auch optimal zu Ende überwachen konnten. Leider geriet er dabei mit der Schraube etwas zu nah an die Netze. Es gab einen lauten Knall, der tief aus dem Maschinenraum zu kommen schien, dann wurde es plötzlich ruhig. Die beiden Schrauben unseres Schleppers hatten sich am Netz festgezogen, die Maschine war sofort ausgegangen.

Die Araber feixten sich einen. Ihre Freude war nicht zu übersehen. Eilig kappten sie ihre Netze mit den Messern und machten sich breit grinsend aus dem Staub.

Mit unserem Propeller, der meterweise Netz gefressen hatte, waren wir ein besserer Fall von Seenot. Im Falle eines Überfalls wären wir nicht nur selbst völlig manövrierunfähig, wir hätten auch der *Beta Kappa* nicht mehr zur Hilfe eilen können. Falls unsere Fischerkollegen, deren Skiff wir in der Ferne verschwinden sahen, jetzt auch noch zufällig mit Piraten in Kontakt standen, sah das nicht gut aus für uns.

Tja, nun musste Cookie dafür büßen, dass er sich vor ein paar Tagen mit seiner Kampfschwimmerausbildung so weit aus dem Bullauge gelehnt hatte. Ehrlich gesagt: Ich selbst hätte überhaupt keine Lust gehabt, in dieser Ecke der Weltmeere ins Wasser zu hüpfen. Nirgends gibt es so viele Haie wie in der Gegend zwischen dem Jemen und dem Oman. Cookie druckste herum, fragte, warum denn nicht wir den Job übernähmen, wir hätten ja schließlich für die Sicherheit zu sorgen. Er sei nur für die Verpflegung an Bord zuständig, nicht aber für die der Haie. Ja, wir müssten doch mit unseren Waffen das Schiff bewachen, erklärten wir ihm. In einer Mischung aus Schmeichelei und sanftem Druck machten wir ihm klar, dass wir leider keine andere Wahl hätten, als ihn an einer langen Leine über Bord zu werfen und auf seine Spezialkenntnisse als Supertaucher zu vertrauen. Mit einem langen Küchenmesser zwischen den Zähnen und einem Tampen um den Bauch hüpfte der Sri-Lanker also klagend über Bord und machte sich an Netz und Schraube zu schaffen.

Er gab ein armseliges Bild ab. Immer wieder schnappte er nach Luft und tauchte dann mit dem kleinen Köpfchen unter Wasser, um hektisch an der Schraube herumzusäbeln. Dabei zappelte er wild mit den Beinchen, um auch den letzten Hai im Umkreis von zehn Kilometern auf sich aufmerksam zu machen. Ehrlich gesagt schwamm er wie eine lahme Ente, und ich fragte mich, wie er die Kampfschwimmerausbildung bestanden haben konnte. Um ihn zu beruhigen, stellten wir uns mit entsicherter Waffe und finsterer Miene an der Bordkante auf und versprachen, auf jede Haiflosse zu schießen, die sich ihm auf fünfzig Meter nähern sollte.

Langsam setzte die Dämmerung ein. Nach langem Kampf Mann gegen Netz war zumindest eine der beiden Schrauben befreit. Wir zogen den japsenden Cookie wieder an Deck und beschlossen, mit halber Geschwindigkeit dichter unter Land zu fahren, um in flacherem Gewässer die Schraubenbefreiungsaktion fortzusetzen. Der Crew auf der *Beta Kappa* gaben wir Bescheid, dass sie die Sicherheitsstufe erhöhen und einen Tag lang ohne uns auskommen musste. Zum Glück hatte es in dem Suchquadranten, in dem sich das Forschungsschiff zu dieser Zeit bewegte, in letzter Zeit keine verdächtigen Vorfälle gegeben.

Spätnachts trafen wir an der Küste ein und warfen den Anker. Weil wir in der Dunkelheit in Küstennähe ein potentielles Hindernis im Wasser abgaben, schalteten wir alle Lampen ein, die wir an Bord fanden, um nicht von einem anderen Schiff gerammt zu werden. So ein ehemaliger Hafenschlepper hat großartige Scheinwerfer, und wir leuchteten wie ein Partyzelt. Ich stand die ganze Nacht Gewehr bei Fuß, damit wir an dieser fremden Wüstenküste keine unwillkommenen Gäste anzögen. Unser Lichtkegel im Wasser zog aber erst einmal keine Piraten, sondern nur die gesammelten Fischschwärme der Umgebung an. Es war faszinierend, was sich da alles in unserem Kielwasser tummelte, ich konnte kaum den Blick davon wenden.

Es war vereinbart, dass am Morgen sowohl Cookie als auch Biene Maja zur Schraube tauchen und sie vom Rest des Netzes befreien sollten. Wieso Biene Maja auf einmal auch mit von der Partie war, weiß ich gar nicht – vermutlich wollte er beweisen, dass er seinem Schiffskoch an Kampfschwimmerherz in nichts nachstand. Vielleicht hatte er aber auch nur am Abend zuvor zu laute Töne gespuckt, oder die Crew hatte gelost.

Früh am nächsten Morgen ging ich erneut nach draußen, um fasziniert den Fischschwarm im Schein unseres Lichtkegels zu beobachteten. Langsam zog die Dämmerung herauf. Da bekamen wir Besuch von weiteren Gästen. Schlagartig war das muntere Treiben im Kielwasser beendet. Dunkle Rückenflossen schnitten ihre Linien durch die See, erst zwei, dann drei, dann wurden es immer mehr. Ich beschloss, die anderen Jungs zu rufen, damit sie dieses Spektakel nicht verpassten. Als ich in die kleine Offiziersmesse ging und erzählte, welches Naturschauspiel sich gerade da draußen abspielte, wurden zwei der Zuhörer kreidebleich. Man kann sich ja denken, dass es unsere Tauchprofis waren.

Auf unsere Fragen, wann es denn mit dem Tauchen nun endlich losgehen sollte, wurden immer wieder Gründe genannt, warum man es doch noch ein wenig verschieben müsse. Hätten sie uns einfach gesagt, dass sie Angst vor den Haien hatten – jeder von uns hätte es verstanden. Seltsamerweise wurde das aber nie direkt ausgesprochen.

So lichteten wir am Vormittag den Anker und machten uns auf den Weg nach Salalah, das immerhin drei Tagesreisen von unserem Einsatzgebiet entfernt war. Dort gab es ein Team von Bergungstauchern, das den Schaden professionell beheben würde.

Was für ein Glück für uns. Salalah war zwar nur ein von Staub und Wüstensand umgebener Küstenhafen im Süden des Omans, der seine Glanzzeiten als Mekka des internationalen Weihrauchhandels längst hinter sich gelassen hatte. Aber wir freuten uns wie die Wüstenkönige, dass wir uns an Land ein wenig die Beine vertreten konnten und vor allem, dass wir uns die Mägen einmal mit etwas anderem als Crackern oder Reis braun-weiß vollschlagen würden. Als ich in einem Supermarkt in Salalah ein Glas Nutella entdeckte, war das wie Weihnachten, Hitzefrei und Geburtstag auf einmal. Es gelang uns sogar, ein paar Biere zu beschaffen, was allerdings sehr teuer war, und die Fipse brachten uns bei, im Hafen nach Tintenfisch zu angeln. Als die Bergungstaucher meldeten, dass der Schaden behoben sei, brachen wir nicht gerade in Freude aus.

Als wir nach ein paar Tagen wieder bei der *Beta Kappa* angekommen waren, zischten uns die Kollegen spitze Bemerkungen zu und drängten auf einen sofortigen *crew change*. Mir war das recht. Ich war froh, mal wieder in meinem gemütlichen Krankenhausbett zu schlafen. Nur die Chinesen waren anstrengend, denn die kulturellen Unterschiede führten zu permanenten Missverständnissen, zumal ihr Englisch selbst mit viel Fantasie so gut wie gar nicht zu verstehen war. Dabei interessierten sie sich eigentlich sehr für uns, fast schon etwas zu sehr. Außerdem hatten sie eine völlig andere Vorstellung von Besitz. Sie hielten uns eh für ausgemachte Trottel, die auf ihrem famosen Schiff nur zu Gast waren, um einen kleinen, unbedeutenden Hilfsarbeiterjob zu tun, und beobachteten uns daher ein bisschen wie Zootiere, denen man die Sachen zum Spielen nur geliehen hatte. So hatten sie wohl auch den Eindruck, dass unsere Ausrüstung ihnen mindestens so sehr gehörten wie uns. Wenn man zum Beispiel seinen Rechner einen Moment unbeobachtet auf dem Tisch liegen ließ, nahmen sie ihn sich zur Hand und waren offensichtlich nach kurzer Zeit der Meinung, dass er allein durch das Betatschen schon in ihren Besitz übergegangen sei. Es war gar nicht so einfach, einen iPod, ein Notebook oder auch nur seine Kopfbedeckung wieder zurückzuverlangen, hatten sie die Sachen erst einmal in die Finger bekommen. Davon einmal abgesehen, dass es mich hygienisch wenig erfreute, wenn die Stöpsel meines iPods in ihren Ohren steckten oder meine Mütze auf ihrem fettigen Haupthaar zu liegen kam, spielten sie auch unsere Ferngläser und Funkgeräte ständig kaputt und ließen die Sachen dann einfach irgendwo auf den Sitzbänken liegen.

Man sagt ja immer, Japaner fotografieren viel, aber auch unsere Chinesen waren ein fotofanatisches Völkchen. Fast jeden zweiten Tag wurden an Bord lange Shootings zelebriert – am liebsten natürlich mit uns und unseren Waffen. Auch Sonnenbrillen durften dabei nicht fehlen. Selbst wenn die Chinesen in unseren Westen verschwanden wie Schildkröten unter einem Riesenpanzer, sie waren trotzdem erst zufrieden, wenn wir sie mit unserem kompletten Equipment behängt hatten und sie dabei eine unserer Kanonen in den Händen halten durften.

Natürlich waren die Waffen stets ungeladen und gesichert. Doch die Chinesen hatten uns offensichtlich beobachtet. Bis dahin hatten wir nicht damit gerechnet, dass eine ungeladene Signalpistole zum Problem werden könnte. Also sahen wir den Chinesen von der *bridge wing* aus dabei zu, wie sie im Brückenhaus an einer unserer Signalpistolen herumspielten und sie eingehend untersuchten. Wir mussten ein wenig schmunzeln. Allerdings tauchte als Nächstes einer von den Typen mit der passenden Munition auf und lud die Knarre fertig. Unter Schreien und Armewinken rannten wir sofort ins Brückenhaus und versuchten, die wuselige Menge auseinanderzubringen. Dabei konnten wir gerade noch verhindern, dass einer der Chinesen dem anderen das Teil kichernd an die Schläfe hielt und spaßeshalber abdrückte. Wir kamen uns vor wie in einem Irrenhaus. Wir mussten nicht nur den Horizont im Blick halten und nach Piraten absuchen, sondern auch verhindern, dass sich die Chinesen mit unseren Waffen gegenseitig abknallten.

Durch diesen Vorfall hätte das Team eigentlich alarmiert sein müssen. Die Waffen durften wirklich keine Sekunde lang unbeobachtet irgendwo herumliegen. Doch irgendwie hinterließ der Vorfall nicht bei allen einen gleichermaßen nachhaltigen Eindruck.

Eines Tages beschloss Roy, der Schweizer Kollege, dass er Lust hatte auf ein interessantes Selbstexperiment: Wie lange konnte ein Mensch eigentlich ohne Nahrung durchhalten? Warum auch immer er das in dieser Situation für angemessen hielt und wen auch immer er damit beeindrucken wollte – dass wir Wetten abschlossen, wie bald er damit wieder aufhören würde, war vermutlich kein geschickter Schachzug. Das feuerte ihn nur zusätzlich an.

Als er sich nach einer Woche immer noch im Hungerstreik befand, machten wir uns langsam Sorgen. Nicht nur um ihn als Menschen, sondern auch um uns als Truppe. Zumal wir nach Tagen absoluten Friedens auf dem Radar wieder verstärkt

Kontakte verzeichneten und aus den *piracy reports* erfuhren, dass das verdächtige Mutterschiff in unsere Gegend zurückgekehrt war. In den letzten zwei, drei Tagen waren ein paar Frachter in unserer unmittelbaren Nähe gehijackt worden.

Wer schon einmal länger nichts gegessen hat, sei es, um zu fasten, oder wegen einer Krankheit, der weiß, dass man davon fahrig und unkonzentriert wird und dass auch die körperliche Leistungsfähigkeit abnimmt. Das kann man machen, wenn man damit nur sein eigenes Wohlergehen gefährdet. In unserer Situation allerdings war das höchst unkameradschaftlich. Das war so ein typischer Fall des Aus-der-Reihe-Tanzens, der beim Militär undenkbar gewesen wäre. So zog Roy bald den Zorn des gesamten Teams auf sich.

Doch Roy blieb bockig, verweigerte weiter jede Nahrung. Und wurde immer fahriger. Eigentlich war es nur eine Frage der Zeit, bis etwas passieren würde. So ließ er eines Tages dann tatsächlich seine Waffe unbeaufsichtigt im Brückenhaus liegen. Und zwar fertig geladen und entsichert. Ein geladenes Scharfschützengewehr wohlgemerkt, großes Kaliber. Da stellte sich nicht nur die Frage, warum jemand eine solche Waffe einfach liegenließ, sondern auch, warum die geladen und entsichert war. Es gehört zu den Grundregeln im Umgang mit scharfen Waffen, dass man immer im maximal sicheren Modus arbeitet. Natürlich bekamen die Chinesen diese Waffe in die Hände und hielten sich die Knarre an die Köpfe. Ich bemerkte das per Zufall. Und riss den Jungs ihr Spielzeug sofort aus der Hand. Wenn da etwas passiert wäre, ich frage mich, wie wir das unserem Kunden erklärt hätten. »Verzeihung, einer Ihrer leitenden Forschungsingenieure hat sich soeben den Kopf weggeschossen. Ja, kann passieren, tut uns trotzdem leid.«

Ich weiß nicht genau, warum Roy so ein komischer Freak war. Möglicherweise litt er am *short man syndrom*, im Gegensatz zu uns 1,90- bis 2-Meter-Männern maß er vielleicht grad mal 1,71. Außerdem war er ein totaler Waffennarr, vielleicht weil er damit irgendetwas ausgleichen wollte, was ihm im normalen Leben abging. Roy bildete sich sehr viel darauf ein, eine

Zeitlang für *Blackwater* als Personenschützer im Irak gewesen zu sein, auch wenn er nur in der *green zone* eingesetzt worden war, der sicheren Zone. Eigentlich war er ein wandelndes Egoproblem, das gerade mal den Grundwehrdienst in der Schweizer Freiwilligenarmee absolviert und danach vergeblich versucht hatte, sich bei der Fremdenlegion zu bewerben. In Ländern wie der Schweiz machte man sich damit strafbar, deshalb war er von der Schweizer Innenbehörde bereits verwarnt worden. Für mich war dieser Typ untragbar. Er gehörte einfach nicht in die Sicherheitsbranche.

Auch Jerry schien der Firma gemeldet zu haben, dass es Probleme mit Roy gab. Denn kurzerhand kündigte man an, ihn zum stellvertretenden Teamleiter zu befördern. Das klingt jetzt vielleicht ein bisschen seltsam, war aber bestimmt der Versuch, ihm noch einmal eine Chance zu geben und zu prüfen, ob er sich vielleicht an anderer Stelle und mit mehr Verantwortung besser einsetzen ließe. Schließlich konnten wir im Team nicht einfach auf unseren siebten Mann verzichten.

Als man ihm das in Aussicht gestellt hatte, passierte etwas mit ihm. Ich glaube, es gibt Leute, denen darf man einfach keine Macht geben. Von jenem Tag an stolzierte der kleine Mann wie King Larry durch die Gegend. Und war eigentlich noch viel, viel lästiger als zuvor.

Obwohl wir über Funk immer wieder mitverfolgen konnten, wie rings um uns andere Schiffe gekapert wurden, war für uns bis dahin alles glimpflich verlaufen. Es musste sich herumgesprochen haben, dass unser Schiff extrem gut bewacht war. Zwar war es jedes Mal wieder heikel, direkt auf die verdächtigen Boote zuzufahren. Aber die Kontakte waren bislang ausnahmslos friedlich verlaufen. Wenn wir dabei überhaupt auf Piraten und nicht nur auf widerspenstige Fischer gestoßen waren, so hatten sie sich zumindest nicht zu erkennen gegeben. Wir entdeckten auch keine Enterleitern oder Waffen an Bord der Schiffe.

Dank der guten Satellitenanbindung des Forschungsschiffs

konnten wir die *piracy reports* täglich mitlesen. Darin wurden sämtliche Daten zu den gemeldeten Vorfällen aus der Region von einem Mitarbeiter der Reederei gesammelt und an unseren Schiffsaccount geschickt. Den *reports* hatten wir auch entnommen, dass das gekaperte japanische Mutterschiff wieder in unserer Nähe sein Unwesen trieb. Das war die *Izumi*, sie wurde auch »Flying Dutchman« genannt, da sie an einem Tag in der Nähe von Mauritius zuschlug und wenige Tage später plötzlich direkt vor Somalia auftauchte – niemand konnte eine konkrete Tour oder Strategie nachvollziehen. Ich hatte den Verdacht, dass dieses Schiff auch hinter dem Skiffangriff auf unserem letzten Trip gestanden hatte. Das Problem war allerdings, dass es kaum genauere Angaben zu Mutterschiff und Skiffs gab. Man musste sich auf die Beschreibungen der überfallenen Besatzungen verlassen, und die wichen mitunter stark voneinander ab. Das Phänomen ist bekannt: Angeblich können auch Zeugen eines Verkehrsunfalls oft noch nicht einmal sagen, welche Farbe der andere in den Aufprall verwickelte Wagen hatte.

Am nächsten Tag hörten wir von der Entführung einer Segelyacht namens *Quest*, mit der zwei amerikanische Ehepaare vor der omanischen Küste herumgekreuzt waren, ebenfalls nicht weit von uns entfernt. Dass jemand in diese Region kam, um dort seine Freizeit zu verbringen, erschien mir seltsam. Seit sich das US-Militär einmal ziemlich unrühmlich in den somalischen Bürgerkrieg eingemischt hatte – einige werden sich vielleicht an den Action-Film *Black Hawk Down* erinnern, der auf dem realen Geschehen beruht –, galten die Amerikaner nämlich in der gesamten Region als Staatsfeinde Nummer eins. Ich konnte mir gut vorstellen, dass die Hobbykapitäne von den somalischen Piraten wenig Nettes zu erwarten hatten. Und so kam es denn auch.

Keiner der vier überlebte die Geiselnahme, an der neunzehn Piraten beteiligt waren. Zwar kam es zu einem Befreiungsversuch durch das US-Militär, doch als es den Soldaten endlich gelungen war, auf die Yacht vorzudringen, fanden sie nur noch die Leichen der Amerikaner. Was die beiden Männer und vor allem die Frauen bis dahin erleiden mussten, konnte man sich mit einiger Phantasie vorstellen.

Einen nationalistischen Beigeschmack hatte auch die Befreiung der *Maersk Alabama* im Jahr 2009. Die US-Regierung setzte Spezialkräfte ein, um das entführte Containerschiff aus den Händen der Seeräuber zu befreien. Dabei töteten die Navy *SEALs* gleich mehrere somalische Piraten. Daraufhin gab der Clanchef von Puntland, einer autonomen Region im Nordosten Somalias, an seine Männer die Losung aus, verstärkt amerikanische Schiffe und US-Bürger zu überfallen und dabei keine Gnade walten zu lassen. Obwohl das Piratenproblem vorrangig ein wirtschaftlicher Konflikt ist, heizen ihn solche kulturellen Feindschaften also mitunter zusätzlich an.

Als uns später auf dem Rückweg nach Muscat im Nordoman eine ganze Horde amerikanischer Segelyachten entgegenkam, die mit fröhlich geblähten Segeln schnurstracks auf die gefährliche Zone zuhielten, konnten wir jedenfalls nur fassungslos die Köpfe schütteln.

An einem der nächsten Abende ging ich hoch zur Brücke, um wie üblich von Jerry die Schicht zu übernehmen. Da fand ich die anderen bereits oben versammelt. Sie standen dichtgedrängt um den kleinen Computertisch auf der Steuerbordseite der Brücke und diskutierten. Laut den *piracy reports*, die soeben druckfrisch auf der *Beta Kappa* angekommen waren, hatte in unmittelbarer Nähe ein Überfall stattgefunden. Alarmiert sahen wir uns die Koordinaten des Überfalls nun einmal genauer an. Das war verdammt nah, vielleicht 20 Seemeilen von uns entfernt, und die Sache war möglicherweise noch in vollem Gange. Gleichzeitig leuchteten direkt vor unserer Nase viele kleine Kontakte auf dem Radar auf. Möglichweise Piratenskiffs. Doch die *Canaletto* lag im Augenblick zu weit zurück, um sie zu bitten, hinzufahren und jeden Einzelnen zu überprüfen. Also gab es eigentlich nichts zu fackeln: Wir mussten unsere üblichen Sicherheitsmaßnahmen einleiten. Klamotten anziehen, Waffen holen, das ganze Programm. Doch irgendetwas schien die Kollegen am Computertisch festzuhalten. Sie rätselten, was das eigentlich alles ganz genau zu bedeuten hätte, jeder hatte noch eine besonders kluge Interpretation der Lage parat, außerdem war es am Computertisch natürlich viel gemütlicher als draußen an Deck und in voller Einsatzkleidung. Als schlaffe Gestalten am Computertisch allerdings nützen die besten Sicherheitsleute nichts, es ging ja hier nicht darum, einen Philosophiepreis zu gewinnen. Also ergriff ich das Kommando und schaffte Tatsachen. Ich entschied, wie wir uns am besten aufstellten, wer rechts, wer links stehen würde und dass wir uns sofort zum Einsatz bereithalten mussten. Ich machte ein wenig Dampf. Sonst hätten wir vermutlich noch ewig weitergeredet. Mir war in dem Moment egal, dass ich der Neue war, Hauptsache, es kam ein bisschen Bewegung in die Chose. Später dachte ich mir, dass Jerry zwar in ruhigen Situationen ein souveränes Bild abgab, in konkreten Einsatzlagen allerdings versagte. Jedenfalls überließ er mir die Leitung ohne den geringsten Widerstand. Kurz darauf waren alle von uns oben auf der Brücke, abgesehen von Roy, der den Dienst vor Jerry gehabt und sich daher vermutlich schlafen gelegt hatte.

Eigentlich war ausgemacht, dass jeder sein Funkgerät stets am Mann tragen sollte. Doch einer aus dem Team hatte sein Gerät auf dem Tisch liegenlassen. Vielleicht hatte er es nur kurz abgelegt, um seinen Waffenkoffer zu öffnen, und es dann vergessen, ich weiß es nicht. So etwas ist ärgerlich, kann aber passieren. Roy, der plötzlich wie von der Tarantel gestochen auf die Brücke gerannt kam, also den Einsatz eigentlich um ein Haar verpennt hatte, entdeckte nun das Funkgerät auf dem Tisch und nahm das zum Anlass, wie wild herumzuschreien und sich aufzuführen wie Napoleon. Schließlich war er der stellvertretende Teamleiter.

Es war der falsche Augenblick, uns daran zu erinnern. Wir waren gerade dabei, unser Sicherheitsprozedere abzurollen, wie geplant und eingespielt, das Geschrei und die Aufregung störten. Es war sogar ein wenig peinlich, wirkte es doch wie eine billige Retourkutsche für unseren Rüffel wegen der vergessenen Waffe, mit der sich die Chinesen um ein Haar die Rübe weggeblasen hatten. Vielleicht hatte er grundsätzlich recht, und bei einer späteren Besprechung würde man darauf zurückkommen. Aber in diesem Augenblick war die Show nur deplatziert. Ich ließ ihn vielleicht zwei Minuten weiter brüllen, dann hatte ich die Schnauze voll.

»Roy, entweder du machst jetzt hier mit, oder du verpisst dich und hältst die Fresse«, sagte ich.

Roy schnappte nach Luft.

Immerhin hatte ich ihn auf Deutsch angesprochen, um ihn vor den anderen nicht bloßzustellen. Er zog sich grummelnd zurück und hielt sich nur widerwillig ans vereinbarte Prozedere.

Das Ganze ging glimpflich aus. Die Piratenskiffs blieben auf Abstand, und so brachen wir den Einsatz nach einigen Stunden ab. Ich entließ die anderen auf ihre Kammern und übernahm die Nachsuche, es war ja ohnehin mein Dienst. Den Funkverkehr hörte ich die ganze Nacht weiter mit. Gegen drei Uhr ebbten die Funksprüche allerdings völlig ab, und es war wieder so ruhig, wie man es um diese Uhrzeit auf dem Indischen Ozean erwartete. Ich dachte über Roy nach und wie unangenehm die Situation mit ihm gewesen war. Für mich war er nach diesem Vorfall endgültig erledigt. Ich wollte mit ihm nie wieder etwas zu tun haben. Auch er mied mich von da an, sicher nicht, ohne sich bei Jerry hinter meinem Rücken wortreich zu beklagen. Soweit ich weiß, hat er nach diesem Auftrag nie wieder einen Fuß in die Tür der Sicherheitsbranche bekommen, und das ist auch gut so. Typen wie Roy kann diese Branche nicht gebrauchen. Ich befürchte leider, dass sie mehr geworden sind.

Von diesem zu kurz gekommenen Typen einmal abgesehen, hatte sich in diesen Wochen und Monaten allerdings ein großartiges Team zusammengeschweißt, und wir versprachen einander zum Abschied, dass wir weiter in Kontakt bleiben wollten. Zu den meisten habe ich ihn auch bis heute gehalten, sei es mit Hilfe von Facebook, Mail, regelmäßigen Skype-Telefonaten oder gegenseitigen Besuchen, wenn die Zeit und das Geld reichten. Damals haben wir uns auch geschworen: Egal, wo es den einen oder anderen hinverschlägt, sollte einer von uns in Zukunft Hilfe benötigen, wir würden füreinander da sein!

Angriff bei Windstärke sieben

Ich war erst ein paar Wochen zurück aus dem Oman, als sich die Firma erneut bei mir meldete. Ich freute mich gleich dreimal: Zum einen, dass es so schnell einen Folgeauftrag gab. Ich war jetzt also wirklich drin im Business. Zum anderen, weil es gleich hieß, dass J. J. auch wieder mit von der Partie sein würde – mit dem Typen konnte es ja eigentlich nur cool werden. Und drittens kam die Nachricht, dass man mich zum Teamleader befördert hatte. Vom einfachen Sicherheitsberater über den *fucking new guy* und Operator hin zum Teamleiter, das war eine Beförderung pro Einsatz. Ich hatte eine ganz gute Karriere hingelegt.

Vielleicht hatte ich den richtigen Job für mich gefunden, zumindest sahen andere das so, und ich hatte mir bis dahin auch nicht die kleinste Verfehlung erlaubt – was man von anderen Teamkollegen nicht behaupten konnte. Sich in der Freischicht ohne T-Shirt in der Sonne zu braten, während man seine Waffe irgendwo herumliegen ließ – das wäre mir zum Beispiel nie im Leben eingefallen.

Es war eine ziemlich lange Tour geplant, und wir würden nur zu dritt sein: Neben J. J. würde ein neuer Scharfschütze das Team verstärken, Patrick hieß der. Auf Kreta sollten wir unsere Ausrüstung übernehmen und dann direkt auf hoher See von einem Schlepper aus auf unser Schiff aufspringen. Von da aus würde es durch den Suezkanal gehen, in die mir bereits allzu bekannten Risikozonen am Horn von Afrika und an der Südspitze Indiens vorbei und dann weiter bis nach Sri Lanka.

Um den Patrouillen der Militärschiffe auszuweichen, hatten die Piraten ihren Aktionsradius in den letzten Monaten erheblich erweitert. So war es auch im nördlichen Teil des Roten Meeres zu Angriffen gekommen. Richtung Persischer Golf und im südlichen Indischen Ozean sah es nicht viel besser aus. Erst vor wenigen Wochen war es sogar in der Nähe der Straße von Hormus, der Meerenge zwischen dem Iran und der omanischen Enklave Musandam, zu Überfällen gekommen. Bislang hatten die Piraten die Nähe zum Iran eher gemieden. Und auch an die indische Küste wagten sie sich eigentlich nie heran. Schon der Gedanke an den russischen Zerstörer, der in diese Gegend entsandt worden war, schien sie auf Abstand zu halten. Alle drei Staaten waren bei den Piraten dafür bekannt, mit den Freibeutern kurzen Prozess zu machen. Im Gegensatz zu den *coalition forces*, von denen sie im Falle einer Festnahme Nahrung und frisches Wasser zu erwarten hatten, bevor es ins Verhör ging.

Dass man uns schon im Mittelmeer aufs Schiff brachte, hatte logistische Gründe. Auf diese Weise mussten wir uns zum Beispiel keine Sorgen machen, unsere Waffen wieder an die Jungs vom ägyptischen Zoll zu verlieren. Jede Sicherheitsfirma hatte sich für ihre Waffentransfers eigene Lösungen einfallen lassen. Mit Aufwand und Kosten verbunden waren sie alle. Einige, wie meine Firma, schickten die Teams noch von einem südlichen Punkt in Europa aus los, so mussten wir Guards allerdings ein paar Tage länger bezahlt werden, schon vor dem Suezkanal, obwohl man uns da noch gar nicht brauchte. Andere zahlten hohe Lizenzgebühren, um die Waffen in Ländern wie dem Jemen oder dem Oman an Bord zu nehmen. Wieder andere mieteten die Waffen sogar von schwimmenden Lagern auf dem Meer, sogenannten *floating armories*. Die lagen in internationalen Gewässern, fernab staatlicher Aufsicht, und wurden daher so gut wie gar nicht kontrolliert. Waffen, Ausrüstung und Munition wurden dort zur Miete angeboten. Die Schiffe fuhren sie direkt an, holten die Waffen ab und gaben sie an dieser oder einer anderen Schwimmstation auch wieder zurück.

Um es gleich zu sagen: Ich nahm meinen Job als Teamleader ernst. Ich freute mich schon sehr darauf, mit den Jungs zu trainieren und an der richtigen Taktik zu feilen. Das ist etwas, was mich am Militär schon immer fasziniert hat.

Zuerst allerdings bestand der Job aus unheimlich viel Papierkram. Die Unterlagen stapelten sich auf meinem Schreibtisch bald zu einem bedrohlichen halben Meter Arbeit. Was ich alles durchzulesen, zu organisieren und zu unterschreiben hatte, war Arbeit für vier Diplomsekretärinnen. Oder eher: Fremdsprachendiplomsekretärinnen. Dass der ganze Kram auf Englisch abzuarbeiten war, machte es nämlich nicht leichter. Da hieß es: In dem Hafen musst du den anrufen, da den CEO von der Firma, hier die Zollbehörde, da die *firearm permit* ausfüllen. Führen einer Gruppe, konkrete Einsätze planen, mit den Neuen im Team trainieren – kein Problem. Aber dieser Aspekt des Jobs war eine harte Nummer. Zumal ich künftig auch immer den Kopf hinhalten musste, wenn etwas schiefging.

So hing ich zum Beispiel auf einem Rückflug von Muscat einmal zwei Tage am Flughafen fest, weil irgendwelche Waffen angeblich falsch deklariert worden waren. Ich saß in einem kleinen, muffigen Büro, mit einem uralten Ventilator, der bei jeder Umdrehung quietschte, und musste die Nacht auf einer alten Liege verbringen. Das kam mir nur deshalb vergleichsweise okay vor, weil man mir zwischenzeitlich schon mit Gefängnis gedroht hatte. Wenn man mit Waffen in den Oman einreist, muss man das 24 Stunden im Voraus angeben. Das hatten wir getan. Allerdings hatten wir eine zu hohe Menge an Munition angegeben, nämlich die gleiche, mit der wir vor ein paar Wochen auch eingereist waren. Eigentlich kein großes Thema. Ich hätte es ja verstanden, wenn man uns vorgeworfen hätte, dass wir zu viele Waffen mitbrachten – aber zu wenige? Das hätte doch eigentlich funktionieren müssen wie mit dem Schnapskauf auf Helgoland: Wollte man sich zwei Flaschen mitbringen, war das in Ordnung, wenn man es entsprechend deklariert hatte. Brachte man dann nur eine, interessierte das auch niemanden. Brachte man stattdessen drei, gab's ein Problem.

Nun, auf dem Rückweg von unserem Einsatz hatten wir zwangsläufig ein bisschen Munition weniger im Gepäck als auf dem Hinweg. Ich konnte den Piraten schließlich schlecht sagen: »Hey, lasst das mal mit dem Schießen, ich bekomme sonst Ärger mit der Zollbehörde!« Und bislang hatte es auch noch nie Probleme deswegen gegeben. Diesmal aber hatte ein neuer Mitarbeiter am Zoll das Bedürfnis zu zeigen, was für eine verdammt große Nummer er doch war. Also blieb mir nichts anderes übrig, als ein betroffenes Gesicht aufzusetzen und ruhig zu bleiben, auch wenn ich dem Typen lieber mitgeteilt hätte, was für ein armseliger Kameltreiber er in meine Augen war. So hockte ich also da, während die Kollegen ins Hotelzimmer gehen und sich zwei Tage lang einen faulen Lenz machen konnten. Ich durfte weder ins Land einreisen noch das Flughafengebäude verlassen. Ich konnte froh sein, dass man mich nicht wegen vermeintlichen Waffenschmuggels umgehend ins Gefängnis steckte. Und auch das hatte ich nur der Überzeugungskraft meines Agenten zu verdanken. Schließlich stimmte die *firearm permit* nicht, ja, wo sie recht hatten, hatten sie recht. Da gab es mit den Männern in den beigen Uniformen keine Diskussionen, da wurde ein extrem ernstes und wichtiges Gesicht aufgesetzt, als hätte ich die Majestät persönlich beleidigt, und wenn ich überhaupt weiterkommen wollte, musste ich ganz klein und lieb sein und nur mit ihnen sprechen, wenn ich gefragt wurde. Mit »Kannichmaldenvorgesetztensprechen« war da kein Weiterkommen. Hinzu kam: Araber haben wegen des Fastenfreitags eigentlich auch immer ein verlängertes Wochenende, und das fing spätestens am Donnerstag an. Deshalb ging ab Donnerstagmorgen vorsorglich schon niemand mehr ans Telefon. Und was sollten wir jetzt tun? Die Jungs von der Zollbehörde zuckten lethargisch die Schultern. »Der kommt hier nicht raus«, sagten sie meinem Agenten nur und widmete sich dann wieder der Zahnpflege mit langen Holzzahnstochern oder dösten auf ihren Stühlen.

Natürlich ging es dann doch irgendwie, denn gleichzeitig war in diesen Ländern ja nichts so der allgemeinen Willkür unterworfen wie die Auslegung von Gesetzen. Dafür musste man bei den Arabern allerdings immer erst die Größe ihres Geistes und ihre fantastisch akkuraten Kenntnisse der Einreiseregularien loben.

So etwas sollte man natürlich möglichst vorher wissen. Dafür brauchte man einen kundigen Agenten. Der war wirklich Gold wert. Bei den Afrikanern zum Beispiel durfte man es mit der Demut nicht übertreiben, denn dann fingen sie an, einen auszunehmen. Dann galt es plötzlich, Gebühren zu zahlen für Fußbodenabrieb oder Stempelkissenbenutzung.

Das waren jedenfalls alles Scherereien, auf die ich gern verzichtet hätte, die aber zum Teamleaderjob genauso dazugehörten wie all die Annehmlichkeiten – zum Beispiel, dass ich bequeme Turnschuhe anziehen konnte statt der schweren Stiefel, wenn keiner da war, um mir das zu verbieten. Oder dass ich mit den Jungs abends an Land ein Bier trinken ging, obwohl das im Einsatz eigentlich verboten war. Mein Lieblingsspruch dazu war: »Wenn die Sicherheitslage es hergibt.« Ich glaube, das gehört auch zum Job des Teamleaders, bei aller Disziplin: darauf zu achten, dass die Stimmung stimmt.

Als wir auf Kreta ankamen, wussten wir nur: Wir sollten die *Giacometti*, einen *bulk carrier*, begleiten, der wertvolles Schwermetall geladen hatte. Der Frachter war natürlich extrem langsam – 13 Knoten –, hatte auf den Bildern, die mir gemeinsam mit den Einsatzdaten übermittelt worden waren, indes noch ganz passabel ausgesehen. Man kennt das ja von Bildern aus Kontaktanzeigen: Das Foto, das einem als Erstes präsentiert wird, stammt oft aus Zeiten, als der Lack noch nicht so ab war. Die Realität sieht dann oft ein bisschen weniger glänzend aus. Bei der *Giacometti* konnte von Lack schon gar nicht mehr die Rede sein. Sagen wir mal so: Als ich hinterher erfuhr, dass das Teil direkt nach unserer Fahrt verschrottet worden war, wunderte mich das gar nicht. Ich fragte mich eher, ob die Resteverwerter an dem Schiff noch große Freude gehabt hatten.

Ein beliebtes Verfahren, ein marodes Schiff loszuwerden, nennt sich *beaching*, das Schauspiel kann man sich auf YouTube anschauen: Der alte Tanker fährt da mit voller Kraft auf einen verlassenen Strand zu, bis er auf Grund läuft. Danach geht die Besatzung von Bord und überlässt den Tanker den einheimischen Verwertern, die das Ding dann in Windeseile in seine Einzelteile zerlegen. Doch so ein heruntergerocktes, schlecht gepflegtes und schmutziges Schiff wie die *Giacometti* hatten vermutlich selbst die Inder mit ihren Schweißbrennern noch nicht gesehen. Überall nagte der Rost an den Aufbauten, und was nicht zerfressen war, war so lieblos mit Farbe zugepinselt, als hätte man den Verantwortlichen vorher eigens die Augen verbunden.

Die erste Frage war nun, wie wir an der Rostlaube hochklettern sollten. Eine Gangway gab es natürlich nicht, stattdessen wurde nur eine räudige Lotsenleiter heruntergelassen, die von unserem Schlepper aus nicht so leicht zu erreichen war. Der Schlepper bot nur eine etwa 20 Zentimeter breite Umrandung. Auf der stand man dann, der Boden schwankte, man konnte sich nirgends festhalten und musste trotzdem irgendwie versuchen, die Lotsenleiter zu schnappen, die über einem hin- und herschwang.

Als Teamleader ging ich immer zuerst. Zum einen konnte ich so abschätzen, ob die Aktion nicht zu gefährlich war und sie dem Rest des Teams ersparen. Zum anderen wollte ich als Verantwortlicher der Erste sein, der dem Ansprechpartner an Bord die Hand gab. In der Regel erwartete uns an Deck nicht der Kapitän selbst, denn der musste auf der Brücke bleiben, sondern sein Erster oder Zweiter Offizier. Ich blickte nun an dem langen Rumpf der *Giacometti* nach oben und entdeckte nur ein paar schmierige Gestalten, die aussahen, als hätten sie bis eben in Maschinenöl gebadet. Als ich schließlich an der schwankenden Leiter nach oben geklettert war, nahmen mich ein paar neugierige Crewmitglieder und immerhin der Dritte Offizier reichlich reserviert in Empfang.

Und wie das so oft ist: Der erste Eindruck täuschte nicht. Die

Brücke war in einem Zustand, der vielleicht vor der Erfindung des elektrischen Stroms als modern gegolten haben konnte. Der Frachter sah schäbiger aus als alle Schiffe, die ich bis dahin gesehen hatte. So mies, wie das Schiff äußerlich in Schuss war, so marode war auch die Substanz, technisch wie – so muss ich leider sagen – auch menschlich. Die Schiffsführung, die fast ausschließlich aus Indern bestand, war arrogant und behandelte uns wie die hinterletzten Menschen. Das indische Kastenwesen schien auch an Bord zu gelten, und darin kamen Guards vermutlich noch hinter den Unberührbaren. So strenge Hierarchien gab es noch nicht mal in britischen TV-Militärsatiren. Die Arbeiter an Deck wurden den ganzen Tag lang rüde angeherrscht. Auch wenn es nur einen normalen Arbeitsauftrag zu übermitteln galt, geschah das in einem Ton, der jedem Kasernenwart einen Verweis eingetragen hätte. Der Kapitän war ein 1,70 großer Lockenkopf, der nach der Begrüßung fast gar nicht mehr mit uns redete, sondern stets seinen Ersten Offizier bat, uns mitzuteilen, was er gerade dachte. Wenn er doch mit uns sprach, dann höchstens mit mir und auf keinen Fall mit einem meiner vermeintlich Untergebenen. Es waren auch ein paar indische Sikhs an Bord, diese Typen mit Turban und langem Bart. Die redeten erst recht nicht mit uns. Später las ich mit einiger Überraschung, dass zu den wichtigsten Werten ihrer Religion die Überwindung von Egoismus und sozialer Ungerechtigkeit gehört und die Sikhs das strenge Kastensystem der Inder ablehnen. Interesse für andere Kulturen oder Hilfsbereitschaft an Bord schien der Religionsstifter beim Verfassen seiner Leitsätze allerdings vergessen zu haben. Auch ein paar Absätze zur Körperhygiene hätte er in die Heiligen Schriften mit aufnehmen können. Auf mich wirkten die Turbanmänner eher verschlagen, ungepflegt und aggressiv. Das klingt vielleicht hart, aber ich ging in der Nachtschicht nie ohne meine Kurzwaffe auf die Gänge. Und das hatte in diesem Fall rein gar nichts mit den Piraten zu tun.

Nachdem man uns also auf der Brücke mit verkniffenen Mündern die Hand geschüttelt hatte, ging es darum, wo wir schlafen sollten. Mir als Teamleiter billigten sie immerhin großzügig die Lotsenkabine zu. Doch für J. J. und Patrick gab es nur noch eine einzige freie Kabine – mit einem einzigen Bett. Darüber würde man sich schon einig werden, hatte sich der Erste Offizier optimistisch gezeigt und war daraufhin verschwunden. Der nette J. J. sagte mit Blick auf eine an die Wand getackerte Bank: »Okay, dann mache ich es mir mal auf der Liege gemütlich.« Er besorgte sich irgendwo an Bord ein Stück Schaumstoff und richtete sich dort halbwegs ein. In der Kabine der beiden war außerdem die Toilette verstopft. Dafür ging die Dusche. Bei mir war es umgekehrt. Die Klospülung tat es noch mit einem dürren Gurgeln, während die Armaturen der Duschkabine funktionslos aus der Wand hingen. In jeder Ecke und an der Decke wuchsen Schimmel und Spark. Mit dem Waschbecken sei alles optimal in Ordnung, während die Dusche nicht immer (also natürlich nie) gehe und kein warmes Wasser habe, erwähnte der Erste Offizier, der mir die Kabine zeigte, in einem Nebensatz. Die Frage, was es mit dem großen Plastikeimer in der Mitte des Bads auf sich hatte, erübrigte sich. Das wurde meine Dusche. Und obschon meine Kabine immerhin eine Einzelkabine war und ich mich daher den anderen beiden gegenüber wie ein König fühlen durfte – hätte ich mir den Dreck an den Wänden und die Flecken auf der schmalen Matte ohne Laken und Bettbezug genauer angeschaut, wäre mir glatt das Frühstück wieder hochgekommen. Ich behalf mich mit ein paar Handtüchern und T-Shirts, die ich über die alte Strohmatratze legte.

Wie auf den vorangegangenen Touren sollte es auch auf diesem Frachter wieder ein charakteristisches Geräusch geben, das mich mein Leben lang an diese Tour erinnern würde: Diesmal war es das sogenannte *chipping*. Dabei wurde mit einer Art Stahlbürstenkette der Rost vom Deck abgeschlagen. Das war extrem laut und wurde natürlich mit Vorliebe frühmorgens direkt vor meiner Kabine durchgeführt Vermutlich auch nur da, und die ganze Behandlung zielte in Wirklichkeit nicht auf den Schiffsfußboden, sondern auf meine Nerven. Die Inder verzichteten übrigens darauf, die abgeschlagenen Stellen nach dem *chipping* wieder mit Farbe auszubessern, wie es normalerweise üblich ist. Man konnte daher nur noch dunkel ahnen, dass das Deck einst grün gewesen war.

Hässlich war auch der üble Geruch, der aus jeder zweiten Ecke dampfte. Täuschte ich mich, oder roch es nach Urin? Immerhin musste man davon ausgehen, dass wir nicht die Einzigen waren, deren Nassbereich nicht einwandfrei funktionierte. Auch diesen Gedanken dachte ich lieber nicht konsequent zu Ende.

Wenig überraschend war auf der anderen Seite, dass der kleine Kapitän auf dem Schiff lebte wie ein Maharadscha. Als ich später einmal zu ihm in die Kabine musste, weil ich einen Vorfall zu besprechen hatte, betrat ich ein Apartment, für das man selbst auf einem Luxusliner noch kräftig Aufschlag gezahlt hätte. Im Innern waren gleich mehrere Inder damit befasst, es für den Kapitän stets sauber und kommod zu halten. Er schnipste mit dem Finger, und ein dünner Inder sprang herbei, um uns eine Cola zu bringen. Wir waren da schon seit einigen Wochen auf dem Schiff unterwegs, ich hatte schon etliche Kilo abgenommen und eine gewisse Sehnsucht nach einer mir vertrauten Nahrung entwickelt. Ich musste mir eingestehen, dass ich etwas so Wohlschmeckendes wie diese amerikanische Zuckerbrause schon lange nicht mehr getrunken hatte. Ich trank sie bis auf den letzten Tropfen aus, hielt die Dose noch einen Moment lang über meinen geöffneten Mund und stellte sie dann seufzend auf den Mahagonitisch des Kapitäns zurück. Fantastisch. Dabei kam ich mir vor wie ein Eingeborener, dem sein Kolonialherr das erste Mal einen Kaugummi geschenkt hat.

Auch beim Essen beobachteten wir, dass der Kapitän und seine Leute immer noch ein bisschen was Zusätzliches auf den Tisch bekamen, das bei uns fehlte. Wir stießen uns an unserem Katzentisch gegenseitig mit den Ellbogen an.

»Hey J. J., guck mal!«

»Was denn?«

»Da drüben, am Cheftisch, was kriegen denn die da schon wieder gebracht, kannst du was erkennen?!«

Brot und Grundnahrungsmittel waren die gleichen, aber meistens landeten zusätzlich noch ein paar feine Extras auf den Tellern der oberen Kaste.

Das besondere Problem an der Verpflegung: Die eine Hälfte der Crew bestand aus Moslems, die kein Schweinefleisch anrührten. Die andere Hälfte waren Inder, für die Rindfleisch absolut tabu war. Also gab es jeden Tag denselben Gemüsebrei mit indischem Brot, *ciabatti* genannt. Was deutlich luftiger klingt, als es war. Es handelte sich dabei um einfache Fladenbrote, die muffig und ein bisschen nach altem Schweiß schmeckten. Ich habe die Verpflegung auf den anderen Schiffen ja nun schon in den düstersten Worten geschildert. Aber von der indischen Küche aus betrachtet waren Reis braun-weiß und Hühnerfuß zwar immer noch keine Fünf-Sterne-Küche. Aber vierkommaneunneun wohl mindestens. Was hätte ich darum gegeben, unseren sri-lankischen Cookie zurückzuhaben!

Als Erstes erreichten wir Port Said und damit den Eingang zum Suezkanal. Der Suezkanal wird auch *Marlboro channel* genannt. Das hat damit zu tun, dass er eine der wichtigsten Einnahmequellen der Region ist. Die Reedereien zahlen hohe Gebühren, um mit ihren Schiffen hier durchfahren zu dürfen, und von diesem Geldregen wollen natürlich möglichst viele Ägypter etwas abhaben. Das reicht hinunter bis zu dem kleinen Lotsen, der nur für die Passage der Schiffe an Bord kommt, um sie sicher durch den Kanal zu bugsieren. Das heißt, es reicht sogar noch hinunter bis zu den Brüdern und Neffen des Lotsen.

Für seinen Job wird der Lotse zwar offiziell von der Hafenbehörde bezahlt. Aber auf dem Schiff verlangt er in der Regel noch einen Extralohn. Die Währung sind Zigaretten, daher auch der Spitzname des Kanals. Allerdings gibt er sich nicht mit ein paar Kippen zufrieden, und auch nicht mit ein paar Schachteln. Die Ägypter denken da in anderen Dimensionen. Gern bringen sie noch zwei, drei Cousins mit, die beim Tragen der erbeuteten Kaffeesäcke und Zigarettenstangen helfen. Dafür haben sie große Beutel dabei, und bei der Gelegenheit wollen sie einem gleich auch noch ein paar Souvenirs aus ihren Bauchläden verkaufen. Natürlich braucht kein Mensch an Bord Schlüsselanhänger in Pyramidenform, blinkende Feuerzeuge oder Pharaonenaschenbecher. Allerdings sollte man sich genau überlegen, ob man den Cousins ihre Pseudosouvenirs nicht besser abkauft, denn sonst machen sie Ärger. Auf einem der Schiffe haben sie uns einmal die ganze Mannschaftsmesse verwüstet, Stühle kaputtgemacht und richtig randaliert, nur weil die Crew keine Geschäfte mit sich machen ließ. Will man den Lotsen die Zigaretten nicht geben, drohen sie gar, das Schiff einfach wieder zu verlassen. Die Lotsen führen sich auf wie die Könige, und alle müssen mitspielen. Die Schiffsführung hat oft keine andere Wahl, als den Lotsen zu umgarnen und ihm eine eigene Kabine, den freundlichsten Service und das beste Essen zukommen zu lassen. Denn Zeit ist Geld, und je schneller ein Schiff durch den Kanal kommt, desto besser für die Reederei. Wie wichtig das Wohlbefinden des Lotsen ist, sollte ich am eigenen Leib zu spüren bekommen.

Es war später Abend. Wir lagen in einer Reihe mit den anderen Schiffen weit draußen vor dem Kanal auf Reede, es war still, nahezu gespenstisch still. Sobald das Schiff auf Reede liegt, wird der Motor abgeschaltet. Das ist weniger angenehm, als man denkt. Es macht einen fast nervös, wenn das gewohnte Brummen und Vibrieren fehlt. Früh am nächsten Morgen sollten wir in den Kanal einfahren, wir warteten nur noch auf unseren Lotsen. Natürlich hatte mir keiner etwas davon gesagt. Ich hatte mich gerade kurz hingelegt, der Kanal war noch mal eine gute Gelegenheit zum Ausschlafen, bevor wir ins Rote Meer und in die kritische Zone kamen. Ich war gerade halbwegs zufrieden, denn ich hatte einen alten Ventilator an Bord entdeckt und meine miefige Matratze zusätzlich mit eine paar frischen Handtüchern abgedeckt. So schlief ich bald ein und träumte wie jede Nacht von Eiscreme, Bratkartoffeln und Rinderbraten.

Mitten in der Nacht polterte es auf dem Gang vor meiner Kammer, und dann hämmerte jemand an meine Tür. Als ich die Tür öffnete, noch schlaftrunken und geblendet von dem Licht da draußen, erkannte ich den Kapitän und den Ersten Offizier, die sofort schnell und laut auf mich einredeten und sich an mir vorbei in die Kabine zwängten. Der Kapitän unterstrich jedes Wort mit entschlossenen Gesten. Ich verstand bald. Der Kanallotse hatte Anspruch auf meine Kabine angemeldet. Wenn er die nicht bekäme, würde er das Schiff sofort wieder verlassen. Also forderte man mich auf, die Kabine sofort zu räumen, damit ein paar Mitarbeiter sie schleunigst für den Ägypter herrichten konnten.

Ich hatte gerade mein Zeug fertig gepackt und stand etwas ratlos auf der *bridge wing*, als der Lotse mich entdeckte und fröhlich auf mich zustolzierte. Ein jugendlicher Kerl mit einer feschen blauen Hose, die ihm beinahe von den schmalen Hüften rutschte. Mit Blick auf meine Ausrüstung fing er gleich an, mich neugierig auszufragen. Ah, beim Militär, da sei er doch auch mal gewesen, plauderte er hellwach und gut gelaunt auf mich ein. Ich schwieg. Mich beschäftigte die Frage, wo ich nun den Rest der Nacht verbringen sollte. So richtig kuschelig warm war es jetzt draußen auch nicht mehr. Ja, Hubschrauber sei er auch mal geflogen, ging es munter weiter, ach, so im Nachhinein betrachtet sei das doch eine tolle Zeit gewesen … »Na ja, man kann nicht alles haben«, sagte er und strich sich nachdenklich über das Kinn.

»Ach ja?«, brummte ich nur und starrte auf einen Punkt zwischen seinen Augen. Ich versuchte, möglichst verächtlich rüberzukommen. Bevor er annahm, hier einen neuen Freund zum Quatschen gefunden zu haben, klärte ich ihn darüber auf, dass es meine Kabine war, in die er soeben einzog. Weswegen ich jetzt quasi auf der Straße stand, oder eher: auf dem Zwischendeck.

Doch der Typ ging gar nicht darauf ein, er erzählte ungerührt weiter: Vielleicht würde er auch mal wieder was Neues machen, zurück zum Militär undsoweiterundsofort, obwohl der Lotsenjob wirklich gut sei. Viele seiner Kumpels beneideten ihn um die sichere Anstellung, bla, bla. So, jetzt wollte ich doch mal meine kleine Botschaft loswerden. »Es interessiert mich nicht, was du erzählst«, sagte ich ihm. »Ich will schlafen.«

Dann breitete ich meine Sachen auf dem Boden neben der Brücke so aus, dass ich zumindest den Oberkörper bequem darauf betten konnte. Dort versuchte ich, mich halbwegs würdevoll abzulegen, Blick zur Wand, Rücken zum Lotsen. Das schien er zu begreifen. Er ging.

Am Ende sollte der junge Ägypter meine Kabine zwar bis zum folgenden Abend besetzt halten, wirklich benutzt hat er sie aber nicht einmal zweieinhalb Stunden lang – ich verfolgte das nur aus Neugier. Ich hingegen musste die ganze Nacht auf meiner Reisetasche liegen bleiben, weil sich natürlich kein anderer Platz für mich fand, in die Kabine von J. J. und Patrick konnte ich mich nicht auch noch hineinquetschen. Nach einer extrem unerfreulichen und kalten Nacht auf der *bridge wing* und einer Kanaldurchfahrt in der sengenden Hitze setzte ich mich gegen Abend erwartungsvoll auf meine sieben Sachen und wartete, dass meine Kabine wieder freigegeben würde. Was dann passierte, zog mir die Schuhe aus. Nachdem der Lotse sich endlich von allen verabschiedet hatte und mit Tüten voller Marlboro-Stangen von Bord geklettert war, kam jemand in meine Kabine und holte wieder heraus, was man dem Lotsen an Annehmlichkeiten zugestanden hatte: ein frisch bezogenes Bett mit Kopfkissen, frische Handtücher, in Seidenpapier gewickelte Seife und vor allem – eine echte Matratze. Die wurde ohne einen weiteren Kommentar wieder herausgeräumt, meine Proteste überhörte man einfach. Da kam sie wieder zum Vorschein, die alte Stinkmatte. Mir hatte man noch nicht einmal ein Kopfkissen zugestanden. Es gab mehrere Momente, in denen ich kurz davor war, das Schiff einfach zu verlassen. Das war sicherlich einer davon. Letztlich brachte ich es aber nicht übers Herz, den Auftrag abzubrechen und meine Firma im Stich zu lassen. Es wäre trotz allem schwer gewesen, meinem Auftraggeber zu vermitteln, dass mein Team und ich gingen, weil mir die Matratze zu schmutzig war.

Man könnte nun sagen, ein guter Soldat beklagt sich nicht. Er muss in jeder Lage sein Bestes geben. Mich schockierte allerdings, dass diese Lebensumstände für den Rest der Besatzung offensichtlich Alltag waren und sie das klaglos hinnahmen. Außerdem gaben uns alle hier nach besten Kräften zu verstehen, für wie gänzlich nutzlos, wenn nicht sogar schädlich sie uns hielten. Wir konnten uns eigentlich auch was Schöneres vorstellen. Später erfuhr ich, warum man uns überhaupt engagiert hatte, zumal offenkundig gegen den Willen der Schiffsführung. Die *Giacometti* war im vorangegangenen Jahr auf genau dieser Strecke bereits von Piraten entführt worden. Der Charterer, eigentlich geizig wie Dagobert, hatte von seiner Versicherung die Auflage erhalten, ein Sicherheitsteam an Bord zu nehmen.

Das letzte Mal hatte die Besatzung sechs Monate in Geiselhaft verbracht. Was uns die Crew davon erzählte, war mehr als schauderhaft. Viele wirkten immer noch verängstigt. Aber sie hatten keine Wahl. Die Seefahrt war ihre Lebensgrundlage. Von was sollten sie sonst ihre Familien ernähren? In Deutschland hätte man sie vermutlich in Talkshows eingeladen und jahrelang in Therapie geschickt. Von der indischen Reederei hatten sie als Entschädigung für die erlittenen Strapazen nur je einen gebrauchten VHS-Rekorder erhalten. Ich wollte ihnen den Stolz auf die Geräte nicht nehmen, konnte mir aber sehr gut vorstellen, dass die Reederei für die Entsorgung des Elektroschrotts sogar noch Geld erhalten hatte – im Zeitalter von Blue-ray und DVD.

Anstatt sich nun zu freuen, dass wir die Crew vor neuem Unheil bewahrten, schien man uns interessanterweise sogar für das Piratenproblem verantwortlich zu machen. Das war schon alles ziemlich befremdlich. Das Schlimmste aber war, dass der Kahn so erschreckend lahm war und uns diese Situation über viele, viele Seemeilen erhalten bleiben würde. Vollbeladen schaffte die Maschine noch nicht einmal zehn Knoten. Zehn! Ich schaute mir das mehrmals auf der Karte an, weil ich es gar nicht fassen konnte: Ein großes Schiff mit einer kräftigen Maschine hätte für die Strecke von Djibouti bis Sri Lanka sechs oder sieben Tage gebraucht. Bei diesem Tempo würden wir locker die drei- bis vierfache Zeit benötigen. Am Ende sollten wir sogar mehr als sechs Wochen unterwegs sein. Außerdem war Monsunzeit, und auf dem Indischen Ozean erwischte uns ein ungewöhnlich starkes Unwetter. Also schafften wir manchmal nur noch ein paar Knoten Vortrieb – bei voller Maschinenleistung. Wenn die Maschine noch weniger Dampf gehabt hätte, wären wir womöglich rückwärts gefahren. So kamen natürlich viele gutbezahlte Einsatztage zusammen. Aber das tröstete mich nicht. Ich wollte einfach nur noch runter von dem Bock.

Vor allem für einen sollte die Tour zu einem langen Leidensweg werden: Unser Scharfschütze Patrick fing sich schon in der ersten Woche einen Magen-Darm-Virus ein. Eigentlich kein Wunder, bei den hygienischen Zuständen. Die waren für einen Mitteleuropäer in der Tat nicht nur anstrengend, sondern konnten sogar lebensbedrohlich werden.

Besonders unappetitlich war alles, was mit der Küche zusammenhing. Der Stewart, der uns das Essen brachte, war von allen Jungs an Bord der schmierigste. Er schwitzte die ganze Zeit und roch sehr unangenehm. Über seiner Schulter hing ein schleimiges Tuch, mit dem er sich wahlweise den Schweiß von der Stirn wischte oder den Dreck von den Tellern, und wer weiß was sonst noch. Außerdem ließen sich die Trink- und Essensgefäße offensichtlich nur so tragen, dass mindestens die Finger reintauchten oder am besten gleich die halbe Hand darin badete. Die Frage, ob er sich nach dem Toilettengang die Hände wusch, mochte ich lieber nicht weiter bedenken. Wenn man irgendetwas zu sich nehmen wollte, an dem keine Bakterien waren, dann musste man sich beim Kapitän Trinkwasser kaufen, in Plastikflaschen, zu vier US-Dollar der Packen. Das war für uns zwar erschwinglich, aber grundsätzlich eine Unverschämtheit, und mir taten die Jungs aus der Crew leid, die vermutlich ohnehin nur einen Hungerlohn bekamen und sich davon auch noch ihr eigenes Trinkwasser kaufen sollten. Deshalb hängten sie sich auch lieber an den Frischwassertank des Schiffes. Diese Wassertanks werden normalerweise alle drei

Monate einmal gereinigt und dienen wirklich nur der Aufbewahrung des Wassers für Klospülung und Dusche. Und bei diesem Schiff schnippte vermutlich eh nur alle drei Jahre einmal einer eine Sprudeltablette zur Desinfektion in den Tank, wenn das überhaupt jemand scherte.

Bei Patrick jedenfalls kam das Essen bald vorn und hinten wieder heraus, und zwar schon drei Minuten, nachdem er etwas zu sich genommen hatte. Er jammerte zuerst nur ein bisschen, und wir hofften auf eine vorübergehende Geschichte, machten noch Witze: »Na, seekrank, Alter? Ist doch gar nichts los!« Doch irgendwann mussten wir uns eingestehen, dass es nicht lustig war. Er sah von Tag zu Tag matter aus. Die Augenringe wurden erst grau, dann violett, dann schwarz. Die Gesichtshaut wechselte von blassrosa über weiß in ein hässliches Gelb.

Ein weiteres Problem war, dass ich meiner eigentlichen Aufgabe, nämlich für die Sicherheit an Bord zu sorgen, kaum nachkommen konnte. Nicht nur war unser dritter Mann ab Woche zwei praktisch außer Gefecht gesetzt. Auch jede Sicherheitsmaßnahme, die ich anregte, wurde entweder verschleppt oder komplett ignoriert.

Es gehörte normalerweise ja zu einer der ersten Maßnahmen an Bord, dass man die Sicherheitsvorkehrungen überprüfte. In diesem Fall gab es natürlich gar keine. Also machte ich an einem der ersten Tage einen Rundgang mit dem Ersten Offizier, notierte mir die Schwachstellen und erstellte dann einen Plan, wie sie zu beheben wären.

»Wir müssen uns ranhalten«, sagte ich. »Das muss fertig sein, bevor wir in die Gefahrenzone kommen.«

Kritischer Blick.

Ich zählte das Wichtigste auf, zum Mitschreiben: Stacheldraht ringsherum anbringen, Einrichtung eines *safe rooms* und das Wegschließen aller Gerätschaften, die den Piraten das Leben einfacher machen würden.

»Das sind wirklich nur die Basics«, erklärte ich.

Nichts davon war hier umgesetzt. Mir kam allerdings auch

der Gedanke, dass sogar Piraten ihren Stolz haben mussten und die sich womöglich mit verdrehten Augen abwandten, sobald sie den Zustand unseres Kahns in ihrem Fernglas vollständig erfasst hatten. Fraglich war ohnehin, ob der Eigner für diese Besatzung noch einmal Lösegeld zu zahlen bereit war, da ihm das Wohl seiner Leute schon im unentführten Zustand keinen Schilling wert zu sein schien. Nicht nur, dass sie hier mit dem mangelhaften Trinkwasser schleichend vergiftet wurden. Auch für ihre Sicherheit war fast keine Vorsorge getroffen worden. Die Rettungsboote zum Beispiel hatten noch nicht einmal einen Motor. Irgendein superschlauer Vogel hatte dafür ein paar Säcke Reis hineingelegt. Ich fragte mich, wie sie den auf hoher See zubereiten oder ob sie in ungekochtem Zustand darauf herumkauen wollten. Zeit genug hätten sie ja. Bis zur nächsten Küste wären sie in den alten Ruderbooten sicherlich sehr, sehr lange unterwegs.

Die Arbeitsbedingungen sind leider auf vielen Schiffen schlecht, und die Reeder achten zwar beflissen auf jeden Cent, den sie an Ausrüstung und Versorgung der Mannschaft sparen können, aber sie vergessen dabei, dass einige dieser Männer ihr halbes Leben auf den fahrenden Wohncontainern zubringen, die manchmal Auffanglagern für Asylbewerber in nichts nachstehen. Dass es auf einem Schiff in allem ein wenig spartanischer zugeht, ist das eine. Dass es dabei gar nicht so schwer ist, für humane Arbeitsbedingungen zu sorgen, das andere. Sauberes Trinkwasser halte ich für das Mindeste.

Übrigens sparen auch viele deutsche Reedereien an der Versorgung ihrer Leute, wo immer sie können. Zum Beispiel habe ich es öfter erlebt, dass die Pantry außerhalb der offiziellen Essenszeiten konsequent abgeschlossen war. Wer schon einmal wochenlang Nachtwachen halten musste, ohne die Chance, abends noch an etwas zu essen oder zu trinken zu kommen, weiß, wie zehrend das sein kann. Da kommen Knastgefühle auf. Dass entscheidende Mehrgewinne eingefahren werden, wenn man ein paar Apfelschorlen und Käsestullen weniger ausgibt, kann ich mir auf der anderen Seite kaum vorstellen.

Es war jedenfalls schon schlimm genug, dass sich auf diesem fahrenden Schrotthaufen offensichtlich noch nie jemand Gedanken um die Sicherheit gemacht hatte. Aber jetzt machte es mir die Schiffsführung auch noch schwer, das Versäumte nachzuholen. Um was ich auch bat, immer gab es Probleme, Ausreden, Widerstände. Die Leute, die den Stacheldraht anbringen sollten, erschienen einfach nicht zum ausgemachten Zeitpunkt. Man war der Meinung, das könnten wir doch selbst erledigen. Wenn man einen Schneidbrenner, der einfach so an Bord herumlag, sicher wegschließen wollte, musste man stundenlang darüber diskutieren. Vielleicht hätte man den Piraten auch gleich noch ein paar Waffen in die Skiffs werfen können, um ihnen den Angriff zu erleichtern? Und ihnen zum Willkommen nach dem Entern ein Handbuch überreicht, wie der Kahn zu manövrieren war, am besten mit Übersetzung in alle somalischen Stammessprachen? Es gab noch nicht einmal konkrete Absprachen, wie mit der Besatzung zu verfahren war, wollte man sie im Falle eines Überfalls in Sicherheit bringen. Also erklärte ich, dass sich bei Gefahr im Verzug die komplette Mannschaft an der sogenannten *muster station* auf dem Hauptdeck im Inneren des Schiffs zum Abzählen einzufinden hätte. Ab einer gewissen Gefahrenstufe würde die Crew dann geschlossen in den *safe room* gehen, und wenn wir sagten: »Lock down!«, hatten sie sich dort zu verbarrikadieren und die Tür erst wieder aufzumachen, wenn wir das entsprechende Losungswort durchgesagt hatten. Für all das gab es ausgearbeitete Prozedere und Vorschriften, über die ich die Schiffsführung mit Engelsgeduld informierte. Was mich besonders verrückt machte, war, dass ich nie wusste, ob meine Ausführungen verstanden wurden oder nicht. Bei uns nicken die Leute, wenn sie Ja meinen, und sie schütteln den Kopf, wenn sie Nein meinen. Die Inder jedoch schlenkerten mit dem Kopf bei Zustimmung und zuckten oder schnalzten, wenn sie Nein meinten. Kapitän und Offiziere schlenkerten zwar die meiste Zeit mit dem Kopf, was angeblich Ja bedeutete, aber ich war mir nie so sicher, ob sie sich nicht eigentlich nur lustig machten.

Der größte Reinfall erwartete mich, nachdem ich so übermütig geworden war, einen Probealarm zu veranstalten. Ich wollte einfach sichergehen, dass im Ernstfall alles klappte, was mir von der Schiffsführung nun schon beständig abgenickt – oder eher: abgeschlenkert – worden war. Wir gaben vermutlich ein hilfloses Bild ab, wie wir da mit ernster Miene den Notfall probten: J. J. mit seiner Stoppuhr unten an der Zitadelle, ich geschäftig oben auf der Brücke. Wie in solchen Fällen üblich, hatte ich eigentlich nur die Schiffsführung über den geplanten Alarm informiert. Schließlich sollte der Alarm für den Rest der Mannschaft überraschend kommen. Doch schon Minuten vor der eigentlichen Übung trudelten ein paar Leute in der Nähe der *muster station* ein. Neugierig schielten sie um die Ecke. Natürlich waren alle informiert worden. So lieferte man also für uns eine halbherzige Show ab, ohne wirklich zu begreifen, worum es bei der Übung ging. Mir schwante, wie das im Falle eines echten Notfalls ausgehen würde. Man musste seinen Ehrgeiz bei diesem Auftrag extrem weit nach unten schrauben.

Natürlich ist der Kapitän der Boss an Bord, und ich habe auch überhaupt kein Problem damit, das anzuerkennen. Ich weiß auch gar nicht, ob ich mit ihm tauschen wollte. Schließlich trägt er auch die meiste Verantwortung, wenn etwas schiefläuft. Aber hier handelte die Schiffsführung nach dem Motto: »Sobald das Sicherheitsteam im Spiel ist, wird immer irgendwas beanstandet, das nicht rundläuft. Besser, wir ignorieren das Sicherheitsteam komplett, dann haben wir keinen Ärger.«

Zum Glück verstand ich mich irgendwann ganz gut mit einem jungen Inder namens Tarif, und der war immerhin Dritter Offizier. Er hatte zur gleichen Zeit Dienst, zu der auch ich meinen Wachdienst erfüllte: morgens von 8 Uhr bis 12 Uhr, und dann noch einmal von 20 Uhr bis Mitternacht. Als ab einem gewissen Punkt der Kapitän gar nicht mehr mit mir redete, vermittelte er die Gespräche, das hieß: Er sprach mit dem Zweiten Offizier, der wiederum erklärte mein Anliegen dem Ersten Offizier, und so landete es schließlich nach dem Stille-Post-Prinzip beim Kapitän und kam auf demselben Wege wieder zu mir zurück. Oder zumindest das, was dann noch davon übrig war. Manchmal kam Tarif dann zu mir zurück und übermittelte eine rätselhafte Antwort. Manchmal war sie auch ganz kurz.

»Nein.«

»Was meinst du, Tarif?«

»Die Antwort auf deine Anfrage wegen des *safe room*. Sie lautet: Nein.«

Ich stand sprachlos da und fragte mich zwei Dinge. Zum einen: Worauf genau bezog sich das Nein? Zum anderen: Wie konnte man für diese Antwort drei Tage brauchen?

Das Rote Meer passierten wir ohne weitere Zwischenfälle, und auch bis zur Meerenge von Bab al-Mandab blieb alles ruhig. So tuckerten wir mit unseren paar Knoten durch die kritische Zone, und der Kapitän signalisierte uns mürrisch, dass es keine Probleme gab, solange nur wir uns möglichst ruhig verhielten und keine lästigen Forderung stellten wie »Probealarm« oder »Stacheldraht an ungesicherten Zugängen«.

Es war ein lauer Tag mit viel diesiger Luft, die sich flimmernd über den Horizont gelegt hatte. Auf dem Wasser war nicht viel los. Mein kleiner Hilfssheriff Tarif hatte ein Schiff in unserer Nähe ausgemacht, das offensichtlich in die gleiche Richtung musste. Es hielt sich beständig auf dem Radar, fuhr wie wir mit ausgeschaltetem AIS, und ich dachte mir zuerst nur: »Ach, die sind ja genauso langsam wie wir«, ohne ihm groß Beachtung zu schenken. Als es in Sichtweite kam, konnten wir im Fernglas sehen, dass es sich um einen kleinen Frachter handelte. Er holte ein bisschen auf, bis er fast gleichzog mit uns, fiel dann aber wieder etwas zurück. Den Abstand hielt er etwa eine Stunde lang. Irgendwann beachteten wir ihn gar nicht mehr. Wenn ein Schiff nur lange genug hinter einem herfährt, ohne dass irgendetwas Auffälliges passiert, gewöhnt man sich an den Anblick.

Ich stand auf meiner Position an der Backbordseite und ließ bei 38 Grad im Schatten den Schweiß an mir herunterlaufen, als Tarif erneut von der Steuerbordseite zu mir herübergeeilt kam.

Zwei Skiffs würden direkt auf uns zuhalten, erklärte er aufgeregt. Ich schaute nun ebenfalls durch mein Fernglas, und tatsächlich: Da waren zwei Skiffs auf dem Weg zu uns, und zwar mit mächtig Speed. Eigentlich war klar, was das bedeutete. Ich versuchte, trotzdem nicht in vorschnellen Aktionismus auszubrechen, und ließ sie erst einmal näher kommen, um in Ruhe durch das Fernglas erkennen zu können, wie viele Männer in den Booten saßen. Ich zählte einmal acht und einmal sechs Leute. Das sah nicht nach Fischerbooten aus, dafür waren schlicht zu viele Männer an Bord. Die hätten sich ja beim Fischen nur im Weg gestanden. Entweder sie kamen direkt von unserem benachbarten Frachter und hatten ihn als Tarnung benutzt, sich also die ganze Zeit hinter ihm versteckt gehalten. Oder sie waren von hinten an den Frachter herangekommen, hatten ihn eine Zeitlang abgecheckt und sich dann – warum auch immer – für uns als das bessere Opfer entschieden.

Ich löste den Alarm aus und bat den Steuermann, dass er ein bisschen auf die Hupe drücken sollte. Durch den Signalton wüssten die Piraten zumindest, dass wir sie gesehen hatten. Eigentlich hätte sich die Schiffsführung jetzt an das zuvor vereinbarte Sicherheitsprozedere erinnern müssen: Treffen der gesamten Crew an der *muster station,* die sich direkt vor dem Panikraum befand. Dann hätte der Erste Offizier zählen müssen, ob alle vollständig waren, und wenn es richtig kritisch wurde, mussten wir auch den Kapitän mit hinunterschicken – alles hundertmal besprochen und ja sogar einmal halbherzig geübt. Ich besprach mich mit dem Team und wies Patrick an, mit dem Präzisionsgewehr im Anschlag durch seine Zieloptik zu gucken und mir zu sagen, was er sah. Er hatte damit einen viel genaueren Blick als wir mit unseren Ferngläsern. Nachdem er mir gesagt hatte, was er durch die Optik erkannte, und damit der letzte Zweifel ausgeräumt war, vernahm ich in unserem Rücken leises Geraschel, Hüsteln und Gemurmel. Ich drehte mich um und stellte entsetzt fest, dass sich die halbe Mannschaft hinter uns versammelt hatte, neugierig, was da wohl gerade Spannendes vor sich ging. Es hätte nur noch gefehlt, dass einer mit dem Bauchladen aufkreuzte, um Popcorn und kühle Getränke zu reichen. Ich befahl der Truppe, sich sofort zur *muster station* zu bewegen. »*Fuckin' now!*«

Das wurde nur mit einem unwilligen Murren quittiert, keiner rührte sich. Stattdessen erschienen immer mehr Schaulustige auf der Brücke. Ich hätte jetzt einen riesigen Aufriss starten können, um zumindest einen der Offiziere zur Vernunft zu bringen. Aber darüber hätte ich die Lage da draußen aus dem Blick verloren. Also beschloss ich, mich um die Piraten zu kümmern und nicht um die Inder. Vermutlich waren die Piraten auch leichter zur Vernunft zu bringen.

J. J. und ich luden unsere Sturmgewehre fertig, und J. J. brachte seines auf mein Kommando hin in Anschlag. Eigentlich hätte selbst für die absolute Mehlmütze jetzt erkennbar sein müssen, dass das alles kein Spaß mehr war. Stattdessen drängelten sie sich hinter uns noch dichter zusammen und boxten sich gegenseitig weg, um bessere Sicht auf die Ereignisse zu bekommen.

In den Türen, die von der Brücke rechts und links auf die *bridge wings* führten, hatten wir jeweils sechs Seenotraketen, sogenannte *flares*, angebracht. Das war immer eine meiner ersten Maßnahmen an Bord: Ich bat die Crew, mir ein paar ihrer Leuchtraketen zu geben, am besten solche, die ohnehin vor kurzem abgelaufen waren, und brachte sie oben an der Brücke unter. Also drängelte ich mich jetzt entnervt an den Leuten vorbei, um die *flares* zu holen. »Macht mal Platz, danke, sehr freundlich … darf ich mal eben? Ja, wie nett … ich müsste mal kurz … danke, bitte …«, das war eigentlich fast schon zu absurd, um wirklich wahr zu sein.

In diesem Moment erschien auch der Kapitän auf der Brücke, nur mit Handtuch und T-Shirt bekleidet. Er sah mich fragend an.

»Pirates, Sir!«, sagte ich und rannte zurück nach vorn. Noch im Laufen zog ich von zwei der Signalraketen die Schutzkappen ab, stopfte mir eine davon in die Weste, und als ich wieder ruhig stand, richtete ich die Spitze der ersten Rakete in Richtung der Skiffs. Ich zog an dem kleinen Bändchen, das unter der Schutzkappe zum Vorschein kam, und schon flog die Leuchtrakete mit einem langen Pfeifton in Richtung Piratenboot. Zweimal gingen die Raketen knapp am Schiff der Piraten vorbei in die Luft.

»Siehst du was, Patrick?«, fragte ich unseren Scharfschützen.

»Sie halten unvermindert auf uns zu.«

Und dann gelang mir ein Volltreffer. Natürlich war das reines Glück und nicht beabsichtigt.

»Schuss ging direkt ins Boot!«, vermeldete Patrick begeistert. Die bekloppten Inder klatschten Beifall.

Einen Moment lang rührte sich nichts mehr auf dem Wasser.

»Sie haben angehalten!«, rief Patrick. Wir warteten gespannt, was nun passieren würde. Unser Abstand zu den Skiffs vergrößerte sich. Immer wieder fragte ich Patrick, was er durch die Zieloptik sehen konnte.

»Die beiden Skiffs treiben jetzt direkt nebeneinander«, sagte er.

Ich interpretierte das so, dass die Piraten miteinander berieten, ob sie den Angriff abbrechen sollten.

Als ich mich kurz umdrehte, sah ich voller Entsetzen, dass sich nun nicht nur die halbe Mannschaft, sondern auch alle Offiziere und der Kapitän höchstpersönlich hinter uns versammelt hatten, natürlich so, dass sie den besten Blick hatten. Fehlte eigentlich nur noch, dass sie uns um die Ferngläser baten, um besser gucken zu können.

»Ich verliere sie langsam aus dem Blick«, meldete Patrick.

Nach all dem Heckmeck atmete ich beruhigt auf. Die Piraten hatten sich offensichtlich entschlossen, von uns abzulassen. Ich ließ noch ein paar Minuten vergehen, dann beauftrage ich Patrick mit der Nachsuche und gab die Lage als geklärt aus. Wieder gab es einen kleinen Applaus. Das war eine komische Situation. Vermutlich meinten sie es nicht mal böse, es war nur so unfassbar schwierig, ihnen beizubringen, dass sie auf der Brücke jetzt überhaupt nichts zu suchen hatten. Ich wusste nicht, was ich sagen sollte. Am liebsten hätte ich mir einen der Offiziere oder den Kapitän geschnappt und ihn einmal kräftig durchgeschüttelt. Stattdessen ging ich schweigend in meine Kabine, ohne den Kapitän noch eines Blickes zu würdigen. Ich musste jetzt meinen Bericht über den Vorfall anfertigen. Die Firma rief ich per Satellitentelefon an. Als ich Meldung von dem *approach* machte, stieß das auf helle Begeisterung. »Dann merkt der Charterer wenigstens mal, dass es gut war, euch an Bord zu haben!«, freute sich der Chef. Der Kapitän sperrte sich dann auch noch, den Report zusätzlich an UKMTO abzusetzen. Das sei unnötig, erklärte er mir. Vermutlich war er zu faul, fürchtete eine negative Reaktion seines Reeders oder wusste mit dem Funkgerät schlicht nicht richtig umzugehen. Doch während er am besten fuhr, wenn er gar nichts meldete, wollte ich meine Arbeit vernünftig machen. Der Report über UKMTO würde schließlich alle anderen Schiffe in unserem Umkreis warnen, dass es einen Piratenkontakt in ihrem Sektor gegeben hatte.

Ich war es langsam leid, um alles kämpfen zu müssen. Also überließ ich es meiner Firma, die entsprechenden Meldungen weiterzugeben, ob der Kapitän damit nun einverstanden war oder nicht.

Mit Socrota Island hatten wir die letzte Landmarke inzwischen hinter uns gelassen. Die Insel wirkt wie ein kleiner Vorposten zum westlichsten Landzipfel Somalias, gehört allerdings zum Jemen. Es war wieder deutlich frischer geworden, die Luft roch nach Wind und Salz, und den letzten Streifen Küste verloren wir bis zum Mittag vollständig aus dem Blick.

Mich beschlich dabei ein ungutes Gefühl, denn Patricks Zustand hatte sich dramatisch verschlechtert. Er hatte viel Flüssigkeit verloren. Es war nichts zu machen: Soviel er auch trank, er konnte nichts bei sich behalten. Essen wollte er bald sowieso nichts mehr. Irgendwann mussten wir uns ernsthaft überlegen, wie wir ihn vom Schiff und in ein Krankenhaus bekommen konnten. Denn das war gar nicht so einfach. Selbst wenn wir in der Nähe eines Hafens gewesen wären, wir hätten ja gar keine Erlaubnis erhalten, dort einzufahren. Die Hafenbehörden waren nicht zuletzt im Zuge des 11. Septembers aus Angst vor Terroristen vorsichtig geworden. Sie ließen niemanden mehr rein, der sich nicht offiziell und am besten Wochen im Voraus angemeldet hatte. Ein Freund von mir, der inzwischen selbst Kapitän ist und damals als Erster Offizier viel in dieser Gegend unterwegs war, hatte mir kurz zuvor erzählt, dass man ihn nicht in den Hafen von Jebel Ali einfahren lassen wollte, obwohl sein Kapitän einen Herzinfarkt erlitten hatte und dringend Hilfe benötigte. Mein Freund widersetzte sich dem Verbot – und rettete seinem Chef damit das Leben. Aber es hätte gut passieren können, dass ihn die Hafenbehörde nicht hereingelassen oder ihm dann im Hafen den Landgang verweigert hätte.

Für einen Nothafen war es nun ohnehin zu spät. Von jetzt an erwartete uns nichts als die Wasserwüste des Indischen Ozeans, Wasserwüste – und Sturm. Der Kapitän informierte mich über den gewohnten Stille-Post-Weg seiner drei Offiziere, dass man für den Indischen Ozean Wind der Stärke sieben vorausgesagt hatte. Das war eigentlich eine gute Nachricht. Denn bei derart hohen Wellen war mit Piraten nicht zu rechnen. Die Information bereitete mir aus einem anderen Grund Sorge: Das bedeutete, dass wir noch länger brauchen würden, bis wir Sri Lanka erreicht hatten. Und hier, in der Mitte des Indischen Ozeans, war für Patrick definitiv keine Hilfe zu erwarten. Es ging ihm von Tag zu Tag schlechter. Weil in unserem Fall von der Schiffsführung ohnehin keine Hilfe zu erwarten war, kontaktierte ich die Firma. Doch auch die Firma machte ziemlich unmissverständlich klar, dass da nichts zu machen war. Schnell nahm man uns die Fantasie, dass im absoluten Notfall ein Hubschrauber geschickt werden würde, um Patrick auszufliegen. Wir waren inzwischen auch so weit draußen, dass ein Hubschrauber den Weg zum Schiff gar nicht mehr geschafft hätte. Und irgendwie stellte sich natürlich auch die Frage, wer so einen Transfer bezahlen würde. Patrick blieb keine andere Wahl. Er musste den Trip durchstehen. Und wir rechneten damit, beim nächsten Piratenangriff im Zweifel ohne unseren Scharfschützen auskommen zu müssen.

Ich ging zur Brücke, und weil der Kapitän natürlich mal wieder nicht zu sprechen war, schnappte ich mir den Zweiten Offizier. »Wir brauchen dringend medizinische Hilfe. Mein Scharfschütze stirbt, wenn wir nichts unternehmen.«

»Unser Schiffshospital ist nicht gerade gut besetzt im Moment«, sagte der Inder, während er wie immer freundlich mit dem Kopf schlenkerte.

»Wir müssen etwas tun.«

»Wir haben keinen Arzt an Bord.«

»Dann besorg mir eine Kochsalzlösung!«

Mir war es egal, dass hier keiner medizinische Ahnung hatte, ich wollte ihr madiges Schiffskrankenhaus auch gar nicht von innen sehen, ich wollte einfach, dass sie mir einen Beutel mit Kochsalzlösung, eine Infusionsnadel und ein bisschen Leukoplast gaben, und dann würden wir uns selbst zu helfen wissen. Patrick hatte gerade andere Sorgen als die, von seinen Kollegen ein bisschen unsanft in den Arm gestochen zu werden.

»Aber wenn, finde ich, müsste sich ein Arzt darum kümmern«, beharrte der Offizier. Es war zum Verzweifeln. Ich musste wütend werden.

»Gib mir einfach eine Infusionsnadel«, sagte ich. Ich fing aber nicht an zu brüllen. Im Gegenteil. Ich sagte das ganz leise, fast flüsternd, und betonte jedes Wort dabei. Schließlich brachte man uns das Gewünschte.

Von da an lief Patrick seine Schichten nur noch zur Hälfte mit und bekam jeden Tag eine Infusion von uns verpasst. Die hätte man sicherlich liebevoller legen können, schön sah der Unterarm bald nicht mehr aus. Aber wenn wir das nicht gemacht hätten, wäre er uns vermutlich umgekippt. Ich bot ihm außerdem an, seine halben Schichten im Sitzen im Brückenhaus zu verbringen und das Klo in meiner Kabine zu benutzen, das nicht nur nah an der Brücke war, sondern auch das einzige weit und breit, das halbwegs funktionierte. So hörte ich ihn nachts manchmal jede Stunde in meine Kabine tapsen, die dadurch eher zu einer Krankenstation geworden war denn zu einem Ort, an dem ich mich von meinen Diensten noch halbwegs erholen konnte. Teilweise schaffte es Patrick kaum noch, die Tür hinter sich zu schließen, und ließ mich unfreiwillig Ohrenzeuge seiner Qualen werden. Anschließend reinigte er mein Bad mit Sagrotan, das wir bald in »Aggrotan« umtauften, weil wir es so häufig benutzen mussten. Der ganze Trip war ein Alptraum.

Eines Abends kam ich etwas früher von der Schicht zurück als sonst und stellte fest, dass die Tür zu meiner Kabine angelehnt war. Ich wunderte mich, denn es gab zwar keinen Schlüssel, aber ich war mir sicher, dass ich die Tür geschlossen hatte. Da kam mir aus meinem Bad ein kleiner Inder entgegen und informierte mich zufrieden, während er sich die Hose hochzog: »Schon fertig!« Ich war entsetzt. Benutzte in meiner Abwesenheit die halbe Crew meine Toilette? Ich sprach mit meiner Offizierskette und drängte darauf, dass man sofort etwas dagegen unternahm. Das wurde mir versprochen. Ich solle nur sagen, wer denn der unliebsame Kabinengast gewesen sei. Sehr witzig! Ich hatte den Typen vorher noch nie gesehen, es gab schätzungsweise hundert Inder an Bord. Für mich sahen die leider alle gleich aus.

Von da an putzte ich selbst noch dreimal am Tag mit *Aggrotan*. Vielleicht hatte das Prozedere auch etwas von einer inneren Reinigung. Jeder entwickelt da ja so seine Rituale, um mit Stress fertig zu werden. Ich fand von nun an also beim Kloputzen zu meiner inneren Mitte.

Keine Ahnung, vielleicht hatte ich mich zu weit aus dem Fenster gelehnt, und das musste bestraft werden. Ich hatte nämlich behauptet, dass wir mit keinen weiteren Piratenangriffen zu rechnen hätten. Bei fünf Meter hohen Wellen blieben auch die Jungs mit ihren Skiffs lieber zu Hause, putzten ihre Maschinengewehre und versoffen ihre Beute aus dem Vormonat. Oder sie bestellten neue Außenbordmotoren in einem Online-Shop, was weiß denn ich. Doch an einem der nächsten Morgen lag ich im Bett – wie spät mag es gewesen sein? Vielleicht sechs Uhr? –, als ich plötzlich eine seltsame Erscheinung hatte. Bei einem Seegang, der unseren ganzen Besitz durch die Kabine warf wie Eiswürfel in einem Cocktail-Shaker, war an allzu tiefen Schlaf ohnehin nicht zu denken. Deshalb fiel es mir zunächst auch schwer zu entscheiden, ob real war, was ich im ersten Tageslicht vor meinem Bett entdeckte, oder ob ich nur wirr träumte, wie schon die ganze Nacht davor. Jedenfalls sah ich, wie sich unser Erster Offizier zu mir herunterbeugte und schrie: »Pirates!« Ich versuchte, das Gesicht vor meiner Nase scharf zu stellen, und erkannte, dass die Gesichtszüge vor Angst verzerrt waren, regelrecht panisch. »Pirates!«, brüllte er noch einmal, und dann wurde an meiner Schulter gerissen. Ich gab mir große Mühe, so schnell wie möglich wach zu werden. Auch wenn das Reich des Schlafs in dieser Situation gewisse Vorzüge hatte.

In meinem Zimmer hing das Seil gespannt, das wir normalerweise dazu benutzten, unser Gepäck an Bord zu hieven. Momentan hatte ich es allerdings als Wäscheleine kreuz und quer festgebunden, um meine Klamotten zu trocknen. Als ich nun im Halbschlaf aufsprang, um meine Sachen zu greifen und mir etwas anzuziehen, verfing ich mich erst mal in einem T-Shirt, das vor meinem Gesicht baumelte. Der Erste Offizier war da schon wieder hinausgestürmt, so dass es für das folgende Schauspiel glücklicherweise keine Zeugen gab. Ich weiß nicht, die Morgenstunden sind vielleicht nicht unbedingt meine koordinationsstärksten, beim Frühstückmachen zu Hause ist das auch so. Als ich versuchte, in meine Stiefel zu kommen, erwischte das Schiff gerade eine besonders steile Welle, ich verlor das Gleichgewicht, kippte nach hinten und schlug lang auf dem Kabinenboden auf. Ich fluchte. Ich hatte meinen Jungs zwar immer gesagt, dass im Notfall alles schiefging. Aber jetzt hätte man an meinem Beispiel ein tolles Übungsvideo drehen können. *Teamleiter fesselt sich selbst und stranguliert sich noch vor Enteraktion der Piraten mit der eigenen Wäscheleine.* Uns so früh am Morgen zu überfallen, war wirklich nicht besonders cool. Ich griff mir Waffe und Weste und rannte aus der Kammer.

Noch mit dem Anziehen beschäftigt, lief ich, so schnell es ging, zur Brücke, während ich gleichzeitig versuchte, mein Gewehr fertig zu laden und nicht über die offenen Schnürsenkel zu stolpern. Spätestens als ich durch die offene Schiebetür auf der Backbordseite Schüsse von der *bridge wing* hörte, war mir klar, dass ich mir keine weiteren Slapstickeinlagen erlauben durfte. Zwei Inder hatten sich ängstlich in die rechte Ecke der Brücke verkrümelt. Stumm und hektisch zeigten sie mit den Fingern nach links. Ich ging bis zur Tür und sah, dass J. J. vorn am Schanzkleid stand, das Gewehr im Anschlag, und ballerte, was das Zeug hielt. J. J. war ein erfahrener Schütze, und das, was er da abgab, waren schon lange keine Warnschüsse mehr. Der Offizier hatte nicht etwa Alarm geschlagen, weil sich jemand näherte. Das Feuergefecht war schon im vollen Gange! Jetzt war ich schlagartig wach, wacher als in all den letzten Tage zusammen. Mir fiel sofort auf, wie viele leere Patronenhülsen um J. J. herum bereits auf dem Boden lagen. Da wäre ich um ein Haar zu spät gekommen.

J. J. selbst war von dem Feuer überrascht worden und hatte deshalb gar keine Zeit gefunden, mich zu alarmieren. Es war sicherlich nicht so günstig gewesen, dass er so lange allein gegen die geballte Kraft aus sechs automatischen Gewehren hatte anschießen müssen. Das hatte bei den Piraten falsche Hoffnungen genährt. So gut J. J. als Schütze auch war, er konnte doch nicht erreichen, dass man ihn für eine Truppe von drei oder vier Guards hielte. Vermutlich hatten sie es darauf angelegt, einfach abzuwarten, bis ihm die Munition ausging.

Ich verständigte mich mit J. J. per Blickkontakt. Er kam hinter dem Schanzkleid hoch und entlud den Rest seines Magazins in einer schnellen Serie, um mir Deckung zu geben. Mit einem Sprung kam ich zu ihm nach vorn gehechtet. Wir kauerten uns kurz in die Ecke, um so schnell wie möglich die Lage zu besprechen. Er zeigte nach links auf das aufgewühlte Meer. Immer wieder tauchte hinter den mannshohen Wellen kurz ein kleines, blitzendes Etwas auf. Das Skiff war weiß gestrichen, mit einem schmalen orangen Streifen an der Seite. J. J. erzählte von mindestens sechs automatischen Waffen, die ihm von dort entgegengeknallt waren, aus einer Entfernung von vermutlich nicht einmal zweihundert Metern.

»Ich hab die nicht gesehen, ich habe die nicht gesehen«, sagte J. J. immer wieder. Er hatte noch mindestens ein Magazin an Warnschüssen rausgedrückt und war dann ziemlich schnell präzise geworden. Nur so konnte er den Jungs zeigen, dass er auch zielen konnte, wenn man ihn dazu zwang.

»Ist es nur ein Skiff?«, fragte ich.

»Bislang ist es nur eins«, sagte J. J.

»RPG?«, fragte ich.

Wenn die wirklich Panzerfäuste hatten, konnte es schnell brenzlig werden. Ein Treffer von einer dieser alten russischen Panzerabwehrwaffen in die Aufbauten, und die ganze rostige Bude konnte uns um die Ohren fliegen. Die Splitter würden sich in Schallgeschwindigkeit ihren Weg durch die Wände und Kabinen bahnen. Wenn dann auch nur ein kleines Bauteil Feuer fing, zusätzlich angefacht von dem Sturm draußen – gute Nacht.

»Ich weiß nicht. Nicht zu erkennen.«

Ich starrte auf die aufgewühlte See. Für mehr als einen kurzen Austausch war keine Zeit, denn schon hörten wir sie wieder ballern. Und obwohl die meisten Piraten überhaupt nicht schießen können und vermutlich nicht einmal einen Luftballon in drei Meter Entfernung erwischen würden, kamen diese Kugeln ausnahmsweise recht gezielt geflogen. Ich konnte sogar hören, wie sie durch die Luft pfiffen. Das war nicht weit entfernt von unseren Köpfen. Wer das noch nie erlebt hat, kann sich das schwer vorstellen. Man spürt tatsächlich eine Luftveränderung auf der Gesichtshaut und an den Härchen auf den Armen. Das war hier alles kein Spaß mehr. Die wollten uns und unserer Crew tatsächlich an den Kragen.

Ich konnte trotzdem noch immer nicht recht glauben, was hier geschah. Bei diesem Wetter durfte es doch überhaupt keine Piraten auf dem Meer geben, schon gar nicht so weit von jeder Küste entfernt! Wir waren jetzt schon zwei Tagen im Indischen Ozean unterwegs, irgendwo in der Nähe des 61. Längengrads. Es war gegen jedes Lehrbuch.

Ich lud ebenfalls nach und zielte in Richtung Piraten, möglichst kurz vor das kleine Skiff, das immer wieder zwischen den meterhohen Wellen hochtanzte. Die Wellen waren für die Piraten die perfekte Deckung. Nur deshalb hatten sie es überhaupt geschafft, unbemerkt so dicht an uns heranzukommen. Vermutlich hatten sie sich im Schatten der Dämmerung angepirscht und dann beim ersten Licht des Tages das Feuer eröffnet. Das war ja das Problem, wenn man auf dem Radar versuchte, potentielle Kontakte auszumachen: Bei hohem Wellengang lieferten die Wellen selbst ständig Fehlermeldungen. Der Bildschirm sah dann aus, als schwämmen wir in einer Suppe aus Kontakten. Ein vereinzeltes Skiff war dann sogar, wenn es direkt an uns heransteuerte, nur mit sehr viel Erfahrung auszumachen. Außerdem hat jedes Schiff so etwas wie einen toten Winkel, der mit seinem Fahrwasser und den Masten und Aufbauten in der Nähe des Radargeräts zusammenhängt. Hielt sich ein Skiff exakt in unserer Fahrspur, würde ihm unser eigenes Kielwasser die beste Deckung bieten. Radarschatten nennt sich das.

Gut möglich, dass die Piraten ihr Mutterschiff im Sturm verloren hatten. Vermutlich hielten sie schon seit Tagen hungrig und verzweifelt nach einem Opfer Ausschau. Selbst wenn sie sich keine großen Chancen ausrechneten, waren wir womöglich ihre einzige Hofnung, aus dieser Lage lebend wieder herauszukommen. Verzweifelte Gegner machten die Sache nicht gerade einfacher.

Wir mussten uns anders aufteilen. So dicht konzentriert an einer Stelle auf der *bridge wing* zu stehen, hatte für uns strategisch keine Vorteile, im Gegenteil. Wir würden unser Feuer nicht streuen können, und trafen die Piraten doch einmal richtig, hatten sie gute Chance, uns beide mit einem Schlag zu erwischen.

Die Taktik sah daher vor, dass wir uns auf dem Deck verteilten, man nennt das auch »Entfaltung«. So verständigten wir uns, auf drei gemeinsam aus der Deckung zu gehen, massives Sperrfeuer vor das Skiff zu legen und uns dabei nach vorn zu bewegen. Meine Position lag eher in der Mitte, die von J.J. schräg nach links vorn versetzt. Im Aufstehen nahm ich meine

Waffe vors Gesicht und behielt das Skiff gleichzeitig durch das *aim point* im Blick. So ging ich mit schnellen Schritten nach vorn.

J. J. und ich fingen gleichzeitig an zu schießen und bewegten uns nebeneinander, Schulter an Schulter in gebeugtem Gang Richtung Reling. Für mich gibt es eine Grundregel, und die lautet: An Bord wird nicht gerannt. Bewegt man sich langsamer und versucht man dabei, den Oberkörper so ruhig wie möglich zu halten, indem man die Bewegung mit den Beinen ausgleicht, kann man gleichzeitig gehen und schießen. Alte Militärweisheit: »Langsam ist flüssig, und flüssig ist schnell.« So drückten wir dabei jeder wieder fast ein ganzes Magazin aus unseren Gewehren und legten uns dann blitzschnell auf dem Deck ab. In liegender Position hatten wir einen guten Schutz vor den Schüssen, die von schräg unten kamen, und konnten außerdem ruhiger anlegen. Und schon hörten wir die nächsten Salven. Ich spürte die Luftveränderungen ihrer ratternden Schüsse an der Wange. Sie waren ganz nah.

Im Augenwinkel bemerkte ich einen Schatten, der sich hinter uns aufs Deck zubewegte. Patrick, unser magenkranker Scharfschütze! Mit einem Sprung war er auf der *bridge wing* aufgetaucht, zwar noch in T-Shirt und kurzer Hose, aber sein Scharfschützengewehr schon fertig geladen und im Anschlag. Wir gaben ihm Deckung, und auf ein Handzeichen kam auch er schräg neben uns auf dem Boden zu liegen. Ich war verdammt froh, ihn zu sehen. Zumal seine genaue Optik für uns unersetzlich war. Er wirkte hellwach und fit auf mich, als hätte er die letzten Tage nicht in der Kammer gedämmert wie ein kranker Kojote, sondern einen kurzen Wellness-Urlaub absolviert.

»RPG«, sagte er, nachdem er sich die Lage an Bord des Skiffs durch das Zielfernrohr genauer angeschaut hatte.

Diese drei Buchstaben veränderten die Lage. RPG bedeutete, dass wir jetzt keine Zeit mehr für reine Abschreckung hatten.

»RPG im Anschlag!«, sagte er.

Da hockte ein Typ mit einer Panzerfaust. Diese eigentlich schon uralte russische Waffe, ähnlich verbreitet wie die AK-47, ist relativ einfach zu bedienen. Schon 1962 eingeführt, bereitet sie den Soldaten auf der ganzen Welt noch heute großes Kopfzerbrechen. Ihr Hohlladungssprengkopf durchschlägt Stahlwände, holt Hubschrauber vom Himmel und kann aus der Nähe abgeschossen sogar 33 Zentimeter dicken Panzerstahl durchschlagen.

»Take him down«, war daher meine klare Antwort. Da blieb mir keine Wahl. Jetzt war endgültig Schluss mit lustig. Eine Panzerfaust bedeutete, dass sie uns ein riesiges Loch in die Aufbauten zimmern würden. Je nachdem, wie die Spitze der Granate bestückt war, explodierte sie entweder sofort beim ersten Kontakt mit einer festen Schicht, oder aber sie war zusätzlich mit einem sogenannten Stachel versehen. Dann ging sie durch die erste Wand noch glatt hindurch, um erst bei der Berührung mit dem zweiten Widerstand zu explodieren. Das bedeutete: Irgendwo im Inneren unseres Schiffs. Solche Explosionen sehen übrigens nicht so aus, wie sie im Fernsehen gern gezeigt werden. Kein großes Feuer, sondern nur eine kurze Flamme bei der Detonation. In der Folge verursacht die RPG vor allem eine gewaltige Druckwelle, bei der die Splitter mit großer Wucht durch die Luft geschleudert werden. Die Kraft, die dabei freigesetzt wird, ist gewaltig. So eine RPG explodiert nicht einfach nur in der Brücke, sondern nimmt auch noch fünf, sechs Kabinen nebenan dabei mit.

Ein Schiff sieht auf den ersten Blick zwar nach viel Eisen und Stahl aus. Also nach nichts, was leicht Feuer fangen könnte. Aber aus Stahl ist nur die äußere Haut, und die ist dünn. Schon ab der zweiten Schicht sind im Inneren viele leichtentzündliche Kunststoffe verbaut. Derjenige, der den Frachter konzipiert hatte, dachte damals vor allem daran, das Schiff leicht zu machen, damit es treibstoffsparend über die Weltmeere geschickt werden konnte, und nicht, dass es wie ein Panzer gegen Piratenangriffe gerüstet werden müsste. Man sagt daher, dass ein Schiff, das einmal Feuer gefangen hat, praktisch nicht mehr zu löschen ist. Ich habe Bilder gesehen von der *Indian Ocean Explorer*, die von Piraten absichtlich in Brand gesteckt wurde, als ihnen das Lösegeld zu niedrig erschien. Da nützt der Besatzung

Abflug aus Bremen zu meiner ersten Mission

Mein erster Auftrag: der Bulk Carrier bei der Ausfahrt aus dem Suezkanal

Typische Sicherungsmaßnahme außenbords: so viel Stacheldraht wie möglich

Proviantübernahme am Suezkanal: In den nächsten vier Wochen gibt's nichts Neues!

Trotz schmutzigen Jobs fröhliche Gesichter: indische Schiffscrew

Disembarkation (Ausschiffung) über die Lotsenleiter auf ein Transitboot

Blick vom Bug Richtung Mittschiffs

Wenig Platz für zwei Operator und ein Bett

Der philippinische Kapitän erklärt Mike die Welt

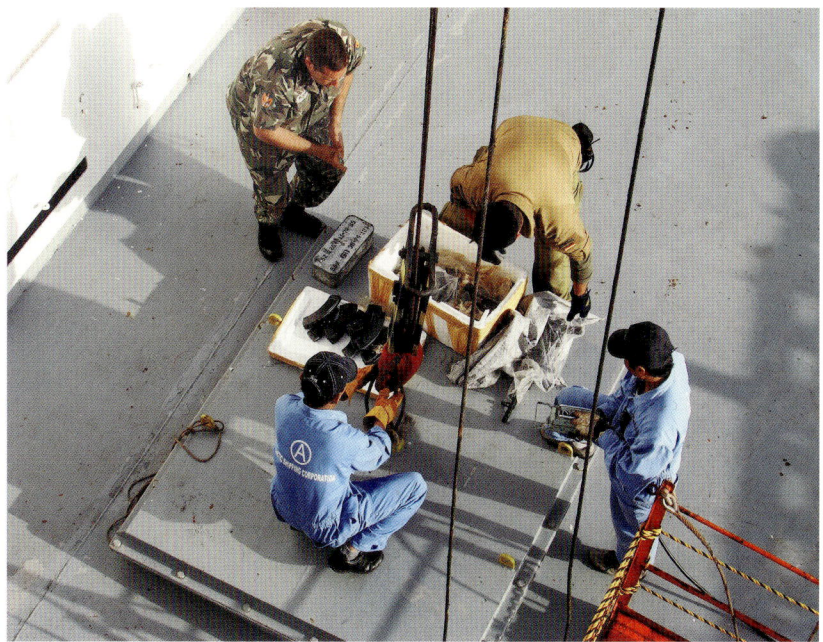

Ohne Waffen, ohne Worte: unsere ausgeräuberte Ausrüstungskiste

Gefüllter »Einkaufskorb«: unsere Ersatzwaffen aus dem Jemen

Pole-Position: vom Bett auf die Brücke in drei Minuten

Immer wieder Besuch (dieses Mal harmlos) an der Schiffswand

Haben ist besser als brauchen: optimale Ausrüstung

Blick durchs Zielfernrohr auf zwei Dhaus im Nahbereich

Mein holländischer Kollege Frank gut gelaunt mit Kaffee am Kartentisch

Unterwegs auf unserem Patrouillenboot

Unser Bootsmann und ich

Blick von der Brücke achtern raus

Auf Kontrollfahrt zu den Fischerskiffs

Militärische Eskorte durch den Golf von Aden

Bei uns läuft kein Kino, sondern die Wirklichkeit

Der Hafen von Muscat

On watch: unser tägliches Geschäft

Nachtschicht auf der Brücke, fotografiert durch ein Nachtsichtgerät

Blick von der Brücke auf den Indischen Ozean

Kontrollfahrt im Nahbereich: jede Dhau wird überprüft

Aktuelle Gefährdungslage, aufgezeichnet vom Wachoffizier

Muss auch mal sein:
Bier unter Palmen

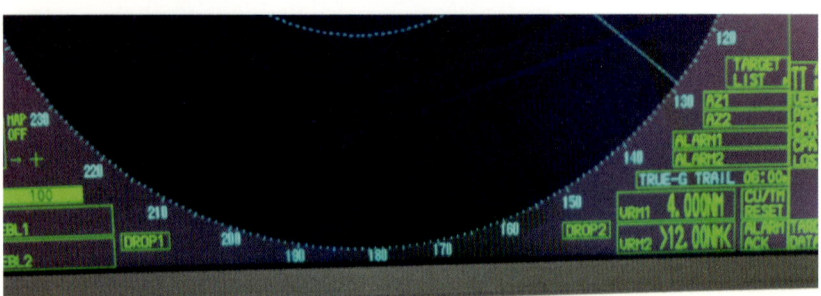

DO NOT TOUCH THE SCREEN WITH YOUR FAT GREASY FUCKING FINGERS! THIS MEANS

Ohne Worte

Parkposition im Suezkanal

Fliegende Händler an der Bordwand: Von Fisch bis Telefonkarten ist alles dabei

Der Hafen von Salalah bei Nacht

Ausgebranntes Piraterieopfer im Hafen von Mombasa

dann auch die allerbeste, perfekt gesicherte Zitadelle nichts. Bei einem Feuer an Bord würden sie in ihrem sicheren Versteck elend verbrennen.

Bis jetzt hatten wir noch nicht gezielt geschossen. Zwar schon in die Richtung des Skiffs, aber noch nicht in das Boot und auf die Menschen darin. Die Piraten sollten sehen, dass wir zielen konnten, gut ausgerüstet waren und über ausreichend Munition verfügten, ihren Angriffen noch sehr lange standzuhalten. Das war nach den Warnungen mit Schiffshorn und Leuchtraketen die nächste Eskalationsstufe, wie es die sogenannten *Rules of Engagement* vorschrieben. Diese Einsatzregeln, die uns unser Unternehmen mit auf den Weg gegeben hatte, gehen zurück auf den *Code of Conduction*, der gemeinsamen Verpflichtung einiger Unternehmen aus der maritimen Sicherheit. Die drei, vier größten Firmen der Branche haben sich mit ein paar Anwälten zusammengesetzt und sich überlegt, wie sich ein Sicherheitsteam im Verteidigungsfall am besten verhält. Darauf aufbauend hat jedes Unternehmen noch einmal eigene *Rules* für seine Mitarbeiter verfasst, die sich in der Regel aber nicht sehr vom *Code of Conduction* unterscheiden. Der tiefere Sinn davon ist, je nach Art des Zwischenfalls genau festzulegen, wann die Guards überhaupt zur Waffe greifen dürfen.

Die *Rules of Engagement* sind defensiv formuliert. Sie schreiben zum Beispiel vor, dass grundsätzlich keine Gewalt angewendet und kein Mensch verletzt werden darf, solange das nicht die einzige Möglichkeit darstellt, das Leben der Besatzung zu retten. Den Piraten soll möglichst zu jedem Zeitpunkt die Chance zum Einlenken gegeben werden.

So hätten unsere Angreifer spätestens zu diesem Zeitpunkt kapieren müssen, dass das Schiff gut bewacht war und die drei Guards an Bord definitiv in der Lage waren, scharf zu schießen. Und was man auch ganz klar sagen muss: Sie hatten eigentlich keine Chance gegen uns. Sollten sie noch näher kommen, war es uns von hier oben ein Leichtes, auf sie zu zielen wie auf Tonfiguren am Schießstand. Wir waren alle drei trainierte Schützen. Wir hatten damit weiß Gott keine Schwierigkeiten. Sie ahnten vermutlich gar nicht, wie viel Gedanken wir uns um ihre prekären Leben machten.

Allerdings kannte auch unsere Großmut ihre Grenzen. Unser Munitionsvorrat zum Beispiel war nicht unendlich. Wir hatten schon ziemlich viel davon verschossen. Irgendwann würden wir der Sache ein Ende bereiten müssen.

Wenn die Piraten nach den vorangegangenen Eskalationsstufen nicht abließen und bis auf hundertfünfzig oder hundert Meter herangekommen waren, sahen die *Rules of Engagement* auch gezielte Schüsse vor. Oder eben, wenn ein Typ mit einer RPG auszumachen war. Denn dann drohte akute Gefahr für Leib und Leben.

Ich hatte den Befehl kaum ausgesprochen, da zielte Patrick auch schon auf die Panzerfaust. Er versuchte, die Waffe selbst zu treffen. Aber hier machte ich mir nichts vor: Bei der Entfernung und dem Seegang war es natürlich sehr schwer, genau zu zielen.

Dann landete er seinen Treffer. Und, sagen wir mal so: Die RPG war auf jeden Fall unschädlich gemacht.

»Skiff hat die Fahrt unterbrochen«, meldete Patrick. Wir legten eine Feuerpause ein. Wir wollten abwarten, was sich jetzt da unten tat. Es trat das erste Mal ein wenig Ruhe ein. Ich nahm das Rascheln unserer Kleidung wahr. Ich hörte das gleichtönige Brummen der Motoren.

Die Jungs im Skiff schienen sich zu sortieren. Ich nutzte die Zeit, hechtete auf die Brücke, holte Patricks schusssichere Weste und warf sie ihm zu.

Und dann tat ich etwas Merkwürdiges. Ich denke, das war meine Art, mit dem Stress klarzukommen. Ich sagte zu J. J.: »Gib mir mal 'ne Kippe!«

J. J. reagierte, als wäre es das Normalste der Welt. Er schleuderte seine Schachtel und das Feuerzeug über den Schiffsboden zu mir herüber. Meine Hände waren ganz ruhig, als ich die Kippe aus der Packung fingerte. Dann setzte ich mich auf und steckte mir eine an.

Später sollten mir meine Vorgesetzten vorwerfen, ich hätte

das in dieser Situation niemals tun dürfen. Unsere Helmkameras filmten ja alles, und es gab später eine ausführliche Nachbereitung mit der Firma in England. Eigentlich gut, dass die Firma Wert darauf legte, solche brenzligen Situationen vernünftig nachzubesprechen. Die Kritik allerdings, die da im Nachhinein auf mich niederprasselte, fand ich alles andere als ausgewogen. Es ist einfach, kluge Kommentare abzugeben, wenn man entspannt im Konferenzraum sitzt. Im Nachhinein ist man immer schlauer.

Wir saßen auf dem Deck. Keiner sagte etwas. Patrick hielt die Lage weiter durch seine Zieloptik im Blick. Die Ruhe war verdächtig. Irgendwie ahnte ich, dass es das noch nicht gewesen sein konnte. Ich hatte die Zigarette kaum zur Hälfte geraucht, da begannen die Piraten erneut zu feuern.

»Skiff nimmt wieder Fahrt auf!«, alarmierte uns Patrick. Eine erneute Salve flog in unsere Richtung. Zunächst kamen die Schüsse noch etwas stockend, dann fast schon wieder in alter Vehemenz.

Es wollte mir nicht in den Kopf. Ihre Lage war aussichtslos. Warum begriffen sie das nicht? Wir konnten von unserer erhobenen, sicheren Position und mit unseren Präzisionswaffen genau in ihr Boot hineinzielen. Das Spiel wiederholte sich noch ein, zwei Mal. Die Piraten hielten wieder inne, starteten dann neu. Ich hatte schon von Fällen gehört, in denen die Piraten damit austesten wollten, ob die Guards vielleicht mit Patronen geizten. Aber wenn ich mir den Boden um uns herum so ansah, dann hatten wir diesen Eindruck ganz sicher nicht erweckt. Man sah ihn vor Hülsen kaum.

Patrick richtete wieder ein paar gezielte Schüsse direkt vor das Skiff. Das Wasser spritzte vor dem Boot auf. Die Piraten hatten zwei interessante Methoden entwickelt, sich vor den Salven in Deckung zu bringen. Ich hatte davon vorher noch nie gehört. Zum einen versteckten sie sich immer wieder mit einer rasanten Wende hinter den Wellenkämmen. War keine Welle vorhanden, um ihnen Schutz zu bieten, schwangen sie sich alle gleichzeitig auf die eine Seite. Die hochschwenkende Seite zogen sie dabei als Schutz vor sich hoch. Das war ungewöhnlich. Die waren ziemlich scharf drauf. Vermutlich waren sie auch bis oben vollgekaut mit Kath, einer aufputschenden Droge, die in Somalia und im Jemen sehr verbreitet ist. Diese Strauchpflanze enthält ein Amphetamin, das wach macht, Hungergefühle dämpft und euphorisiert. Angeblich ist die Wirkung vergleichbar mit der von Kaffee, nur wesentlich stärker. Ich fragte mich in der Tat, auf welchem Trip diese Jungs gerade waren.

Ich befahl Patrick, den Außenborder wegzuschießen. Das war das sogenannte *disabling fire*. Machen wir uns auch hier nichts vor: Es barg ein gewisses Risiko, insbesondere natürlich für den Steuermann. Auf die Entfernung und bei so hohem Seegang war es selbst für einen extrem guten Scharfschützen wie Patrick nicht leicht, das Teil so genau wegzuschießen, dass der Mann am Steuer dabei nicht zu Schaden kam. Aber die Jungs ließen mir keine Wahl. Ich musste die Sache jetzt beenden. Die Piraten waren zu dicht und die Gefahr für die Besatzung zu groß. Ich befahl dem Team, sich auf eine Feuerzusammenfassung vorzubereiten.

»I am counting down from three to one. Three, two, one – go!«

Dann ging alles recht schnell. Nachdem noch einmal mehrere Salven aus dem Skiff auf uns abgegeben worden waren, riegelten J. J. und ich den erneuten Angriff mit einer massiven Antwort ab. Patrick gab kurz hintereinander mehrere Schüsse ab. Als die Piraten vor dem Riegel ausweichen wollten, den J. J. und ich vor ihr Skiff gelegt hatten, traf Patrick noch einmal.

Und dann konnten wir sehen, wie sich das Skiff auf dem nächsten Wasserberg mit dem Bug gegen den Himmel bäumte, auf dem Scheitel gefährlich kippte und dann von hinten von den Wassermassen überrollt wurde. Nachdem wir dem Skiff von einem Moment auf den anderen den Antrieb weggeschossen hatten, wurde es von den Wellen mitgerissen wie ein wehrloses Stück Treibholz. Als das Boot wieder auftauchte, trieb es vollgelaufen auf der schaumigen Gischt. Noch zwei solcher Wellen, und das war's dann wohl. Das Skiff fiel schnell zurück und verschwand kurze Zeit später aus unserem Sichtfeld. Vermutlich hatte das Meer es sich schon geholt. Und die Piraten gleich mit. Auch wenn ich ihnen anderes wünschte, große Chancen rechnete ich ihnen nicht aus. Wir konnten nichts für sie tun. Das Risiko wäre viel zu groß gewesen.

Endlich war Ruhe.

»Hell«, sagte J. J., der seine Waffe langsam aus der Hand legte. »Im ganzen Irakkrieg habe ich nicht eine solche Schießerei erlebt.«

Wir suchten den Nahbereich mit dem Fernglas ab und checkten den Radar, aber da draußen auf dem Meer regte sich nicht mal mehr ein Stück Sperrholz. J. J. begann sofort mit der Instandsetzung seiner Ausrüstung und munitionierte seine Magazine wieder auf. Ich fühlte mich erleichtert und viel weniger angespannt, als ich gedacht hätte. Ich hatte nur sehr große Lust, noch eine Zigarette zu rauchen.

Ich blickte auf Patrick. Er rutschte mit dem Rücken an der Wand entlang in die Hocke. So blieb er eine ganze Zeit lang sitzen. Es würde von uns keine besonderen Worte der Anerkennung und des Lobes für seinen Einsatz geben. Wir wussten, dass sich jeder von uns in dieser Situation hier hochgeschleppt hätte, selbst wenn uns ein Arm und ein Bein gefehlt hätten. Natürlich hatte er sich tapfer geschlagen. Jetzt, da er auf dem Boden saß und sich ans Schanzkleid lehnte, fiel auch wieder auf, wie bleich und krank er aussah. Ich teilte ihn zur Nachsuche ein und ging auf die Brücke, um mich zu vergewissern, dass es keine Verletzten gab. Mit unterdrückter Wut registrierte ich, dass Offiziere, Kapitän und weitere Leute oben auf der Brücke geblieben waren und zugeschaut hatten. Wir befreiten den kleinen Teil der Besatzung, der sich artig in den Panikraum begeben hatte. Sie erzählten aufgeregt von den Einschlägen im Heck. Sie hätten jeden einzelnen Schuss mit einem metallischen *Pling* von der Schiffswand abprallen gehört.

In den Stunden nach dem Angriff bewegte sich die Crew noch immer vorsichtig über Deck. Als hätte sie Angst, dass doch noch irgendwo eine verirrte Kugel durch die Luft fliegen oder an Bord etwas explodieren könnte. Viele hielten in regelmäßigen Abständen mit ihrer Arbeit inne, um aufzuschauen. Sie suchten den Horizont nach Piratenbooten ab. Doch bald kehrte das übliche Treiben auf das Schiff zurück. Ich hörte, wie die Inder wieder mit ihrer *Chipping*-Maschine übers Deck schrappten, während ich mich an meinen wackeligen Schreibtisch setzte, um den Bericht zu tippen. Das erste Mal fand ich das Geräusch ganz angenehm.

Gleich nach dem Überfall hatte ich mit dem Satellitentelefon unsere Einsatzleitung angerufen, um den Vorfall zu melden. Zwanzig Minuten später kam ein Fax, ich möchte mich doch bitte UMGEHEND bei der Firma melden. Natürlich hatte ich keinen Applaus erwartet. Aber mit so einem Gespräch hatte ich dann auch nicht gerechnet. Ich musste mich eine halbe Stunde lang dafür rechtfertigen, dass wir auf die Piraten geschossen hatten. Offensichtlich hatte die Firma Angst, dass wir auf irgendwelche wehrlosen Fischer geballert hatten. Niemand konnte glauben, dass sich bei dieser Witterung außer uns tatsächlich noch jemand auf dem Meer herumgetrieben hatte.

Nach einem solchen Angriff schreibe ich normalerweise einen offiziellen Bericht an die Firma. Darin halte ich die Vorfälle fest. Natürlich beachte ich bei meinen Einsätzen die *Rules of Engagement*. Dennoch kann ich mir nie sicher sein, ob ich nicht doch im Nachhinein rechtlich belangt werden könnte, falls es in der Folge einer Piratenabwehr zu Ermittlungen käme. Manchmal belastet mich diese Unsicherheit.

Denn selbst wenn ich für mich ganz sicher weiß, dass ich mich korrekt verhalten habe, könnte ein Dritter ja zu einem anderen Urteil kommen. Bei den vielen Vorurteilen gegenüber meiner Branche dürfte mich das noch nicht einmal sonderlich verwundern. Ich habe vor allem das ungute Gefühl, dass im Zweifel eher ich den Kopf hinhalten müsste, getreu dem Motto: Immer auf die Kleinen. Reeder und Firma hingegen wären fein aus dem Schneider.

Für all die neuen Rechtsfragen, die mit der Piratenbekämpfung aufgekommen sind, gibt es bislang nur wenige Experten. Einer der wenigen ist Tim René Salomon. Auf ihn bin ich irgendwann bei einer meiner längeren Internetrecherchen in Cuxhaven gestoßen, und zwar über eine Veröffentlichung, die er gemeinsam mit der Jura-Professorin Doris König verfasst hat. Sie heißt: »Private Sicherheitsdienste auf Handelsschiffen – Rechtliche Implikationen«. In dem Arbeitspapier im Auftrag des Bundesministeriums für Bildung und Forschung beschäftigen die beiden Wissenschaftler sich unter anderem mit der Frage, was Sicherheitsdienste auf Frachtschiffen eigentlich dürfen und was nicht.

Im Vorfeld zu diesem Buch habe ich Salomon an der Bucerius Law School in Hamburg getroffen und ihn gebeten, für mich ein wenig Licht in das aktuelle Rechtsdunkel zu bringen – keine ganz leichte Aufgabe. Tausend Fragen gehen einem da durch den Kopf. Darf ich nur auf RPG und Motor oder auch auf die Piraten direkt schießen? Muss ich ihnen eigentlich später Erste Hilfe leisten, wenn sie verletzt auf dem Meer herumtreiben? Wie sehr muss ich sie überhaupt gewarnt haben, bevor ich den ersten Schuss abgeben darf? Und so weiter.

Natürlich gibt es bei so zahlreichen Fällen und Szenarien keine einfachen Antworten. Zusammenfassend gesagt: Das ungute Gefühl, dass wir Guards im Gegensatz zu unseren Chefs und den Reedern natürlich mit den meisten Konsequenzen zu rechnen haben, wenn es nach einem Zwischenfall zu Ermittlungen kommt, konnte mir auch Salomon nicht nehmen. Allerdings ist unser Handlungsspielraum, der sich aus dem deutschen Notwehrrecht ergibt, ziemlich groß. Das Problem für uns ist daher nicht so sehr der deutsche Staatsanwalt, sondern eher das Risiko, dass wir nach einem Zwischenfall von einem anderen Staat aufgegriffen und nach dessen Gesetzen zur Rechenschaft gezogen werden. Dann könnte es für uns tatsächlich ziemlich ungemütlich werden.

Das ausführliche Gespräch mit dem jungen Wissenschaftler findet sich übrigens als Anhang am Ende des Buchs – für alle, die sich noch etwas intensiver mit den rechtlichen Fragen befassen wollen.

Den Bericht sofort zu verfassen ist auch so wichtig, weil man im Nachhinein oft gar nicht mehr so genau rekonstruieren kann, wie und was in welcher Reihenfolge passiert ist. Vor allem, wenn sich die Wahrnehmung durch das Adrenalin auf einen sehr schmalen Ausschnitt der Gesamtrealität konzentriert hat. Diesen Bericht muss ich mir dann von der Schiffsführung gegenzeichnen lassen.

Doch der indische Kapitän weigerte sich. Und er hatte auch schon wieder keine Lust, den Bericht über UKMTO abzusetzen und den Vorfall an die *coalition forces* zu melden. Doch diesmal drohte ich ihm, im Gegenzug gern auch ein paar Verfehlungen der Schiffsführung in den Bericht mit aufzunehmen. Zum Beispiel, dass sie die Vorschriften für den *safe room* völlig missachtet hatte.

Drohgebärden sind normalerweise überhaupt nicht meine Art. Aber das war die Sprache, die der Inder gewöhnt war. Und daher verstand er auch sofort, wo er seine Unterschrift zu machen hatte.

Wir hielten jetzt direkt auf die Südspitze Indiens zu, und es war nicht zu erwarten, dass sich das Wetter noch bessern würde. Am Abend nach dem Vorfall saß ich mit J. J. und Patrick auf dem schaukelnden Deck. Wir rauchten. J. J. schien in Gedanken versunken. Der Schiffsmotor kämpfte verzweifelt gegen den Wind. Der Bug arbeitete sich mit dieser typischen Nickbewegung durch die Gischt, wir hörten das Wasser gegen die Schiffswand klatschen.

Lange sagte keiner etwas.

»Ich verstehe einfach nicht, warum sie nicht aufgegeben haben«, sprach ich meine Gedanken in die Stille. »Das war so unnötig.«

»Wir haben ihnen alle Chancen gelassen«, sagte J. J.

»Ich habe durch die Optik gesehen, wie ich dem RPG-Schützen die Brust aufgemacht habe«, sagte Patrick leise. In seinem leichenblassen Gesicht spiegelte sich das matte Licht, das aus dem Brückenhaus zu uns nach draußen drang. J. J. drehte den Kopf zu ihm hinüber, musterte den Kollegen, sagte aber nichts. Der Wind pfiff um die Aufbauten.

J. J. und ich, wir waren einfach nicht die Typen, die lange über so etwas redeten. Vielleicht hatte auch von uns jetzt jeder einen Piraten auf dem Gewissen. Aber wir machten das mit uns aus. Ich wollte lieber über die Frage nachdenken, ob die Piraten eine neue Taktik entwickelt hatten. Die Zukunft würde zeigen, ob man sich ab sofort auch bei Windstärke sieben ständig in Alarmbereitschaft halten musste oder ob wir einfach nur extremes Pech gehabt hatten.

Doch Patrick hörte einfach nicht auf. Er redete immer weiter, von dem RPG-Schützen, von dem, was er gesehen hatte durch die Zieloptik. Er sprach davon, dass er schwarze Lappen durch die Luft fliegen gesehen hatte und ihm erst während des Schusswechsels gedämmert war, dass es sich dabei um Körperteile handeln musste.

Es war Patricks erster Einsatz. Er war vorher Fallschirmspringer bei den Royal Marines gewesen, aber nie in einen Kampf verwickelt.

»Ich gehöre jetzt zu den Menschen, die einen anderen Menschen getötet haben«, stellte er fest. J. J. und ich ließen ihn reden, vielleicht beruhigte ihn das ja. Und es stimmte wohl. Mir war der Gedanke auch schon gekommen. In diesem Job kamen wir mit Fragen in Berührung, die sich viele Menschen in ihrem ganzen Leben nicht zu stellen brauchten. Manchmal beneidete ich die Leute, die mich normalerweise umgaben, um ihre Unbedarftheit. Vor allem, wenn ich zu Hause war, in Cuxhaven, kamen mir solche Gedanken. Wenn ich zum Beispiel nach einem schönen Tag auf dem Wasser noch ein wenig am Strand sitzen blieb und aufs Meer schaute. Manchmal spielten Kinder im Sand. Die Sonne stand dann schon ziemlich tief. Die Familien fingen an, Handtücher, Sonnenschirm und Spielzeug einzupacken und die Kinder zur Eile zu mahnen. Man wollte pünktlich zum Abendessen zu Hause sein. Manchmal erschien mir das Ganze fast ein bisschen zu idyllisch. Oder ich musste an mich selbst denken, wie ich als kleiner Junge am Sahlenburger Strand gespielt und Flöße gebaut hatte. Das schien mir Ewigkeiten weg. Mit dem Kind, das ich einmal gewesen war, hatte ich nichts mehr zu tun.

Und natürlich hatte Patrick recht, natürlich war das alles andere als trivial. Nur extrem stumpfe Menschen würden nach so einer Schießerei einfach weitermachen, als wäre nichts gewesen.

»Ich geb dir einen Tipp«, sagte ich zu Patrick. Seine Augen funkelten glasig. Ich war mir nicht sicher, ob er nicht vielleicht Fieber hatte. »Behalt das alles mal lieber für dich.«

Ich taxierte ihn mit meinem Blick. Er nickte, aber ich las in seinem Gesicht, dass er anders dachte. Ich erhob mich, um die aufgerauchte Zigarette auszudrücken.

Jetzt merkte ich, wie müde ich war.

»Gute Nacht, Jungs, wir sehen uns morgen«, sagte ich.

Ich drehte mich zum Gehen und hörte noch, wie Patrick murmelte: »In alter Frische.«

Ich glaube, das war ironisch gemeint.

Arbeitsplatz mit Pool

Sechs Wochen und drei Tage waren wir insgesamt auf dem indischen Frachter unterwegs gewesen. Für unseren Scharfschützen kam die Ankunft auf Sri Lanka keinen Tag zu früh. Wir brachten ihn im Hafen von Galle sofort in das Krankenhaus der Sri Lanka Navy, wo sie den dehydrierten und abgemagerten Patrick mit einem Antibiotikum von seinem Killerkeim befreiten und ihn dann mit Infusionen, Vitaminpräparaten und Nährstoffen aufpäppelten. Kaum hatte er die richtige Medizin erhalten, ging es mit ihm rasant bergauf. Der Arzt sagte allerdings, Patrick wäre auf der Intensivstation gelandet, wenn wir ihn nur ein paar Tage später gebracht hätten. Und ohne unsere Kochsalzinfusionen wäre er womöglich ein Fall für eine ganz andere Abteilung gewesen.

J. J. und ich versprachen uns bei der Gelegenheit: Wenn einem von uns jemals etwas zustoßen sollte, würde der andere immer dafür sorgen, dass man ihn zurück nach Hause transportierte. Denn wenn wir das nicht taten – wer sonst? Die Firma bestimmt nicht.

Aber noch waren wir quietschlebendig und vor allem eines: wahnsinnig hungrig. Wir baten unseren Agenten also, uns vom Krankenhaus direkt ins nächste Restaurant zu fahren, und am besten in eines, in dem sogar der Nachtisch aus Fleisch und Wurst bestehen würde.

Sehr gerne, erklärte uns der Agent, es gäbe da nur ein kleines Problem. Wir hatten nämlich die Ehre, ausgerechnet an einem bedeutenden hinduistischen Feiertag auf Sri Lanka an Land gegangen zu sein. Seine Volksgruppe, die tamilischen Hindus, würde gerade das großartige *Shivaratri*-Fest begehen. Wir beglückwünschten den Agenten und warteten darauf, dass er nun endlich den Motor startete.

»Na ja«, sagte er. »Das bedeutet auch, dass seit heute um sechs Uhr 24 Stunden lang nichts gegessen werden darf.« Bei *Shivaratri* verbrächten die Gläubigen möglichst die ganze Nacht im Tempel und meditierten oder sagten heilige Texte auf. Wir schluckten. Davon würden wir nicht satt werden. Nach Sonnenaufgang dürfe man dann immerhin eine Handvoll Reis essen, tröstete uns der Agent.

Ich hätte am liebsten gleich eine von diesen heiligen indischen Kühen geschlachtet, die überall im Weg herumstanden. Mir wäre auch ein schönes Schweineschnitzel recht gewesen. Da nahm ich es nicht so genau.

Als wir endlich ein kleines Restaurant in einem alten holländischen Fort gefunden hatten, sollten wir uns schließlich auch mit ein paar mageren, mit Nüssen und Rosinen gefüllten Hühnern zufriedengeben. Wir bestellten ohnehin viel mehr, als unsere kleingeschrumpften Mägen zu fassen vermochten. Wir luden unseren Agenten ein, mit uns zu essen, weil wir das immer so handhaben, aber er schüttelte entsetzt den Kopf und sagte, er wolle lieber draußen warten. Umso zufriedener watschelten J. J. und ich am Ende zurück ins Hotel, uns müde über unsere dicken Bäuche streichend.

Wir konnten Patrick leider nicht viel Zeit geben, um wieder auf ein reisefertiges Gesundheitsniveau zu genesen. Denn wir mussten schon recht früh am nächsten Tag weiterfahren in die Hauptstadt Colombo, von wo aus unser Rückflug nach Dubai gehen sollten. Also ließen wir uns vom Krankenhaus die Taschen voll Antibiotika stopfen und betteten Patrick auf die Rückbank unseres Minivans. Dann ging es auch schon los auf eine vierstündige Autofahrt die Küste hinauf.

Sri Lanka ist eine wunderschöne Insel mit fantastischen Sandstränden, tropischem Regenwald und riesigen Teeplantagen. Ein Surfertraum, der sich uns schon bei der Einfahrt in den Hafen mit meterhohen Wellen präsentiert hatte. Außerdem wird im ehemaligen Ceylon viel Reis, Zuckerrohr und Tabak ange-baut. Auch Gewürze zählen zu den wichtigsten Kulturpflanzen der Insel, zum Beispiel Zimt und Kurkuma, das Gewürz, das dem Curry seine gelbe Farbe gibt. Auf der Fahrt sahen wir ne-ben viel beeindruckender Landschaft aber auch jede Menge ver-lassener Häuser und Bauruinen. Ich fragte unseren Agenten, woher denn die Zerstörungen rührten. Er erklärte mir, dass der Tsunami diese Küstenregion besonders stark getroffen habe.

»Aber das ist doch schon so viele Jahre her!«, entgegnete ich verblüfft. Ich konnte kaum fassen, dass man die Schäden im-mer noch nicht beseitigt hatte, und fragte mich, in welchen Ta-schen denn die ganzen Hilfsgelder gelandet waren, die damals auch in Deutschland eingesammelt worden waren.

So einzigartig wie die Landschaft ist auch die Autofahrer-kultur der Sri-Lanker. Zwar schliefen wir auf dieser Tour alle drei bald ein und verbrachten den Rest der Fahrt tief und fest auf unseren Sitzen schlummernd. Die Erschöpfung saß uns wohl noch tiefer in den Knochen, als wir uns eingestanden hat-ten. Aber als ich diese Tour später einmal im Wachzustand er-lebte, war klar, dass ich auf dieser Strecke nie wieder ein Auge zutun könnte. Man hatte eigentlich ständig den eigenen Tod in Form entgegenkommender Autoscheinwerfer vor Augen. Un-ser Fahrer wich ihnen in letzter Sekunde aus. Dazu riss er das Steuer hastig nach rechts und forderte hupend seinen Platz im Autokorso zurück, in dem mit bloßem Auge nicht eine winzige Lücke zu erkennen war. Mir war überhaupt nicht klar, wie er es jedes Mal schaffte, sich in die Reihe zurückzudrängeln, ohne dafür einen anderen Wagen von der Straße zu schubsen. So rasten wir auf zwei Reifen in die Kurve gelegt an vollbeladenen Lastern vorbei oder schnitten ihnen so haarscharf den Weg ab, dass ich mich fragte, was eigentlich die vollen Ölfässer auf ihrer Ladefläche davon abhielt, mit einem Rumms auf unseren fah-renden Schrotthaufen zu kippen. Ich erkannte zum ersten Mal die große zivilisatorische Leistung, die sich hinter der deut-schen Straßenverkehrsordnung verbarg. Bislang hatte ich ihr viel zu wenig Anerkennung gezollt.

Von Colombo aus flogen wir direkt nach Dubai. Für Patrick wurde es zum Höhepunkt der Reise, dass er im Airbus das Mittagsmenü zu sich nehmen konnte, ohne danach sofort zur Toilette zu rennen. Er bequatschte uns sogar, ihm unsere folienverschweißten Nachtische zu überlassen, irgendwelche trockenen Kuchen mit pockiger Schokoglasur – ich gönnte sie ihm von Herzen. Dafür zogen wir ihn ein bisschen mit unseren alten Witzen auf.

»Jetzt kannst du's ja zugeben, du warst doch nur seekrank«, sagte J. J. und schob ihm ebenfalls seinen alten Kuchen zu. Patrick schielte zu den Nachbartischen, am liebsten hätte er auch dem kleinen Jungen, der in der Sitzreihe auf der anderen Seite des Ganges saß, den Kuchen weggenommen. Es war schön, Patrick nach so langer Zeit endlich mal wieder lächeln zu sehen.

Auf dem Rückweg nach Dubai gab es wieder einmal Ärger mit dem Gepäck. Ich stand nur noch allein am Gate, alle anderen Fluggäste waren bereits vor Ewigkeiten eingestiegen, als man mir mitteilte, ich könne bedauerlicherweise erst am nächsten Tag abreisen.

»Sorry Sir, but we have some problems with your luggage! Today no more boarding for you!«

What the fuck?, dachte ich nur. Was war denn jetzt schon wieder?

»Ihr Gepäck muss noch einmal durchleuchtet werden«, sagte der Mann vom Servicepersonal.

Da glühte bei mir im Kopf ein kleines Drähtchen durch.

»Ich bin der Kommandoführer eines Sicherheitsteams, das pünktlich in England erwartet wird«, sagte ich. Ich bemühte mich, sehr ernst und sehr böse zu klingen. Das war nicht schwer. Ich war sehr ernst und sehr böse.

Man habe mit ernsthaften Konsequenzen zu rechnen, wenn sich meine Ankunft weiter verzögere, begehrte ich mit zornigem Timbre auf. Dazu baute ich mich so breit wie möglich vor dem kleinen Sicherheitsmännchen auf.

»Wissen Sie, was es Sie kosten wird, wenn Sie jetzt nicht sofort alle Hebel in Bewegung setzen, um mich schleunigst zum Flugzeug zu bringen?«, fuhr ich fort und wedelte ihm bei jedem Wort mit dem Finger vor der Nase herum. In diesem Augenblick nahm ich mir meine Autorität sogar selbst ein bisschen ab. Ich war erschöpft und gereizt. Das zeigte Wirkung.

Irgendwie hatte der Job angefangen, mein Auftreten zu verändern. Nicht grundlegend, aber ein bisschen. Ob das nun gut oder schlecht war, sollten andere beurteilen. In diesem Fall war es zumindest recht nützlich.

»Kommen Sie bitte mit!«, sagte mein Gegenüber und ging mit mir zu einem Wagen, der J. J. und mich zur Gepäckabfertigung brachte. Dort zeigte er auf einen winzigen Stapel von Koffern und Taschen und bat mich zu sagen, welches der drei, vier Gepäckstücke denn zu mir gehöre. Ich kam mir ein bisschen vor wie bei einem Intelligenztest für Zweitklässler.

Nachdem ich also brav mit dem Finger auf meine Reisetasche gezeigt hatte, lächelte mich der Araber scheinheilig an – so nach dem Motto: Habe ich es mir doch gedacht! Ein zweiter Mann trat hinzu, öffnete die Tasche und zeigte auf eine kleine dunkle Kartusche.

»Und was ist das?«, fragte er, als hätte er mich jetzt mit zehn Kilo Heroin und einer Atombombe ertappt.

Ich machte eine Schwimmbewegung und sagte so knapp wie möglich: »Das ist eine Patrone. Schwimmweste.«

Sie guckten mich kritisch an.

Ich zog den Rest der Weste heraus und demonstrierte den beiden Herren, wie sich die Schwimmfeste aufblähte, sobald man das entsprechende Ventil betätigte.

Ganz große Augen.

Offensichtlich hatten sie die Patrone für eine Bombe gehalten.

Eigentlich finde ich es ja gut, wenn sich das Flughafenpersonal beflissen um meine Sicherheit bemüht. Aber für eine derart differenzierte Sichtweise und die guten Argumente der Gegenseite war ich in diesem Augenblick schlicht zu erschöpft.

Ich blickte erneut auf die Uhr. »So. Darf ich jetzt bitte zu meinem Flieger?«

Sie brachten uns mit einem kleinen weißen Auto, lautem Hupen und gelbem Blinklicht übers Flugfeld zum Airbus. Der befand sich kurz vor dem Abflug, die Triebwerke liefen bereits. Ich ging gelassenen Schrittes die Stufen hoch und ließ mich von der Stewardess an meinen Platz führen. Die anderen Passagiere hatten ungefähr eine Dreiviertelstunde gewartet. Sie funkelten mich böse an, als ich mir den Weg zu meinem Sitz bahnte. Eigentlich bin ich ein rücksichtsvoller Mensch, und so eine Situation wäre mir normalerweise unangenehm gewesen, auch wenn es überhaupt nicht meine Schuld war. Aber diesmal ließ mich die Wut der anderen kalt. Den Heimflug hatte ich mir verdient.

In der Zwischenzeit hatte sich in der Firma einiges getan. Weil das Piratengeschäft boomte wie im 17. Jahrhundert der niederländische Tulpenhandel, kamen ständig neue Leute in die Teams. Ich hatte bei jeder neuen Tour wieder einen *fucking new guy* dabei, und auch die anderen Teams wurden frisch bestückt oder fanden sich komplett neu zusammen. Obwohl der Sitz der Firma in England war, bekam ich relativ gut mit, was sich dort so alles tat. Das lag zum einen daran, dass ich während der Touren täglich mit meinem Einsatzleiter telefonierte, um ihn über die Ereignisse des Tages auf dem Laufenden zu halten. Das war so etwas wie der tägliche Pflichttermin. Zum anderen wurde aber auch in den Teams relativ viel getratscht. Ich stand inzwischen nicht nur mit Teamkollegen, sondern auch mit ehemaligen Crewmitgliedern über E-Mail und Facebook in Kontakt. Fast täglich schrieb mir jemand oder postete ein Foto von einer Tour, die ich auch schon einmal gefahren war. So erfuhr man in der Regel auch, wie sich das Team, das nach einem an Bord gekommen war, dort so betragen hatte, oder was ein neuer Kollege über die anderen Teamleiter dachte. Zudem traf man sich immer wieder in den Hotels oder den Häfen, wenn Teams abgelöst und Waffen übergeben werden mussten, oder man wartete in denselben Hotels auf den nächsten Einsatz, auch wenn die Touren dann in unterschiedliche Himmelsrichtungen gingen.

Eine erste Ahnung, wie sehr sich die Stimmung innerhalb der Firma gewandelt hatte, bekam ich, als ich nach dem Vorfall im Indischen Ozean zum sogenannten *debriefing* einberufen wurde, zu dem ich eigens in die Firma flog.

Das Unternehmen hatte seinen Sitz in einer mittelgroßen Stadt im Osten Englands. Das Büro lag ein wenig versteckt im Hinterhof eines großen Backsteingebäudes. Man kam nur mit dem Fahrstuhl hinauf, und vorher musste man die Eingangskontrolle mit Kamera und Sprechanlage passieren. Die Sicherheitsfirma legte keinen großen Wert darauf, von außen allzu leicht erkennbar zu sein, und man hatte dort auch keine große Lust auf unangemeldete Gäste.

Oben spuckte einen der Fahrstuhl auf einem langen, traurigen Flur aus, von dem unendlich viele graue Zimmer abgingen. Das *debriefing* fand im Konferenzraum statt, ganz am Ende des Flurs.

Dort begrüßte mich der Chef mit verhaltener Freundlichkeit. Ich entdeckte Patrick in einer der vorderen Reihen, gab ihm die Hand und nickte ein paar anderen zu, die ich kannte. Wir saßen mit etwa zwölf Leuten zusammen – allen Teams, die aktuell keinen Einsatz hatten. J. J. war nicht dabei, denn der war gerade auf dem Weg nach Südamerika. Vor einer Woche hatte seine Frau ihr erstes Kind geboren.

Einige Gesichter hatte ich noch nie gesehen, die Männer schienen völlig neu in der Firma zu sein. Der Chef ließ die Jalousie herunter und knipste den Beamer an. Auf der gegenüberliegenden Wand tauchten die wackeligen Bilder auf, die unsere Helmkameras von dem Angriff im Indischen Ozean gemacht hatten.

Auch für mich war es das erste Mal, dass ich einen ruhigen Blick auf die zurückliegenden Ereignisse werfen konnte. Ich hatte den Film nach dem Einsatz sofort abgegeben. Leider hatte keiner unserer Rechner das HD-Format vernünftig abgespielt.

Natürlich hatten wir das an Bord selbst versucht, waren aber über ein paar Standbilder nicht hinausgekommen.

Nachdem wir uns nun die insgesamt etwa 60-minütigen Ausschnitte angeschaut hatten, sagte mein Chef: »Ich hätte gern euren Kommentar dazu.« Er schaute mit ernster Miene in die Runde. »Was haben die Operator eurer Meinung nach falsch gemacht?«

Falsch gemacht, hallte es in meinem Kopf nach. Das war ja eine tolle Einladung an die Runde. Ich drehte mich um.

Vereinzelt hoben sich ein paar Finger. Und während die Ersten zunächst noch zögerliche Fragen stellten und dabei immer wieder vorsichtig zu mir herüberschauten, gewann das Gespräch ab einem gewissen Punkt an Fahrt. Es entstand eine merkwürdig Dynamik. Ich merkte, dass ich dazu übergegangen war, mich nach jeder Wortmeldung zu rechtfertigen. Dadurch wirkte es aber nur noch mehr so, als hätten wir schwerwiegende Fehler begangen. Wir hätten keinesfalls rauchen dürfen, monierte ein Erster. Patrick hätte eine Weste anziehen müssen, kritisierte der Nächste. Vielleicht hatten wir die Piraten nicht nah genug herankommen lassen, um wirklich zu beurteilen, ob sie gefährlich waren, gab ein Weiterer zu bedenken. J. J. hätte seine Waffe nicht zwischendurch auf den Boden legen dürfen. Und, und, und.

Hallo? Irgendwann platzte mir der Kragen. Wer waren diese Grünschnäbel eigentlich?! Natürlich sollten meine Operator bei einem Einsatz immer Helm und Weste tragen. Natürlich wäre es mir auch lieb, die Piraten würden vorher eine nette E-Mail schreiben, dass wir uns im Morgengrauen quietschgesund auf dem Oberdeck einzufinden hätten, damit sie langsam anfangen könnten, uns zu beschießen. Aber hätte ich Patrick etwa sofort wieder zurückschicken sollen, nachdem er schon einmal sicher neben mir auf dem Boden zu liegen gekommen war und die Piraten bereits ins Visier genommen hatte? Zumal ich ihn als Scharfschützen dringend brauchte? Hätte ich lieber abwarten sollen, bis die erste RPG-Granate neben uns einschlug – und wir ganz sichergehen konnten, dass die Piraten wirklich nicht nur mit uns Kaffee trinken und über Hochsee-fischerei plaudern wollten?

Ich fühlte mich verraten. Wie eifrige Schülerchen sagten meine Kollegen brav auf, was der Chef am liebsten hören wollte. Keiner von ihnen hatte selbst schon einen ähnlich heftigen Zwischenfall erlebt, geschweige denn unter vergleichbaren Bedingungen. Aber jeder im Raum konnte natürlich ganz genau sagen, was er in dieser Situation alles besser gemacht hätte.

Ich beschloss, mir vor allem ein Gesicht zu merken: das eines dürren, blassen Typen in kariertem Hemd, mit hohlen Wangen, braunen Haaren und einem Seitenscheitel, eher so der Gestapo-Style. Er glänzte durch besonders schleimige Wortmeldungen. Auf der nächsten Tour sollte er parallel zu uns von Mauritius aus auf seine erste Tour gehen, mit Jerry, meinem alten Teamleiter. Ich beschloss, ihn künftig ein bisschen genauer in den Blick zu nehmen. Und weil er ein ehemaliger Militärpolizist war – also bei einer der unbeliebtesten Einheiten überhaupt gewesen war – und sich gleich in bester Denunziantenmanier an den Chef herangeschmissen hatte, taufte ich ihn auf den Namen »der Kommissar«. Ein Titel übrigens, den andere später übernehmen sollten. Er wurde zu seinem zweiten Vornamen.

Militärpolizisten waren ja diejenigen, die den Soldaten, die nach einer anstrengenden Dienstwoche nach Hause wollten, gehörig das Wochenende vermiesen konnten. Ich hatte das selbst schon erlebt. So wie Streifenpolizisten darauf achten, dass Falschparker Strafzettel bekommen und niemand auf dem Bürgersteig Fahrrad fährt, achten Militärpolizisten darauf, dass sich beim Bund alle an die Vorschriften halten.

So passierte es mir einmal, dass ich an einem Freitagabend in Hamburg am Bahnhof stand, meinen Ausgehanzug trug, aber anstatt der vorgeschriebenen blauen Reisetasche den olivfarbenen Rucksack dabeihatte. Ein Militärpolizist nahm davon Notiz, und ich wurde kurzerhand nach Glückstadt in die Kaserne zurückgeschickt. Dort ließ man mich aber nicht einfach nur die Tasche wechseln, um mich dann wenigstens noch ins verspätete Wochenende zu entlassen. Nein, ich hatte mich beim Unteroffizier vom Dienst zu melden, auf dass der das Vergehen angemessen ahndete. Zur Strafe war es für mich mit dem freien Wochenende komplett vorbei. Mit meiner Feierabendlaune übrigens auch.

Natürlich kann man nicht alle Militärpolizisten über einen Kamm scheren. Längst nicht alle sind so streng und miesepetrig unterwegs wie der Kollege, der mich damals mit meinem grünen Rucksack erwischte. Oder wie eben der Kommissar, der mich auf so ungute Weise für meine vermeintlichen Fehler beim letzten Einsatz vorzuführen versuchte.

Ich wäre selbst umgekehrt nie auf die Idee gekommen, jemanden so vor dem Chef anzuschwärzen. Das wäre nicht mein Stil gewesen. Ich spreche Kritik lieber direkt an, und unter vier Augen.

Als ich nach diesem extrem unerfreulichen Tagesordnungspunkt nach draußen ging, um eine Zigarette zu rauchen, kam Bob auf mich zu. Bob war ein guter Kumpel, ein ehemaliger 76er wie ich. Er klopfte mir auf die Schultern. »Hey George, nimm es nicht persönlich«, meinte er. »Wir wissen alle, dass du einen verdammt guten Job gemacht hast.«

Ich ließ tatsächlich ein wenig die Ohren hängen, als ich später am Tag nach Hamburg zurückflog. Eigentlich freute ich mich auf ein paar Tage in Cuxhaven. Ich wollte ein bisschen abschalten, mit meinen Jungs einen trinken gehen und meine Surfbretter mal wieder ausfahren. Zwei Tage später kam ein Brief von der Firma, dass man aus wirtschaftlichen Gründen mein Gehalt reduzieren müsse. Das hieß 2500 Euro die Woche statt 3000. Wirtschaftliche Gründe? Der Firma ging es, soweit ich das sehen konnte, blendend. So gut wie nie eigentlich. Die »wirtschaftlichen Gründe« sahen vermutlich aus wie der Kommissar und die anderen Flachpfeifen, für die der Job derart verlockend sein musste, dass sie sich auch für deutlich weniger Gehalt noch darum geprügelt hätten. Ein gutausgebildeter 76er war schlicht zu teuer geworden. Ich zerknüllte den Brief in der Faust und warf ihn in den Kamin.

Noch schlimmer war, dass ich etwas an mir selbst bemerkte, und das gefiel mir gar nicht: Es war nicht mehr das Gleiche, nach Hause zu kommen. Klar, ich freute mich, meine Freundin wiederzusehen und es mir in Cuxhaven ein bisschen gemütlich zu machen. Zumal ich ja auch immer noch spitzenmäßig verdiente, selbst nach der jüngsten Gehaltsreduzierung. Allerdings kam mir mein normales Leben ein bisschen farbloser und flacher vor als sonst. Die hohen Wellen kickten mich beim Surfen ein bisschen weniger als früher. Meine Musik mochte ich immer noch, aber sie klang auf einmal trauriger und nach Fernweh. Und vieles erschien mir in Europa zwar gut genährt und komfortabel, aber auch ein bisschen banal und aufgeblasen. Hier regten sich die Leute auf, wenn im Supermarktregal ihre Lieblingsmarmelade fehlte. Auf dem Schiff war man froh, wenn man überhaupt etwas Vernünftiges zu essen bekam. Die Menschen um mich herum kamen mir ein bisschen eitel und wichtigtuerisch vor. Ich vermisste auch die feste Struktur und die Effizienz, mit der unsere Tage an Bord geregelt gewesen waren. Wenn ich zum Beispiel in unserem Surfverein etwas organisieren wollte, dann artete das stets in ewig lange Diskussionen aus. Als Teamleader konnte ich einfach entscheiden, was am besten war. Jetzt hatte wieder jeder eine eigene Meinung. Demokratie ist schön. Aber ihr fehlt es an Effizienz.

So verbrachte ich viele Abende auf Strandpartys, und wenn mir langweilig wurde, trank ich auch ein bisschen Bier dazu, ein oder zwei, oder vielleicht auch fünf, um ehrlich zu sein. Dazu quatschte ich mit meinen Kumpels.

Ich werde von Bekannten, die das erste Mal von meinem Job erfahren, oft gefragt, ob mir die Piraten nicht leidtäten. Meistens kommt das in Verbindung mit dem ewig gleichen Aufsager: Die armen Piraten seien doch aus wirtschaftlichen Gründen dazu gezwungen, unsere Schiffe zu überfallen. Sie bräuchten das Geld, um ihre Familien zu ernähren. Oft heißt es, der Westen habe die Meere leergefischt, und nun holen sich die Somalis ihre Existenzgrundlage eben auf anderem Wege zurück. Vor allem in Deutschland hat die Öffentlichkeit viel Verständnis für die Situation der ausgebeuteten Somalis. Ich habe irgendwann aufgehört zu zählen, wie oft ich das schon gehört habe.

Ich weiß nicht. Klar, tauschen möchte ich nicht. In Somalia ist das tägliche Überleben sicherlich kein Kindergeburtstag. Und es gibt auch keinen Sozialstaat, keine kostenlose Ausbildung bis zur Hochschulreife, keine Krankenkasse. Und vielleicht kann ich die Anfänge der Piraterie sogar ein bisschen nachvollziehen. Aber Mitleid gibt es von mir nicht. Denn wenn ich die da draußen treffe, kann ich von denen umgekehrt ja auch kein Mitleid erwarten. Mir ist deren Mentalität bekannt, da können noch so viele deutsche Menschenfreunde kommen und mir etwas anderes erzählen. Ich weiß, wie die mit den Besatzungen umgehen, wenn sie sich bis oben hin mit Kath vollgekaut an ihren Opfern vergehen. Ich weiß, was sie mit anderen Geiseln getan haben und was sie mit uns Sicherheitsleuten tun würden, wenn sie uns in die Finger bekämen. Nein, Mitleid ist in diesem Geschäft nicht angebracht. Auch, weil es einen dazu verleiten könnte, im Ernstfall nicht mehr das zu tun, was eigentlich nötig ist.

Ich glaube auch nicht, dass die wirtschaftliche Not den Piraten keine andere Wahl lässt. Das sind alles romantisierte und verklärte Bilder, die unsere westlichen Medien gern produzieren. Die Clanchefs würden sich darüber totlachen, was unsere Menschenrechtsfraktion ihnen so alles an moralischen Motiven andichtet. Vielmehr ist es wie in allen Branchen, ob nun kriminell oder nicht: Irgendjemand muss die Drecksarbeit erledigen. Das sind dann die kleinen, mageren Piratenjungs, die schüchtern in die Kameras grienen, wenn sie gefasst werden. Aber im Hintergrund sitzen die Bonzen und verdienen das große Geld. Hinter dem Ganzen steckt eine hochgradig und nahezu paramilitärisch organisierte Kriminalität, mit allem, was dazugehört: Waffenschmuggel in großem Stil, Geldwäsche, Menschenhandel, vielleicht sogar Verbindungen zum Terrorismus – den radikal-islamistischen Al-Shabaab-Milizen – sowie zu Geldgebern und Mittelsmännern aus dem Ausland.

Wenn es heute heißt, der Westen habe die Küstenfischerei zerstört, dann frage ich mich, ob die Kriminellen vor Ort nicht einen ebenso großen Anteil daran haben. Und wer eigentlich am meisten daran verdient hat, dass in diesen Gewässern so viel Müll versenkt wurde.

Zumal Studien nahelegen, dass die Piraten keineswegs arme Fischer sind, die aus purer Not auf Kaperfahrt gehen. So kommt etwa eine Untersuchung des Norwegian Institute for Urban and Regional Research zu dem Ergebnis, dass die Fischgründe vor Somalia immer noch ausreichend seien und es die vergleichsweise wohlhabenden Clans von Anfang an auf die »Jagd nach Profit« abgesehen hätten.

Zum anderen gehen die somalischen Piraten mit ihren eigenen Leuten nicht viel besser um als mit den westlichen Geiseln. Immer wieder beschießen sich die Clans gegenseitig, machen einander ihre Jagdgebiete streitig.

Was mögliche Verbindungen zu den Al-Shabaab-Milizen betrifft, so gibt es dazu unterschiedliche Meinungen. Die australische Rechtswissenschaftlerin Karine Hamilton von der Edith Cowan University zum Beispiel hat sich Aussagen von Piraten angeschaut, denen vor kenianischen Gerichten der Prozess gemacht wurde. Sie kommt in ihrer Überblicksstudie *The Piracy and Terrorism Nexus: Real or Imagined?* zu dem Ergebnis, dass Piratenclans und somalische Terroristen eher in einem Wettbewerbsverhältnis zueinander stünden denn in enger Kooperation, vor allem, was den Zugang zu Häfen und Geld betrifft. Ihr Resümee lautet: »Die Forschungen, die ich dazu in Kenia unternommen habe, weisen – soweit man das aus meinen recht informellen Quellen überhaupt schließen kann – darauf hin, dass die somalische Piraterie in keiner Verbindung zum Terrorismus steht und sich einzig aus finanziellen Ambitionen speist.«

Die Studie stammt aus dem Jahr 2010, die Gerichtsprozesse liegen zum Teil noch länger zurück. Gut möglich, dass sich die

Dinge inzwischen geändert haben. Fest steht jedoch, dass das romantische Bild vom aufrechten Freischärler, der allen moralischen Skrupeln zum Trotz aufs Meer hinausfährt, weil er immer noch lieber einen europäischen Stückgutfrachter überfällt, als daheim Frauen und Kinder verhungern zu lassen – dass diese Vorstellung wohl eher auf dem Mist westlicher Medien gewachsen ist und die Motivlage der Somalis doch etwas einfacher strukturiert sein dürfte.

Nach unserem heftigen Zwischenfall im Indischen Ozean verspürte ich das erste Mal auch echte Wut auf die Piraten. Vorher war es nur ein Job gewesen, aber nach diesem Feuergefecht lagen die Dinge irgendwie anders. Ich nahm es den Piraten persönlich übel, dass sie uns so unnachgiebig angegriffen hatten. Vor allem, weil sie mir keine Wahl gelassen hatten. Weil sie einfach nicht aufgehört hatten, uns mit ihren Waffen zu beschießen, obwohl ihnen klar gewesen sein musste, dass sie das vermutlich nicht überleben würden.

Ein Brite hätte in meiner Situation nicht einmal einen Warnschuss abgeben müssen. Der britische Gesetzgeber lässt den privaten Sicherheitsdiensten hier noch größeren Handlungsspielraum als der deutsche und hat die Gesetze 2012 sogar weiter liberalisiert. Aber falls jemand einen Zweifel anmelden möchte, kann ich es gern auch noch einmal sagen: Ich möchte, wenn möglich, gar keinen Menschen töten.

Auch die NATO-Doktrin, die uns in der Militärausbildung stets als Referenz genannt wurde, sieht das oberste Ziel darin, den Feind zu verletzen – man soll ihn am Weiterkämpfen hindern, nicht aber umbringen. Denn dadurch bindet man einen zweiten Mann, der sich dann um den Verletzten kümmern muss.

Im Ernstfall gibt es zwei Arten von Menschen: Die eine Sorte schießt in Kopf und Brust, und dann ist Schluss. Wenn ich stattdessen – und auch nur aus reiner Notwehr – lieber in die Körpermitte ziele, dann tut das dem anderen sicherlich auch weh, da mache ich mir keine Illusionen, und man wird sehen, ob er den

Schuss überlebt. Aber er kann dann darüber nachdenken, was er gemacht hat. Er wird mich nicht weiter angreifen. Und ich habe ihn nicht getötet ... jedenfalls nicht sofort.

Natürlich rede ich jetzt von dem idealen Fall, in dem ich auch tatsächlich so präzise zielen kann. In der Realität an Bord sieht das natürlich etwas anders aus. Dass er in jeder Situation ruhig bleibt und sich immer an die *Rules of Engagement* hält, das ist es auch, was einen guten Guard von einem schlechten unterscheidet. In den meisten Situationen kann ich noch viele Warnschüsse abgeben, bevor ich die Sache beende. Ich habe die Zeit. Ich darf nicht nervös werden, wenn zwei, drei Skiffs gleichzeitig auf mich zuhalten. Sondern ich zähle im Kopf immer wieder ab: 21, 22, und dann erst schieße ich. Mit ruhiger Hand. Das ist auch der Grund, warum eine gute Ausbildung so wichtig ist. Und darum ist mir ein Guard mit militärischer Vorbildung auch der liebste Kollege. Wir 76er zum Beispiel wurden in der Ausbildung ziemlich geärgert und gedrillt, und ich habe mich oft gefragt, warum ich mich so schinden musste. Heute verstehe ich meine Ausbilder viel besser.

Mit Grauen erinnere ich mich noch an unsere Geländeläufe: Das volle Marschgepäck auf den Schultern, im Hochsommer. Wie haben wir geschnauft und geschwitzt und uns gequält mit unserem Gepäck und den schweren Stiefeln. Es wurde nicht marschiert, sondern gelaufen, und dabei ordentlich Staub aufgewirbelt auf den umliegenden Feld- und Wiesenwegen. Von der Anstrengung tat mir die Lunge weh, mein Gesicht war heiß, die Schuhe drückten.

Und dann ging es endlich zurück, im großen Bogen zwar, aber ich konnte den Wohnblock schon sehen. Ich dachte an meine Dusche, eine kühle Apfelschorle, einen Stuhl und die Möglichkeit, die Beine hochzulegen und Pflaster auf die Blasen an meinen Füßen zu kleben. Ich zählte die Meter. 300, 200, da war die Tür zu meinem Wohnblock, ich gab noch einmal alles, gleich würde das Elend ein Ende haben und das Kommando kommen: »Rechtsschwenk!«

Rechtsschwenk? Da kam nichts. Kein Schwenk, kein Stopp,

unser Ausbilder schwieg. Hey, wir waren schon am Haus vorbei, hatte er Tomaten auf den Augen?! Das konnte doch nicht sein Ernst sein.

Ich hasste den Vorgesetzten in diesem Moment, aus tiefster Seele. Noch mal fünf Kilometer! Das war Sadismus. Psychologische Kriegsführung. Wären wir nicht an unseren Wohnblocks vorbeigelaufen, im sicheren Glauben, es gleich geschafft zu haben, die Strecke wäre mir nicht halb so elend vorgekommen.

Drill kann sehr wirksam sein. Es gehörte eben zum Trainingskonzept, dass wir nie einschätzen konnten, wann es zu Ende sein würde. Also musste man sich auf den Moment konzentrieren, in jeder Lage sein Bestes geben, Schmerz und Erschöpfung einfach aushalten. Heute weiß ich, warum sie uns so geärgert haben. Sie wollten uns auf Stresssituationen vorbereiten. Damit wir ein Gemüt entwickelten wie eine Galapagos-Schildkröte oder ein tibetischer Mönch oder wie beides auf einmal. Damit wir in der Lage waren, auch unter extremen Bedingungen unseren Auftrag auszuführen und selbst unter Lebensgefahr so ruhig zu bleiben, als wäre gerade gar nichts los.

Wie ein Mensch wirklich tickt, findet man ja oft erst heraus, wenn man mit ihm eine Stresssituation durchlebt. Mit manchen Freunden reicht da schon ein gemeinsamer Urlaub. Wie oft denkt man danach, dass man sich von dieser Person künftig lieber fernhalten sollte. Solche Erfahrungen muss man sich unter Beschuss ganz ähnlich vorstellen, nur eben in zehnfacher Intensität. Stress und Todesangst locken das wahre Gesicht eines Menschen hervor.

Deshalb kann ich gar nicht oft genug sagen, dass mein Job nichts ist für Waffennarren oder Draufgänger, die ihre Gefühle nicht im Griff haben. Wer unter Beschuss nicht ruhig bleiben und noch 21, 22 zählen kann, bevor er einen gezielten Warnschuss abgibt, der gehört nicht in diese Branche.

Einmal erzählte mir J. J. von einem Zwischenfall, den er mit Jerry erlebt hatte, auf einer Tour, bei der ich nicht dabei gewesen war. Jerry hatte es bis dahin irgendwie geschafft, schon auf etlichen Touren gewesen zu sein, ohne auch nur ein einziges Mal Kontakt mit Piraten gehabt zu haben. Obwohl sich inzwischen herausgestellt hatte, dass er gern große Töne spuckte, war er in dieser Hinsicht tatsächlich Jungfrau. Vielleicht ärgerte er sich insgeheim sogar ein wenig darüber.

Bei dem vermeintlichen Angriff sollte es sich am Ende nur um eine harmlose Annäherung handeln. Jerry jedoch machte einen gewaltigen Wirbel, riss sein Gewehr entsichert in den Anschlag, ohne an die *flares* zu denken, und wollte schon das Kommando zur Feuerzusammenfassung geben, da war von der Gegenseite noch nicht mal ein Schuss gefallen.

Als sich die beiden Skiffs unverrichteter Dinge wieder entfernten, traute J. J. seinen Augen kaum. Jerry stand da und zitterte vor Angst. J. J. wandte schamvoll den Blick ab von seinem Teamleiter, der bleich, schlotternd und schweißüberströmt neben ihm nach Luft schnappte. In diesem Moment hat J. J. allen Respekt verloren. »Ich würde mich lieber auf mich selbst und auf alle anderen verlassen«, sagte er mir, »aber nie mehr auf Jerry.«

Vielleicht fehlte es Jerry an Training, vielleicht war er ein nervöser Charakter. Aber wenn dem wirklich so war, dann war er in diesem Job falsch. So hart das jetzt auch klingt.

Ich wollte das damals aber auch alles gar nicht so genau wissen. Warum hätte ich ein schlechtes Bild von Jerry haben sollen, es hätte mich nur genervt. Ich gebe mir immer Mühe, die Menschen, mit denen ich zu tun habe, so gut wie möglich zu finden. Und es dauert bei mir sehr lange, bis das kippt.

Ich hatte nur wenig Zeit, die Fragen meiner Freunde in Cuxhaven zu beantworten und den Staub von meinen Surfboards zu wischen, denn schon bald kam ein neuer Anruf. Und der nächste Trip sollte mich für den Frust der vergangenen Monate mehr als entschädigen.

Auch für diesen Auftrag waren J. J. und ich mal wieder gemeinsam gebucht worden, und als wir mit dem Lotsenboot vom sri-lankischen Galle aus auf unser neues Schiff zufuhren, musste ich zurückdenken an einen Abend auf der *Giacometti*.

J. J. und ich hatten an der rostigen Reling gestanden und rauchend auf den Horizont geschaut. Erst vor ein paar Tagen hatten wir Patrick die erste Infusion gelegt und verzweifelt versucht, der Besatzung ein paar Sicherheitsbasics einzurichten. Ich hatte den Morgen über im Regen Wache gestanden und war dann viel zu früh von meiner Mittagspause auf der keimigen Matratze wieder aufgewacht, weil die Mannschaft der *Giacometti* mal wieder vor meiner Kabinentür »chippte«. Zum Essen hatte es unidentifizierbare Körperteile alter Tiere gegeben, die ungefähr die Konsistenz von Kaugummi gehabt hatten. J. J. und ich waren ziemlich fertig mit den Nerven, wir wollten nichts als weg von diesem lahmen Schrottkahn. Da überholte uns in geringem Abstand ein Schiff mit einladendem Äußeren. Es war einer von diesen Super Cargos: enorm viel Speed drauf, blitzblanke Aufbauten, und mit Swimmingpool, Fitnessraum und einer Bar ausgestattet – alles, was man sich auf der langen Horrortour mit den Indern auch einmal gewünscht hätte.

Als uns jetzt das Lotsenboot von Galle aus zu unserem nächsten Auftraggeber tuckerte, rieben wir uns erstaunt die Augen. »Alter, das ist genau so eine Schleuder«, sagte J. J., der offensichtlich an dasselbe gedacht hatte wie ich, und stupste mich von der Seite an.

Ich rieb mir noch einmal die Augen, erwartete, dass dahinter wieder so ein indischer Frachter zum Vorschein käme, der von dem Supercargo nur verdeckt worden war. Aber nein, unser Steuermann zeigte tatsächlich auf den Luxusliner und meinte, wir wären dann wohl gleich da. Wahnsinn. Grinsend schlugen J. J. und ich die Handfläche aneinander. »Willkommen im Urlaubsparadies, Mister Bühler«, sagte mein Freund.

»Andere zahlen viel Geld für eine Kreuzfahrt, mein lieber J. J.«, sagte ich. »Sie bekommen sogar noch Geld obendrauf!« Wir hatten es uns aber auch verdient, fand ich.

Für diese Fahrt waren J. J. und ich nur zu zweit gebucht

worden, und auch nicht als Guards im eigentlichen Sinne, sondern um eine Risiko- und Sicherheitsanalyse, ein sogenanntes *security assessment*, durchzuführen. Der Reeder hatte ein sehr schnelles, sehr gut ausgerüstetes Schiff mit einem recht hohen Freibord und wollte von uns nun wissen, ob er künftig trotzdem in größere Sicherheitsmaßnahmen investieren sollte. Wir fuhren fast die gleiche Tour, die wir auch mit dem indischen Schiff absolviert hatten, nur in die umgekehrte Richtung. Und während wir vorher nur mit acht bis zwölf Knoten unterwegs gewesen waren – also sogar von Schildkröten überholt worden wären –, schaffte die *Shimmering Substance* fast 23. Für die Strecke von Sri Lanka in den Persischen Golf waren wir mit den Indern einen Monat lang unterwegs gewesen. Jetzt brauchten wir für das ganze Stück nur zehn Tage. Das war sogar so schnell, dass wir uns ein wenig beeilen mussten mit unserer Bestandsaufnahme. Sonst wären wir mit dem Bericht nicht fertig gewesen, bevor wir schon wieder von Bord mussten.

Die Tour ging von Sri Lanka erst einmal hoch nach Jebel Ali, dem Hafen von Dubai, und dann durch den Golf von Oman und das Arabische Meer wieder zurück nach Mumbai an der indischen Westküste, wo wir zwei Tage auf Reede lagen. Es war unser letzter Hafentermin vor der Fahrt über den Indischen Ozean. Die Frachter ankerten einer neben dem anderen, während wir darauf warteten, in den Hafen einzufahren und gelöscht zu werden. Frisch beladen würde es dann Richtung Ostafrika gehen.

Der Hafen von Mumbai, ehemals Bombay, ist einer der größten des Subkontinents. Der Naturhafen dehnt sich in Form einer der Stadt vorgelagerten Halbinsel auf über acht Quadratkilometern aus. 40 Prozent des gesamten indischen Außenhandels werden in Mumbai abgewickelt. Obwohl die Schiffe auf Reede meist weit außerhalb des Hafens ankerten, hörte man die Geräusche des Containerhafens bis zu uns aufs Meer hinaus. Schräg neben uns lag ein großer alter Frachter aus Indien, der Kohle geladen hatte. Irgendwas stimmte nicht mit ihm, er lag seltsam schief im Wasser. Offensichtlich war ein Teil der Last verrutscht und der Kahn dadurch in eine erhebliche Schieflage geraten. Eine Situation, die sich stündlich verschlimmerte, denn nun schwappten Wellen übers Deck. Gierig sog die Ladung das Wasser auf. Bald war die Kohle dadurch so schwer geworden, dass der Frachter schräg nach links vorne ins Wasser kippte. Das erste Drittel des Frachters wurde nun beständig von Wasser umspült, und die Situation wurde stündlich ernster.

Wir waren nicht die Einzigen, die das bemerkt hatten und unglaublich spannend fanden. Auch bei den Besatzungen der umliegenden Schiffe wurde der sinkende *bulk carrier* schnell zur Attraktion, und jeder wusste natürlich am besten, was nun zu tun sei. Über Funk konnte man den Fachdebatten lauschen. Wir fingen an, Wetten abzuschließen, wie lange sich der Frachter noch über Wasser halten würde. Als J. J. am Abend schlafen gehen wollte, verabschiedete er sich mit den Worten: »Ich glaube, der ist weg, wenn ich morgen wieder aufstehe.« Ich hielt dagegen – und sollte recht behalten. Allerdings war es ein knapper Sieg, immerhin hing das Schiff in der Früh schon fast zur Hälfte unter Wasser.

Unser Kapitän war der Meinung, dass der Frachter eigentlich nur eine Chance hatte: Er musste die Ankerkette kappen und dann versuchen, ganz langsam in den Hafen einzufahren.

Wir fragten uns, warum eigentlich keiner kam, die Besatzung von Bord zu holen. Wie die Geier kreisten bereits die indischen Schlepper um den Frachter. Denn im Bergungsrecht gilt: Wird ein Schiff aufgrund eines Seenotfalls von der Schiffsführung aufgegeben und das Kommando »Alle Mann von Bord!« gegeben, bekommt das erste Bergungsunternehmen, das dann vor Ort ist, den Zuschlag. Sie warteten also nur darauf, dass die Kiste endlich absaufen oder jemand von Bord um Hilfe rufen würde. Doch die Crew ließ sich Zeit. Sicherlich hatte das vor allem finanzielle Gründe. Der indische Reeder scheute vermutlich die Kosten, die eine offizielle Hafenrettung mit sich gebracht hätte. Lieber gab er das Schiff auf und ließ es gleich an Ort und Stelle sinken. Genau das passierte dann auch.

Es hatte mehr als einen Tag gedauert, bis sich das Schiff mit dem Bug Richtung Wasserspiegel geneigt hatte und langsam auf Tiefe ging. Der Rest dauerte dann nicht mal mehr fünf Minuten. Von einer Sekunde auf die andere brach wildes Treiben an Bord aus. Wie die Ameisen kam die Besatzung aus ihren Kabinen gerannt, alle sprangen sie ins Wasser oder in die Rettungsboote, und dann machte es auf einmal schwups, und der Frachter verschwand mit einem letzten Gurgeln im Meer.

Das heißt – die Spitze des Schornsteins guckte immer noch heraus. Das Meer vor der Küste Mumbais ist nicht tief. Und der Schornstein ragt dort vermutlich auch heute noch aus dem Wasser. Anstatt sich die Mühe zu machen, den alten Frachter zu bergen, hat man ihn wohl einfach auf den Seekarten als Gefahrenquelle markiert und an Ort und Stelle belassen. Ich bin mir fast sicher: Wenn ich in zehn Jahren noch einmal dort vorbeikäme, er läge immer noch da. Mumbai ist inzwischen zu einem der größten Schiffsschrottplätze der Welt geworden. Elf große Wracks und zahlreiche kleinere Schiffe liegen dort bereits in Hafennähe auf dem Meeresgrund. Sie verrotten munter vor sich hin, einige schon seit Jahrzehnten. Was natürlich gegen internationales Recht verstößt, wonach der Schiffseigner nach einem Unglück zur sofortigen Bergung verpflichtet ist. Aber die indische Regierung geht mit ihren Reedereien erstaunlich nachsichtig um. Vermutlich so lange, bis man irgendwann gar nicht mehr in den Hafen einfahren kann, weil die ganze Fahrrinne mit gesunkenen Schiffen verstopft ist.

Unsere Abende auf dem fahrenden Holiday Inn verbrachten wir in Gesellschaft von Kapitän Klaus und Chefmaschinist Igor – und dem ein oder anderen Milliliter Alkohol. Eigentlich war uns das Trinken auf den Einsätzen ja verboten, offiziell war Alkohol sogar ein Kündigungsgrund. Aber dem spröden Charme dieser beiden Seemänner hätte sich nur ein Mensch mit einem Herzen aus Stahl entziehen können.

Klaus war ein ganz untypischer Kapitän, charmant wie ein Surferboy, gemütlich, langhaarig, fast schon ein Hippie, aber so cool dabei, dass er selbst bei unseren wildesten Strandpartys niemandem komisch aufgefallen wäre. Igor, Diplomingenieur und erster Maschinenmann, war Russe, laut, groß und kräftig wie ein Bär. Ich bekam eine Ahnung davon, wie einsam das Leben an Bord mitunter sein musste. Klaus und Igor fehlte es wohl manchmal an Leuten, mit denen sie sich vernünftig unterhalten konnten. Während zum Beispiel der Kapitänsberuf in der Regel ein abgeschlossenes Studium voraussetzte und leicht mit einem guten Akademikergehalt von über 6000 Euro netto honoriert wurde, kam der Rest der Crew doch eher aus ganz anderen sozialen Schichten und Kulturen. Das brachte zwangsläufig völlig andere Gesprächsthemen und Fragen an das Leben mit sich. Ich hatte jedenfalls das Gefühl, dass Klaus sich über alle Maßen freute, endlich mal wieder einen deutschen Gesprächspartner an Bord zu haben, der einen guten Wein und eine kluge Story zu schätzen wusste. Ähnlich Igor. Der gab am liebsten seine recht eigenwilligen Theorien über den tatsächlichen Verlauf des Zweiten Weltkriegs zum Besten oder zeigte uns selbstgedrehte Videos von seiner Familie, von den Hochzeiten seiner beiden Töchter zum Beispiel.

So lernte ich Ismaralda und Stefania kennen und schätzen wie Mitglieder meiner eigenen Familie. Mit dem kleinen Unterschied, dass ich ihnen nie persönlich begegnet bin. Und natürlich erfuhr ich auch die komplette Lebensgeschichte unseres Kapitäns. Denn ich saß nun jeden Abend abwechselnd in der Kabine von Klaus oder in der von Igor, beide groß und behaglich eingerichtet wie private Wohnzimmer, um mit ihnen zu trinken und eine Best-of-Compilation ihrer Leben zu erhalten: Ich erfuhr von Klaus' linksalternativer Jugendzeit und seinen Abenteuern als Azubi zum Beispiel. Oder von Igors russischem Familienleben und der jüngsten Zeitgeschichte aus Igor'scher Weltsicht.

Bei Klaus gab es feinen Wein, bei Igor kistenweise Bier. So konnte man es sich gutgehen lassen. Was für ein Glück, dass wir einmal keinen Wachdienst zu leisten hatten.

Langsam näherten wir uns wieder der Mitte des Indischen Ozeans und damit dem 61. Längengrad – der Stelle, an der wir uns auf dem indischen Schiff so einen bitterbösen Schlagabtausch mit den Piraten geliefert hatten. J. J. und ich hatten beim Mittagessen noch Witze darüber gemacht, dass hier womöglich noch jemand eine Rechnung mit uns offen haben könnte.

Jetzt waren wir allerdings wieder hinuntergestiegen in den Maschinenkontrollraum, wo wir gerade an unserem Konzept für den perfekten *safe room* feilten. Es war verdammt warm und laut hier unten, so nah an der Maschine und damit an der Quelle des Brummtons, am Herzen des ganzen Schiffes. J. J. und ich nahmen noch einmal jeden Winkel in Augenschein.

Die Türen der Zitadelle waren bereits doppelt beschlagen und gesichert. Sie würden selbst dann standhalten, wenn jemand sie mit einem Schweißbrenner traktierte. Des Weiteren war für Frischwasser und Essen gesorgt, und auch für einen Waschraum, so dass die Besatzung im Notfall mehrere Tage hier unten ausharren konnte.

Als Nächstes wollte ich versuchen, eine sichere Funkverbindung nach draußen herzustellen. Es gehört zu einem guten Sicherheitsraum, dass man auch von dort unten das Satellitentelefon benutzen kann, um weiter nach Hilfe zu rufen. Ich machte mich also daran, das Telefon mit einer Außenantenne zu verbinden, die ich zuvor an einem versteckten Platz an der Reling installiert hatte. J. J. blätterte sich derweil durch die Konstruktionspläne der *Shimmering Substance*, die uns Klaus freundlicherweise in Kopie überlassen hatte. J. J. sollte überprüfen, wie die Sauerstoffzufuhr zum *safe room* gesichert war. Natürlich war unabdingbar, dass Frischluft hereinkam. Gleichzeitig wollten wir sichergehen, dass die Piraten keine Chance hatten, von außen Gaskartuschen oder Rauchbomben einzubringen, um die Besatzung auf diesem Wege zum Aufgeben zu zwingen.

Wir hatten uns erst seit wenigen Minuten wieder in unsere Basteleien vertieft, da ging ein Funkspruch bei uns ein. Der Zweite Offizier bat uns, doch mal eben auf die Brücke zu erscheinen.

Mal eben ... Wir rafften unsere Unterlagen zusammen und machten uns murrend auf den Weg. Zur Brücke galt es sechs oder sieben Stockwerke zu bewältigen – das Schiff war riesig, schien fast nur aus Treppen zu bestehen und aus tausendundeiner Möglichkeit, sich entsetzlich zu verlaufen. In den ersten Tagen hatte ich fast ununterbrochen die Bekanntschaft neuer Bordmitglieder gemacht, weil ich mich in Gänge und Räume verirrt hatte, in die ich ursprünglich nie gewollte hatte.

J. J. zählte mit: »Stufe Nummer 1000, 1001, 1002.« So tapsten wir die Treppen nach oben, ein wenig fluchend und schnaufend. Wir rechneten ja nicht damit, dass wir tatsächlich gebraucht werden könnten.

Klaus war in Sicherheitsfragen ziemlich fit. Er hatte sich das komplette *BMP4* durchgelesen, das war der entsprechende Ausschnitt der *Best Management Practises* mit *Sicherheitshinweisen für Schiffe in Piraterie gefährdeten Gewässern*. Er wusste daher, was in welchem Fall zu tun war. Das war wichtig, denn so große Schiffe bekamen in der Regel selbst dann keine Guards zur Unterstützung, wenn sie durch die gefährlichen Gebiete reisten.

Die Reeder waren lange davon überzeugt, dass schnelle Schiffe mit einem hohen Freibord sicher wären vor Piraten, auch wenn sich das mittlerweile als Trugschluss erwiesen hat. Dass sie gern auf uns Sicherheitsleute verzichtet hätten, lässt sich nachvollziehen, wir sind für die Reeder nicht gerade günstig – sie müssen für den Einsatz von vier bis fünf Mann zwischen 10 000 und 20 000 Dollar am Tag ausgeben.

Harald Olschok vom Bundesverband der Sicherheitswirtschaft zufolge setzte im Jahr 2012 trotzdem jede dritte deutsche Reederei Guards ein, im Jahr 2009 tat das nur jede achte. Anfang 2012 befragte die Unternehmensberatung PricewaterhouseCoopers 101 Reedereien und ermittelte sogar eine noch höhere Zahl. Demnach vertrauten fast 60 Prozent der Befragten auf die Dienste von bewaffneten Wachleuten.

Vor allem deutsche Handelsschiffe unter deutscher Flagge hatten damit jedoch bislang ein Problem: Es fehlte an klaren rechtlichen Grundlagen für diese Einsätze. Aus dem bestehenden Waffen- und Gewerberecht ließen sich dazu jedenfalls keine eindeutigen Vorgaben ableiten, die Reeder bewegten sich immer in einer rechtlichen Grauzone.

Mit dem *Gesetz zur Einführung eines Zulassungsverfahrens für Bewachungsunternehmen auf Seeschiffen* will die Bundesregierung das nun ändern. Das Gesetz sieht ein Zulassungsverfahren für Sicherheitsunternehmen vor, und nur wer dieses Verfahren besteht, darf auf dem deutschen Markt künftig noch seine Dienste anbieten.

Durch das Zulassungsverfahren will die Bundesregierung nicht nur für mehr Qualität bei den Anbietern sorgen, damit werden auch die Reeder von einem Großteil der Verantwortung entlastet. Denn bislang galt: Wenn bei einem Piratenangriff etwas schieflief, es gar Tote oder Verletzte gab, konnte der Reeder dafür haftbar gemacht werden. Zumindest, wenn man ihm nachwies, dass er fahrlässig gehandelt und auf irgendeinen schlecht qualifizierten Billiganbieter vertraut hatte.

Derzeit befindet sich das Gesetz noch im Entwurfsstadium, soll aber nach Willen der Bundesregierung nach einer Übergangsphase noch 2013 in Kraft treten.

Ich finde das gut. Meine Branche genießt nicht den allerbesten Ruf, und oft sind wir diejenigen, denen von der öffentlichen Meinung der Schwarze Peter zugeschoben wird, wenn etwas schiefgeht. Securityleute sind da beliebte Sündenböcke – wir sehen offensichtlich so aus, als würden wir am liebsten schon zum Frühstück einen Piraten verspeisen.

Und natürlich tummeln sich auf dem Markt auch ein paar semiseriöse Firmen, zumindest konnte sich bislang jeder, der wollte, ein Firmenschild an die Tür nageln und sich Sicherheitsunternehmen nennen. Das wird sich nun ändern.

Vor allem auf die Ausbildung und Auswahl der zukünftigen Schutzkräfte kann gar nicht genug Wert gelegt werden. Selbst wenn Bewerber dann erst einmal strenger überprüft werden, ist das sicherlich auch im Interesse jedes einzelnen Mitarbeiters. Vielleicht wäre auch mir das eine oder andere Ungemach erspart geblieben.

Die Aufsicht über die Zulassung der Firmen soll die Bundespolizei See beziehungsweise das Bundesamt für Wirtschaft und Ausfuhrkontrolle übernehmen. Und wie das immer so ist mit Planungen diesen Ausmaßes, ist natürlich nicht alles perfekt gelaufen, und es wird Nachbesserungsbedarf geben, aus der Branche hört man dazu viel Geschimpfe: zu viel Verwaltung, zu hohe Auflagen, heißt es zum Beispiel. Stimmt, vieles wäre sicherlich auch mit weniger Bürokratie zu bewältigen. Dennoch überwiegt aus meiner Sicht das Positive. Vor allem kann man dieses Gesetz auch als grundsätzliches Bekenntnis zum Einsatz privater Sicherheitskräfte lesen. Und das ist für meine Branche natürlich eine sehr positive Entwicklung und das Wichtigste an dem ganzen Gesetzesvorhaben überhaupt.

Allerdings gibt es auch viele Menschen, die ein Problem damit haben, dass sich die Politik jetzt so eindeutig zum Einsatz privater Sicherheitsleute bekennt. Schließlich hätte man auch die eigene Polizei oder Bundeswehr dafür verwenden können. Ein ganz gutes Beispiel für die Argumente der Gegenseite ist ein Artikel von Andreas Flocken, der im Sommer 2012 in den *Stuttgarter Nachrichten* erschienen ist und den ich hier der Ausgewogenheit zuliebe erwähnen möchte. Flocken ist eigentlich Rundfunkredakteur und betreut beim NDR die Sendung *Streitkräfte und Strategien*.

Zunächst wirft Flocken die alte Frage auf, ob die Sicherheitskräfte da unten auf hoher See nicht ziemlich viel Unheil anrichten, von dem man hierzulande wenig mitbekommt – wie auch, schließlich fehlt es bei Schusswechseln mit den Piraten an unabhängigen Zeugen und Beweismitteln. In seinem Artikel zitiert er den ehemaligen britischen Elitesoldaten Richard Fillon mit den Worten: »Ich habe viele Gerüchte über tödliche Zwischenfälle auf See gehört – von gefangenen Piraten und Seeräubern, die am Ladebaum aufgehängt wurden. Die Besatzungen werden nie zugeben, Piraten erschossen zu haben. Aber man hört solche Geschichten immer wieder, und ich bin sicher: Viele sind wahr.« Dass angeblich so viel Mist auf hoher See passiere, führt

Fillon auf die mangelnde Qualität der Dienste zurück. Auch diese Kritik hören wir natürlich ständig, und genau deshalb soll es ja nun eine strengere Aufsicht über die Sicherheitsfirmen geben. Ich möchte hier zumindest mal ganz vorsichtig nachfragen, woher man eigentlich umgekehrt so sicher weiß, dass staatliches Militär vor unschönen Zwischenfällen gefeit ist. Soldaten sind auch nur Menschen, aber gut.

Dann heißt es in dem Artikel weiter, auch die von den Piraten häufig mitgeführten Panzerfäuste seien überschätzt. Meint zumindest Fillon. Ich frage mich allerdings, ob er schon mal ein Schiff gesehen hat, das nach einem Beschuss aus einer solchen Panzerfaust in Flammen aufgegangen ist. Ich jedenfalls möchte das nicht so gern am eigenen Leib erleben und wünsche das auch niemandem.

In Flockens Artikel kommt außerdem der Hamburger Innensenator Michael Neumann zu Wort, der beklagt, der Schutz deutscher Schiffe sei eine hoheitliche Aufgabe, die man privaten Sicherheitsleuten nicht überlassen dürfe. Diesen Einwand höre ich natürlich ständig. Klar, meinetwegen kann auch die Bundespolizei See oder die Bundeswehr den Schutz übernehmen – die Frage ist nur, wer das dann bezahlt. Das Kostenargument will Neumann nicht gelten lassen, so etwas rechne sich nie, sagt er, auch die normalen Polizeieinsätze kosteten schließlich Geld. »Aber es geht doch darum, ob ein Staat in der Lage ist, sich selbst noch ernst zu nehmen und das Gewaltmonopol wirksam und angemessen durchzusetzen.«

Diese Haltung kann man natürlich vertreten. Der Redlichkeit halber sollte man dann allerdings auch erwähnen, dass man damit von der Allgemeinheit fordert, den Schutz der deutschen Reedereien zu finanzieren. Bei der aktuellen Lösung müssen die Reeder selbst für die Dienste der Guards aufkommen.

Alles in allem ist daher die aktuelle Lösung – zugelassene Dienstleister, staatliche Kontrolle – für mich ohne echte Alternative.

An Bord der *Shimmering Substance* hielten jedenfalls die Offiziere noch selbst Wache, wir waren ja mit anderen Aufgaben betraut. Und so hatte der Zweite Offizier einen größeren Kontakt auf dem Radar ausgemacht, der nun schon seit einer ganzen Weile auf unserer Route direkt vor uns herdümpelte. Aha, dachte ich. Das war ja an sich noch kein Grund, uns hierher zu beordern. Unsere Reederei war bekanntlich nicht die einzige, die auf die Idee gekommen war, Waren von Indien nach Afrika zu transportieren. Komisch war allerdings, dass der Kontakt so langsam fuhr. Er war nicht riesig, in etwa so groß wie ein Küstenmotorschiff, so um die dreißig Meter lang. Selbst für diese Größe fuhr er auffällig langsam, nämlich nur zwei, drei Knoten schnell. Es gab hier auf hoher See ja eigentlich keinen Grund, das Fahrvergnügen unnötig in die Länge zu ziehen, und es war auch eher unwahrscheinlich, dass man mitten auf dem Indischen Ozean anhielt, um den guten Ausblick zu genießen oder der Besatzung ein kleines Bad im Meer zu gestatten. Und wir hatten nach dem weiten Weg aus dem Schiffsinneren ohnehin nichts dagegen, uns noch ein bisschen auf der Brücke herumzutreiben, zumal es frischen Kaffee und einen gut gefüllten Kühlschrank gab. So versprach ich dem Zweiten Offizier, die Situation ein bisschen im Blick zu behalten. Ich entdeckte im Kühlschrank ein fantastisches Sandwich mit Eiersalat, lud es auf meinen Teller und wollte soeben hineinbeißen, als der Zweite Offizier erneut herüberrief: »Das Schiff hat gewendet!«

Das änderte die Situation. Ich stellte etwas traurig das Sandwich zurück in den Kühlschrank, wieder ein bisschen hinter die Kaffeedose, damit es mir in der Zwischenzeit von niemandem weggegessen werden würde, und eilte zum Radar. Zwei Dinge waren besonders unangenehm: Zum einen hatte das Schiff seine Fahrt deutlich beschleunigt, nachdem es gewendet hatte, und zum anderen hielt es nun direkt auf uns zu. Das Radargerät zeigte auch das *heading* des Kontakts an, es gab auf dem Bildschirm also einen verlängerten Strich mit der Richtung, in die das andere Boot nun unterwegs war. Dieses *heading* zeigte auf uns, und zwar ganz genau.

Der Kontakt war noch höchstens 15 Seemeilen von uns entfernt. Ein Kontakt, der erst mit ein paar Mini-Knoten herumzauderte und dann plötzlich umdrehte, um direkt auf uns zuzuhalten – da gab es eigentlich keinen Zweifel: Der wollte zu uns! Und vermutlich ging es dabei nicht nur um mein Sandwich.

Als das Schiff auf fünf Meilen an uns herangekommen war, sahen wir im Fernglas, dass es sich dabei um eine Art Fischtrawler handelte, komplett blau gestrichen mit weißen Aufbauten. Wir versuchten, ihn über Funk zu erreichen. Er antwortete nicht.

»Dann lege ich mal den Hebel auf den Tisch«, entschied Klaus, der inzwischen ebenfalls auf der Brücke erschienen war. »Hebel auf den Tisch legen« bedeutete, dass er seine Maschine auf Vollgas fuhr, den Geschwindigkeitshebel am Anschlag sozusagen, und dem Motor so viel Leistung abforderte wie möglich. Normalerweise machen die Kapitäne das nicht so gern. Denn bei der Reederei stehen sie gut da, wenn sie mit möglichst wenig Treibstoff auskommen.

Auf maximale Kraft beschleunigt, begann das Schiff zunächst heftig zu vibrieren. Doch die *Shimmering Substance* zog an, dass es eine Freude war – als hätte der Motor nur darauf gewartet, endlich einmal mit maximaler Last durchs Wasser zu pflügen. Gleichzeitig hielt der Trawler ebenfalls mit voller Kraft auf unsere Bugspitze zu.

Was nun folgte, war aus unserer Sicht ein ziemlich einfaches Manöver, zumindest mit so einem schnellen Schiff. Doch für die Piraten war der Traum vom Blitzangriff damit leider ausgeträumt. Klaus drehte ab, verließ den vorgeschriebenen Kurs also um ein, zwei Grad, und so hatten wir bald eine knappe Seemeile Abstand zu dem entgegenkommenden Fischtrawler. Hektisch versuchte der Steuermann des Trawlers, der sich offensichtlich grob verschätzt hatte, was unsere Geschwindigkeit betraf, seinen Bug ebenfalls nachzurichten, mit dem Ziel, am Ende möglichst spitz auf uns zuzulaufen. Doch so schnell konnte der sein Schiff gar nicht manövrieren. Er hatte kaum beigedreht, da waren wir schon mit viel Speed an ihm vorbeigedampft. Wir konnten ihm sogar ziemlich gelassen zuwinken. »Auf Nimmerwiedersehen!«

Mir war klar, dass er uns nicht mehr einholen konnte. Hätte er etwas früher auf uns eingedreht, hätte die Lage schon anders ausgesehen. Aber jetzt war das kleine Schiff chancenlos. Wir konnten zwar noch sehen, wie der Schornstein eine fette schwarze Rauchfahne aushustete. Die Piraten versuchten offensichtlich, aus ihrer Maschine noch einmal alles herauszuholen. Doch für die Verfolgung war es längst zu spät, sie hatten zu viel Zeit verloren durch ihr Manöver. So zogen wir mit unserem Supercargo auf und davon. J. J. und ich schenkten einander ein zufriedenes Lächeln. Wir hatten uns noch nicht einmal die Mühe gemacht, unsere Sachen anzuziehen.

Als wir am Abend freudig hinuntergingen in die Messe – denn die Verpflegung war auf der *Shimmering Substance* ein zuverlässiges Vergnügen –, war vom Abendessen nichts zu sehen. Wir fragten uns verblüfft, wohin die Mannschaft nur verschwunden war. In der Pantry trafen wir den Stewart. Er schickte uns über eine Tür auf der Steuerbordseite ins Freie.

Als wir durch die Luke nach draußen traten, erwartete uns eine Überraschung: Auf dem Deck war ein großes Buffet mit köstlichem Grillgut aufgebaut, dazu ein riesiger Wasserbottich, in dem sich unendlich viele Bierdosen zum Kühlen stapelten. Klaus und Igor winkten uns zu sich. Wir sollten bei ihnen am Kopf der Tafel Platz nehmen.

Ich hatte noch nie so viele köstlich zubereitete Scampi und Muscheln auf einem Haufen gesehen. Und das Nette daran: Die gesamte Crew futterte mit. So unterschiedlich konnten die Kulturen an Bord sein. Es gab die nette, legere Schiffsführung, bei der alle Fipse mit am Tisch saßen und großzügig verpflegt wurden, und die hierarchische Schiffsführung, bei der man ungewaschene Inder über rostige Gänge hetzte und sich am eigenen Herrscherduktus berauschte. Welcher Führungsstil der Stimmung an Bord mehr diente, war hier mit frappierender Deutlichkeit zu spüren. Die Fipse tanzten und sangen und steckten uns mit ihrer Fröhlichkeit sofort an. Klaus lehnte sich zufrieden zurück, nippte an einem guten Glas Rotwein und betrachtete das fröhliche Treiben seiner Mannschaft. Igor hatte schon einen halben Kasten Bier geleert und wollte noch einmal auf die Details der deutschen Kriegsführung vor Stalingrad zu sprechen kommen. Die Musik der Fipse schallte über uns in den Sternenhimmel. Was für ein Leben.

Während um uns herum wild gefeiert wurde, kamen wir auf den Zwischenfall vom Nachmittag zurück.

»Ich glaube, ich würde es genauso machen«, sagte ich.

Klaus musterte mich neugierig. Ich hatte mich ja schon oft in die Piraten hineinversetzt und überlegt, wie ich selbst an ihrer Stelle vorgehen würde. Und ich fand die Idee gar nicht so dumm, auf kleine Skiffs zu verzichten und sich direkt mit einem größeren Schiff an die dicken Frachter heranzuwagen. Schließlich waren das inzwischen die Einzigen, die noch ohne Guards fuhren. Die Skiffs hatten zwar den Vorteil, dass sie auf dem Radar lange unbemerkt blieben und nah an ihre Opfer herankamen. Aber eigentlich hockte man als Angreifer darin viel zu kläglich und gab eine viel zu bequeme Zielscheibe für die Leute oben auf den Decks ab. Hätten die Guards ein Scharfschützengewehr mit einem noch größeren Kaliber, als wir es haben, sie könnten durch so ein Skiff glatt hindurchschießen. Gegen einen Frachter hatte man da mit zwei, drei Skiffs einfach keine Chance mehr, und die flachen, langsamen *bulk carrier* fuhren mittlerweile alle mit Guards, alles andere war lebensmüde. Anders sah es aus, wenn man sich selbst mit einem großen Stahlschiff näherte.

»Und wie genau würdest du das machen?«, fragte Klaus.

Ich dachte nach. »Im Zweifel würde man erst mal eine Weile in der Nähe herumschippern«, sagte ich. Ich dachte an den zurückliegenden Fall. Wie wir uns an den Anblick des benachbarten Frachters gewöhnt hatten und dann ziemlich überrascht gewesen waren, als aus dieser Richtung doch noch ein Angriff kam.

»Und dann würde ich mit aufgestellter Gangway als Enterbrücke auf die losfahren und ballern, was das Zeug hält.« Klaus schaute mich unverwandt an. »Noch besser wäre vielleicht, gleich mit einem Hubschrauber anzugreifen«, überlegte ich weiter.

»Die gibt es im Zweifel schon für 15 000 Dollar bei den Russen«, half mir J. J. bei meinen Überlegungen.

»Ja, und die sind so schnell bei ihrem Opfer, so schnell kann man gar nicht gucken«, sagte ich.

Ich hatte mich ein wenig in Rage geredet. Als mir wieder einfiel, dass die Bosse von Igor und Klaus uns ja angeheuert hatten, um ihr Schiff vor Piraten zu beschützen, wurde mir bewusst, was ich da eigentlich für ein Zeug redete. Toller Guard, der sich da auf Reederkosten durchfutterte und gemütlich eigene Enterpläne schmiedet, dachte ich und wollte das Gesagte schon schnell wieder relativieren.

»Ich wüsste sofort, wo man einen solchen Kahn am besten verschwinden lässt«, sagte Klaus.

Wir schauten ihn überrascht an.

»Hey – wenn es eines Tages nicht mehr so gut läuft in meiner Branche, muss ich mir doch Gedanken machen, wie es weitergeht!«, sagte er und streckte seine Unterarme ein wenig vor, mit den Handflächen nach oben. Er war sich keiner besonderen Schuld bewusst.

Igor, J. J. und ich hielten einen Moment die Luft an – und brachen dann in Gelächter aus.

Ob Pirat oder Kapitän, Somali oder Deutscher, letztlich war das ja alles nur eine Frage des Standorts. Ich war in Cuxhaven geboren und nicht in einer Lehmhütte am Strand von Djibouti. Das unterschied mich von den Piraten. Klaus schenkte mir noch ein wenig von dem guten Bordeaux nach. Und ich dachte derweil, dass ich wohl ziemlich dankbar sein konnte.

Nach unserer Sicherheitsberatung war der Auftraggeber übrigens so zufrieden mit unserer Arbeit, dass er meiner damaligen Firma einen Vertrag anbot. Von da an sollten wir auch alle seine kleineren Schiffe durch die Hochrisikozonen begleiten. Weil die Schiffe dieses Reeders allesamt gut in Schuss waren und die Schiffsführung freundlich und gut zur Besatzung, verbesserte sich unsere Lebensqualität dadurch beträchtlich.

Die Frage, ob die Piraten zu einer neuen Taktik übergegangen waren, sollte uns allerdings noch länger beschäftigen. Zum Glück habe ich noch von keinem Fall gehört, in dem die Piraten auf die Idee gekommen sind, mit einem Hubschrauber anzugreifen. Doch es liegt auf der Hand, dass sie immer professioneller vorgehen und sich überlegen, wie auch die gut bewachten Schiffe noch zu knacken sind.

Auf einer späteren Tour erlebten wir noch einmal einen ähnlichen Beinahe-Überfall, der von einem größeren Piratenschiff ausging. In dem Fall waren wir auf der *L'Erouve* unterwegs, wieder auf einem sehr schnellen Schiff mit einem hohen Freibord, und steuerten auf die Gefahrenzone zu, die sich direkt vor der Küste Somalias befindet. Auf jeder Seekarte ist sie als ein etwa 300 Seemeilen breiter Streifen ausgewiesen, der in einem entsprechenden Bogen umfahren werden sollte. Natürlich hatten auch die Piraten das inzwischen mitbekommen und beobachtet, dass sich die meisten Seemänner ziemlich genau an die 300-Seemeilen-Empfehlung hielten, aber auch keine Meile mehr. Das hätte ja nur Brennstoff gekostet. Und so legten sich die Piraten neuerdings eben an den Rändern der Gefahrenzone auf die Lauer, die waren schließlich nicht dämlich. In der Zeit vor unserer Überfahrt war es daher vor allem am unteren Zipfel der Transitroute zu besonders vielen Überfällen gekommen, also just an der Stelle, an der die Schiffe wieder Richtung Küste einschwenken mussten, wenn sie nach Mombasa oder Dar es Salaam unterwegs waren.

Ich schlug nun meiner Schiffsführung trotzdem vor, von Salalah aus einfach mitten durch die gefährlich Zone nach Mombasa zu fahren. Wir waren schnell, wir waren bewaffnet, was sollte schon passieren? Die Schiffsführung war zunächst skeptisch, ließ sich nach einigen Debatten aber auf meinen Vorschlag ein. Wir fuhren also mitten durch die Hochrisikozone und freuten uns, durch die Abkürzung Zeit und Sprit zu sparen. Damit taten wir übrigens genau das, was man dem Kapitän der entführten deutschen *Hansa Starvanger* vorgeworfen hatte. Er habe die Gefahrenzone nicht weit genug umfahren, lautete die Kritik. Im Unterschied zu unserem Schiff hatte er allerdings keine Guards an Bord, und daher war das Vorgehen doch ein wenig gewagt.

Teamkollegen haben mich mal als »Shit-Magneten« bezeichnet, das war keineswegs negativ gemeint. Irgendwann wollten alle nur noch mit mir fahren. Wenn ich an Bord war, passierte eigentlich immer etwas. Und auch wenn das jetzt komisch klingt, das war meinen Kumpels deutlich lieber als die ständige Langeweile an Bord. Über die allerdings auch nur so lange gejammert wurde, bis wirklich die ersten Kugeln flogen. Dann hieß es doch: »George, du alter Shit-Magnet, was hast du uns wieder eingebrockt.«

Und diesem Ruf sollte ich auch auf dieser Tour wieder gerecht werden, zumindest fast. Wir hatten ungefähr die Hälfte unserer Abkürzung durchs Gefahrengebiet hinter uns gebracht, da entdeckte uns ein kreuzendes Piratenschiff, das vermutlich seinerseits auf dem Weg in sein Einsatzgebiet am Rand der Gefahrenzone war. Die Piraten reagierten sofort und nahmen die Verfolgung auf. Ich riet dem Kapitän auch in diesem Fall, den Hebel auf den Tisch zu legen und sich mit Vollgas aus dem Staub zu machen. Zunächst konnte das Piratenschiff erstaunlich gut mithalten, und ich fürchtete schon, dass wir diesmal nicht so leicht davonkommen würden. Als sie dann allerdings die Fahrt verlangsamen mussten, um ihre Skiffs zu droppen, verloren sie den Anschluss. Auf einen Angriff direkt vom Mutterschiff aus waren sie offensichtlich nicht vorbereitet.

Am Ende schloss ich daraus, dass es mit keinem allzu großen Risiko verbunden war, die Piraten in dieser Gegend zu überraschen, solange sie noch auf ihren Mutterschiffen unterwegs waren. Bis die ihre Skiffs zu Wasser gelassen hatten, war man auf und davon. Das sähe natürlich anders aus, sollten sie dazu übergehen, direkt von ihrem Mutterschiff aus anzugreifen.

Vermutlich ist es unrealistisch, das zu fordern, und schon gar nicht von heute auf morgen – aber schnelle Schiffe scheinen mir die beste Lösung für das Piratenproblem zu sein. Sie könnten uns Guards sogar eines Tages arbeitslos machen. Große Zukunftssorgen muss ich mir deswegen aber wohl nicht machen. Es wäre den Reedereien weltweit nicht so ohne weiteres zuzumuten, ihre Handelsflotte von einem Tag auf den anderen mit nagelneuen Supertankern auszustaffieren. Und natürlich erhöht sich mit schnelleren Schiffen auch der Treibstoffverbrauch, und das ist auch nicht im Sinne der Unternehmen und schon gar nicht im Sinne des Umweltschutzes. Das heißt auf der anderen Seite: Es wird für uns Guards bis auf Weiteres immer genug zu tun geben.

Mehr Sorge als um meine Jobperspektiven mache ich mir um das, was uns da künftig noch alles erwarten könnte. Die Vorstellung, dass die Piraten zu härteren Methoden greifen, um sich auch der schnellen Containerschiffe zu bemächtigen, bereitet mir die meisten Sorgen. So hört man in letzter Zeit immer öfter von Mutterschiffen, die den Angriff ihrer Skiffs aus sicherer Distanz unterstützen.

Die Ausrüstung der Piraten wird ohnehin immer besser. An Bord fest installierte Maschinengewehre, großkalibrige Scharfschützengewehre und Panzerfäuste können verheerende Schäden anrichten. Das ist eine Horrorvorstellung für uns Guards. Denn die neuen Waffen würden uns ja direkt treffen, im wahrsten Sinne des Wortes.

Neu ist auch die Taktik, die Handelsschiffe gleich mit einem ganzen Schwarm von Skiffs zu überfallen. Zum Glück habe ich das bislang selbst noch nicht erlebt. Aber es gibt schon Berichte von Angriffen, bei denen die Piraten mit sechs bis zehn Skiffs auf ein einzelnes Schiff losgegangen sind – oder es zumindest versucht haben.

Es ist auch mindestens ein Fall dokumentiert, in dem die Piraten in Hafennähe gewartet haben, bis die Guards von Bord gegangen waren, um dann das Schiff zu entern. Das war besonders bitter: Der Frachter hatte vor Salalah den Anker geworfen, um vor der omanischen Hafenstadt einen längeren Zwischenstopp einzulegen und bei der Gelegenheit die Sicherheitsleute an Land gehen zu lassen. Die Guards waren noch in Sichtweite, als die Piraten aufs Schiff kamen. Ihr Lotsenboot war allerdings schon zu weit weg, um der Besatzung noch rechtzeitig zu Hilfe zu eilen. Sie mussten vom Boot aus mit ansehen, wie ihr Schiff gekapert wurde.

Auch dass 2011 im Indische Ozean gleich mehrere Öltanker erfolgreich angegriffen wurden, gab mir zu denken. In einem Fall gelang es Spezialkräften, den Tanker nach kurzer Zeit wieder zu befreien. Später verhörte man die beteiligten Piraten. Es war offensichtlich, dass sie bei der Aktion über besondere Kenntnisse verfügt hatten. Irgendjemand hatte ihnen geholfen. So wussten sie auffällig gut Bescheid über die konkreten Zugangs- und Verbindungswege an Bord, was ihnen ermöglicht hatte, schnell an die kritischen Punkte zu gelangen. Bei den Verhören kam heraus, dass sie ihr Vorgehen wochenlang geübt hatten und dabei von ehemaligen Spezialkräften unterstützt worden waren. Womöglich hatte es sich dabei um Sicherheitsleute gehandelt, die einfach für die andere Seite gearbeitet hatten – in diesem Fall vermutlich Russen.

Wenn sich die Reedereien von Exmilitärs helfen ließen, warum nicht auch die Piraten? In Somalia sind immer wieder Vertreter großer Sicherheitsfirmen gesichtet worden, das legen auch die Berichte internationaler Geheimdienste nahe. Offiziell sind Firmen aus dem privaten Sicherheitsgewerbe bislang zwar nur in der Region Puntland im Nordosten Somalias im Einsatz. Sie helfen der provisorischen Regierung der seit 1998 autonomen Region beim Aufbau einer eigenen Küstenwache. Aber was, wenn dann vor Ort ein anderer Auftraggeber an sie herantrat und etwas mehr Bezahlung bot? Wer konnte da für alle meine Kollegen die Hand ins Feuer legen? Ich jedenfalls nicht.

Es ist ja nun einmal ein Charakteristikum meines Jobs, dass ich mich nicht aus übertriebener Vaterlandsliebe oder aus irgendeiner religiösen oder ideologischen Überzeugung heraus entschieden habe, Guard zu werden. Sondern weil das nun einmal der Job ist, den ich gelernt habe und für den ich anständig bezahlt und von meinem Arbeitgeber gut behandelt werden möchte. Hätte ich etwas anderes gelernt, würde ich eben etwas anderes machen.

Natürlich halte ich es trotzdem für nahezu ausgeschlossen, dass ich eines Tages auf die Seite der Piraten wechseln könnte. Für meinen Schlaf ist es nämlich auch besser, wenn ich das Gefühl habe, auf der richtigen Seite zu stehen. Und ich denke, das tue ich. Wenn es hier so etwas wie Richtig oder Falsch überhaupt gibt.

Quertreiber und Dilettanten

Gut, ich wusste ja, ich war nicht zum Vergnügen angereist. Aber versuchen Sie einmal einem leidenschaftlichen Surfer zu sagen, dass er jetzt ein paar Tage Aufenthalt auf Mauritius hat. Und dann hindern Sie ihn daran, ans Wasser zu fahren. Die Firma wollte natürlich, dass wir im Hotel blieben, damit uns nichts zustieß. Auch auf den Touren selbst sollten wir immer brav im Hafen bleiben, weil wir an Deck weniger Dummheiten anstellen konnten als bei einem Landgang. Das war an sich ein schöner Gedanke. Nur leider völlig unrealistisch.

Die Superwelle von Le Morne im Südwesten der Insel ist für Surfer vielleicht das, was für Schriftsteller das Treppchen zur Nobelpreisverleihung ist – sie würden einiges tun, um einmal da oben rauf zu kommen. Vor allem, wenn man wie ich ohnehin schon in der Nähe war.

Das Revier *One Eye* gilt als legendär, die Welle ist eine der schnellsten der Welt. Sie wird bis zu zwei Mann hoch, sollte nur von Profis befahren werden und kann im Zweifel hundsgefährlich werden. Weil das flache Wasser an dieser Stelle voller Korallen ist, sollte der Surfer in der Lage sein, den richtigen Moment zum Aussteigen zu erkennen. Erwischt ihn die Welle mit ganzer Wucht und zieht ihn nach unten, reißen ihm die scharfen Kanten des Riffs wie Tranchiermesser die Haut auf.

Dieser fantastische Nervenkitzel lag nun also lediglich zwei Stunden Autofahrt von unserem Hotel entfernt. Und ich verstand mich sofort bombig mit unserem Agenten. So war der Plan schnell gefasst, der Agent bereit, mich zu fahren, und die Nummer eines deutschen Bretterverleihs hatte ich im Nu aus dem Internet gefischt. Eigentlich wollte ich gleich am ersten Tag losfahren.

Aber unser Hotel war auch kein schlechter Ort. Das *Le Suffren* sah aus wie ein kleiner Palast und hätte auch an der Strandpromenade von Nizza oder Monaco noch für anerkennende Blicke gesorgt. Drinnen war eine großzügige Lounge angelegt, mit einer offenen Bar und Blick auf das Wasser und die Promenade an der Rückseite, an der ein paar stolze Yachten festgemacht hatten.

In dieser Bar gab es übrigens den besten Cidre zu trinken, den ich in meinem ganzen Leben gekostet habe. Ich versuchte später sogar, mir eine Exportlizenz für diesen mauritischen Apfelwein zu besorgen und in den globalen Cidre-Handel einzusteigen, so begeistert war ich von dem Zeug.

Der Flug war anstrengend gewesen. So kam es jedenfalls, dass ich es mir am ersten Tag lieber noch einmal vor Ort gemütlich machte. Agent, Auto und Surfbrett bestellte ich mir für den folgenden Tag. Bei *windfinder* im Netz hatte ich gesehen, dass 14 Knoten vorausgesagt waren, ich hatte mir ein 12er-Segel bestellt, alles war perfekt. J. J. sollte den Neuen sagen, dass ich unterwegs sei und sie die Klappe zu halten hätten, falls jemand fragte. Der Agent wollte mich nach dem Frühstück abholen.

Doch am Abend übermittelte mir der Agent noch eine Botschaft. Mein lieber Kollege Jerry würde morgen im Hotel ankommen. Er würde mit seinem Team in den nächsten Tagen ebenfalls von Mauritius auf das Schiff seines Auftraggebers gehen. Es wäre doch anständig, hieß es, wenn wir das Team im Hotel in Empfang nehmen könnten. Erwartet wurden Jerry und seine Jungs gegen Mittag.

Ich bin nicht besonders talentiert darin, andere Menschen doof zu finden oder abzulehnen. Dass so viel gelästert wurde über Jerry, hatte ich daher lange ignoriert. Ein paar Kumpels waren schon häufiger mit ihm gefahren und hatten von den Touren haarsträubende Geschichten mitgebracht. Vor allem die Story, die J. J. mir erzählt hatte, hätte mir eigentlich zu denken geben müssen – wie Jerry am ganzen Körper gezittert hatte, nur weil sich ein Skiff am Horizont gezeigt hatte. Vieles war wohl aber nur das übliche bösartige Getratsche unter Kollegen, und ich hatte das daher nicht weiter ernst genommen.

Die Lieblingsgeschichte, die man sich erzählte, war die vom Brötchenladen. Jerry kam aus einem kleinen Dorf, das eigentlich nur aus einer große Transitstraße bestand. Dort gab es drei Brötchenläden. Die großen LKWs hielten an der Straße, die Fahrer stiegen aus, und jeder kaufte sich zwei Brötchen für die Fahrt. Jerry machte einen vierten Brötchenladen auf. Und wunderte sich, warum das Geschäft nicht brummte.

Doch diesmal hatte Jerry wirklich einen schweren Stand bei mir und rutschte auf meiner internen Beliebtheitsskala gleich einige Positionen nach unten. Er hatte mir nicht nur die mauritische Superwelle vermasselt. Auch der ganze Spaß im *Le Suffren* war von einer Sekunde auf die andere vorbei.

Mit Jerry' Team wurde Apfelsaft getrunken statt Cidre. Die anderen Hotelgäste sahen wir möglichst nur von weitem. Wenn Jerry gewusst hätte, wie wir uns am Vortag betrunken hatten und dann im Suff vom Hotelsteg aus noch eine Flaschenpost zum Partyvolk auf der gegenüberliegenden Yacht geworfen hatten, das dann tatsächlich zu uns rübergekommen war – er hätte das bestimmt nur halb so amüsant gefunden wie wir. Und es sofort dem Chef gepetzt.

Schon der Morgen war nicht so erfreulich verlaufen. Nachdem ich die anderen Jungs in der Hotellobby begrüßt hatte, fragte ich, wo Jerry denn stecke.

»Der ist draußen, noch mit dem Boss telefonieren«, sagte einer der Kollegen.

Ohne ihm hinterherdackeln zu wollen, ging ich also selbst hinaus auf den Parkplatz. Ich musste ja ebenfalls meinen täglichen Bericht absetzen, warum also nicht jetzt.

Ich finde es okay, wenn sich die Teamleiter erst mal eine Runde allein besprechen. Und ich wäre als Neuling nie auf die Idee gekommen, mich einfach dazuzustellen. Doch als ich hin-

aus auf den Parkplatz ging, merkte ich, dass sich ein Typ aus
dem anderen Team an meine Fersen geheftet hatte. Er begann
sofort, mich vollzuquatschen. Ich fand das ziemlich nervig. Ich
wollte Jerry in Ruhe begrüßen und brauchte dafür keinen auf-
geblasenen Wichtigmacher an meiner Seite. Am liebsten hätte
ich den Vogel gleich darauf hingewiesen, dass er als FNG den
Ball für meinen Geschmack gern etwas flacher halten dürfe.

Da erkannte ich, wen ich vor mir hatte. Das war doch der
Typ aus dem Office, der mit dem Gestapo-Scheitel – der Kommissar geht um. Außerdem sah man jetzt, dass er so tätowiert
war, wie es in der US-Army damals der letzte Schrei war. Hinten
auf den Unterschenkeln, ganz gerade auf den Waden. Ich fand
das einfach nur möchtegern und peinlich von diesem dahergela-
laufenen Militärbullen. Vor allem, wenn man so ein dünner
Hänfling war wie er. Noch während der Kommissar irgendwas
rumredete und dabei so tat, als wäre er schon mindestens seit
zehn Jahren im Geschäft, drehte ich mich einfach um und ging
auf Jerry zu. Das machte mir fast schon wieder ein bisschen
Spaß: so zu tun, als existierte der Kommissar gar nicht, als wäre
er nichts als ein unangenehmer, feuchtwarmer Lufthauch mit
ein paar Spuckespratzern. Ich dachte, das könnte ihm vielleicht
gleich die Frage beantworten, ob wir zwei im Leben noch einmal dicke Freunde werden würden.

Jerry begrüßte mich jetzt vielleicht nicht wirklich über-
schwänglich, aber dennoch sehr nett. Ich versuchte, meinen
Frust über den vermasselten Surfausflug herunterzuschlucken
und ihm meinerseits freundlich die Hand zu schütteln.

Ich glaube, Jerry' Problem war seine beständige Sorge, jemand könne ihm seinen Platz als Liebling des Chefs streitig
machen. Deshalb war er sehr darauf bedacht, andere kleinzu-
halten und sich ein bisschen größer darzustellen, als er tatsächlich war. Doch bei den Kollegen aus den anderen Teams kam
langsam die Frage auf, womit seine herausgehobene Position in
der Firma eigentlich zu begründen war. Man wäre von allein
nicht unbedingt darauf gekommen, dass er von uns allen der
beste Operator sein sollte.

Den letzten Tag auf Mauritius verbrachten wir nun also relativ spaßbefreit in unserem Luxusressort, und ich war eigentlich nicht traurig, am nächsten Tag mit meinem Team in See stechen zu dürfen. Ich hoffte, dass ich Mauritius bald mal wieder besuchen würde. Unwahrscheinlich war das ja nicht. Die Piraten hatten sich mal wieder eine neue Strategie einfallen lassen. Anstatt die Schiffe in den Seegebieten des Arabischen Meeres zu plündern, hatten sie sich vermehrt auf den südlichen Teil des Indischen Ozeans verlegt, der von den Malediven über die Seychellen bis hinunter zur Küste Tansanias reichte. Bis hierhin kamen die Militärschiffe nur selten, und lukrative Ziele gab es auch hier mehr als genug. Einige Piratenclans hatten sich sogar darauf spezialisiert, nachts die dicken Touri-Orte auf den Inseln anzusteuern und ihre Opfer einfach direkt aus ihren Luxusressorts herauszuklauen. In der Zeit, als ich das erste Mal in der Gegend zu tun hatte, hatten sie gerade eine krebskranke Frau aus ihrem Hotel auf den Seychellen gekidnappt. Leider hatten sie vergessen, die Medikamente der Frau auch mit zu stehlen. Die Amerikanerin starb noch auf dem Weg ins Piratenversteck. Lösegeld gab es natürlich keines mehr.

Die *Kentridge* war wieder ein schönes, schnelles Containerschiff, und die Besatzung nahm uns freundlich auf. Diesmal war sie sogar besonders freundlich, und das hatte womöglich damit zu tun, dass mich einer der Fipse gefragt hatte, ob ich philippinische Vorfahren hätte. Das war bislang nie ein Thema gewesen. Aber tatsächlich: Der Vater meiner Mutter kommt aus dieser Region. Ich beherrsche die Sprache zwar nicht und bin auch nur fünf, sechs Mal im Urlaub auf den Philippinen gewesen. Aber für die Fipse reichte das, um mir als einem der ihren einen besonders herzlichen Empfang zu bereiten.

Eigentlich waren auf diesem Schiff alle sehr offen und nett. Nur der Kapitän, ein despotischer, übellauniger Rumäne, sorgte für schlechte Stimmung. Zwar gab er zu unserem Einstieg ein kleines Grillfest, allerdings nur für uns und die Offiziere. Es war übelst langweilig, und ich sehnte mich nach den Festen mit

Klaus zurück, bei denen wir mit der gesamten Besatzung gesungen und getanzt hatten.

Als sich unser Schiff dem Hafen von Jebel Ali in den Emiraten näherte, bemerkte ich, wie die Stimmung an Bord sich langsam besserte. Mir wurde auch bald klar, warum die Fipse so aufblühten: In Jebel Ali sollte der despotische Rumäne von Bord gehen und ein neuer Kapitän aufs Schiff kommen. Takashi Ban. Ebenfalls ein Philippino. Und wie sich herausstellte, war er ein ganz feiner, ruhiger, vorsichtiger Kerl. Er wirkte mehr wie ein Akademiker denn wie ein Maschinenschlosser, war also das genaue Gegenteil von seinem rumänischen Vorgänger.

Wann immer wir arabische Häfen wie Jeddah oder Jebel Ali anliefen, musste ich darauf achten, dass wir nicht nur unsere Waffen sowie Alkohol und Zigaretten vor der Zollkontrolle im *bounded locker* in Sicherheit brachten, sondern auch Filme und Zeitschriften. Die Sittenpolizei dieser Länder suchte nämlich mit Vorliebe nach pornografischen Bildern. Da waren die Moslems strenger als katholische Priester zu ihren schlimmsten Zeiten. Einmal gab es sogar Streit um eine alte Fernsehzeitung – auf deren Cover bekanntlich gern Frauen abgebildet werden, die eher sommerlich angezogen sind. Selbst Seiten in Illustrierten mit Frauen in T-Shirts konnten den muslimischen Unmut erregen.

Damit war nicht zu spaßen. Ich hätte meine Festplatte lieber zertreten, als sie dem Zollbeamten auszuhändigen und dafür womöglich in einen arabischen Knast zu wandern, wo man vergleichbare Ungehörigkeiten vermutlich noch mit Peitschenhieben auf den nackten Hintern bestrafte. Deshalb bat ich die Kollegen also inständig um alle ihre Pornos und Zeitschriften und Videos und was auch immer sie sonst so dabeihatten, und schloss sie in unserer persönlichen Duty-free-Zone ein, solange wir im Hafen lagen. Natürlich hatte jeder der Jungs irgendwelche Bilder dabei. Wir waren schließlich wochenlang in reiner Männergesellschaft unterwegs.

Schon am ersten Tag bekam ich die Gelegenheit, persönlich zu überprüfen, ob unser neuer Kapitän bei seinem Team zu

Recht so beliebt war. Als ich mich auf der Brücke vorstellte, lud er mich sofort zu einem längeren Gespräch ein. Er hatte über die philippinische Buschtrommel natürlich schon von mir gehört: »Your mom is from the Philippines?!«, fragte er und gab mir sehr herzlich die Hand. Zwischen uns war das Eis damit sofort gebrochen. Er interessierte sich zudem sehr für unsere Arbeit, stellte gleich ein paar gute Fragen, die erkennen ließen, dass er etwas von seinem Job verstand und an einer guten Zusammenarbeit interessiert war. Von mir aus stand dem ohnehin nichts im Wege.

Es war immer wieder faszinierend zu beobachten, wie viel angenehmer es sich mit einem netten Kapitän doch reiste. So feierten wir also am nächsten Abend zum zweiten Mal einen Einstand. Diesmal aber richtig. Es gab ein riesiges Barbecue auf dem Achterdeck, ein Spanferkel drehte sich am Spieß, und dazu lief vor allem die Karaoke-Anlage heiß.

Die Philippinos lieben Musik. Die Mannschaft hatte bunte Lampions aufgehängt, das Deck zur Tanzfläche umdeklariert und die Musik bis zum Anschlag aufgedreht.

Karaoke, furchtbar – wie habe ich mich zuerst dagegen gesperrt! Aber natürlich wurde so lange herumgebettelt und überredet, bis ich mich wenig später doch an dem Spaß beteiligte. Irgendwann sagte ich mir einfach: Eigentlich mussten mir meine Zuhörer viel mehr leidtun als ich mir selbst. Und dann dröhnte ich auch schon irgendeinen Hitparadensong ins Mikrofon.

Einige Karaoke-Abende und Hunderte von Seemeilen später lieferte ich sogar ein paar ganz passable Gesangseinlagen ab. Das ging so weit, dass ich bei einem legendären Landgang mit ein paar Drinks und lustiger Gesellschaft in einer Hafenbar die lokale Karaoke-Meisterschaft gewann. Erinnern konnte ich mich am nächsten Morgen zwar nicht mehr daran. Aber auf die Frage, warum mein Helm so teuflisch nach Fisch stank, wurde ich von meinen Kollegen darüber aufgeklärt, dass ich am Abend die Jury mit einer kleinen Theatereinlage überzeugt hatte: Leere Hummerköpfe an den Fingern als Handpuppen, die Bühne über einem Sichtschutz aus Carslberg-Dosen, hinter dem ich mich verschanzte. Was man halt so macht, wenn man nach drei Wochen das erste Mal wieder an Land geht und das eine oder andere Bier aufgetrieben hat. So erklärte sich auch der Fischgeruch am Helm. Das war der Rest vom Hummer, den ich danach vermutlich großzügig über alles verteilt hatte, was ich noch so angefasst hatte. Echt dufte.

Auf jeden Fall war die Party, die der neue Kapitän jetzt für das ganze Team schmiss, kein Vergleich zu der steifen Sitzveranstaltung des despotischen Rumänen. Ich beglückwünschte die Crew natürlich zu ihrer gelungenen Feier. Dumm war nur, dass wir soeben die Straße von Hormus hinter uns gelassen hatten und nun mit Volldampf auf die Hochrisikozone zuhielten – beleuchtet wie eine fahrende Diskokugel. Insgeheim war ich ganz schön nervös, hielt ständig meine Kurzwaffe im Revers und ließ mich von der Wache alle halbe Stunde über die Lage auf dem Radarschirm informieren. Ich gab mir Mühe, trotzdem so entspannt wie möglich zu lächeln, während man mir Spanferkelstücke und andere Köstlichkeiten auf den Teller lud und rundherum alle in besoffener Glückseligkeit versanken. Schließlich wollte ich die gute Stimmung an Bord nicht gefährden und Takashi Ban nicht schon am ersten Tag mit Restriktionen und Gemecker vor den Kopf stoßen. Die wirklich heiße Zone war auch noch gar nicht ganz erreicht. Was ich mit diesem Fest riskierte, würde ich später an Sicherheit vermutlich doppelt zurückgewinnen, weil die Schiffsführung gut mit uns zusammenarbeiten und wirklich tun würde, worum auch immer ich sie bat. Das war mir den Stress nun wirklich wert. Nachdem ich meinen zweiten Teller mit köstlichem Fleisch geleert und eine Sprite getrunken hatte, griff ich erneut zu meinem Funkgerät. Der Kollege meldete einen ruhigen Radarschirm und auch sonst keinerlei Auffälligkeiten. Ich drehte mich in meinem Stuhl, um selbst in die Nacht hinauszublicken. Alles schwarz. Das Schiff war so hell erleuchtet, dass um mich herum alles in tiefster Nacht versank. Und statt auf Außenbordmotoren und Schüsse aus automatischen Waffen zu lauschen, hörte ich Kylie Minogue und Michael Jackson beim Singen und Jauchzen zu.

Ich musste an das Geschäftsmodell eines verrückten Russen denken, der auf die Idee verfallen war, Adventure Trips mitten durch die *high risk area* anzubieten. Ein für Piraten möglichst attraktives Schiff sollte zu diesem Zweck ähnlich gut beleuchtet wie wir und in provozierender Langsamkeit in ihren Lieblingsrevieren auf und ab fahren und ihre Aufmerksamkeit erregen. An Bord würden sich dann ein paar ballerwütige, erlebnisdurstige und vor allem zahlungskräftige Westler mit Knarren auf die Lauer legen. Alle Piraten, die man auf diese Weise anzulocken hoffte, wären dann zum Abschuss freigegeben – sozusagen als Touristenattraktion mit dem besonderen Nervenkitzel.

Ich dachte darüber nach, wie total kaputt diese Menschen sein mussten. Außerdem ahnten sie vermutlich nicht, was sie sich da antaten und was sie erwartete, wenn doch mal etwas schiefging. Das waren extrem zynische Großwildjäger-Fantasien. Am Ende jedenfalls scheiterte dieser Typ an den Kriegswaffenkontrollgesetzen. Nicht aber an mangelnder Nachfrage.

Auf dem Achterdeck wurde inzwischen zu Hits gerockt, die so mies waren, dass sie über jedes konkrete Geschmacksurteil fast schon wieder erhaben schienen. Oder, um es in weniger diplomatische Worte zu fassen: die schon in den 80ern für jeden deutschen Jugendlichen das soziale Aus bedeutet hätten, hätte man ihn auch nur mit einem dieser Songs auf dem Walkman erwischt.

Doch selbst Takashi Ban, der das Geschehen bislang vom Rand aus beobachtet hatte, mischte sich nun unter seine tanzende und hüpfende Mannschaft. Mir gefiel, wie der Kapitän das anstellte. Er zeigte eine hohe soziale Intelligenz im Umgang mit seinen Leuten. Bei allem, was er tat, demonstrierte er Interesse und Verbindlichkeit, ließ zugleich aber nicht den geringsten Zweifel daran aufkommen, dass er der Chef war. Er gab sich keinerlei Blöße und neigte auch nicht zu unangenehmen Verbrüderungen. Sollte man mir bescheinigen, dass ich das als

Teamleader ähnlich gehandhabt habe, ich würde das als Kompliment begreifen.

Als ich die Wache um halb zwölf das letzte Mal auf der Brücke anfunkte und mir der Kollege erneut bescheinigte, der Radarschirm sei so ruhig wie eine Mondlandschaft, fing auch ich langsam an, mich zu entspannen. Keine auffälligen Kontakte, alles im Lot. Ich lehnte mich in meinem Stuhl zurück und schickte die Nachtwache zurück an ihren Platz auf der *bridge wing*. Die Party würde noch bis spät in die Nacht gehen. Um diese Uhrzeit war vermutlich nicht mehr mit einem Angriff zu rechnen. Das Einzige, was die Crew jetzt noch zu befürchten hatte, waren ein paar blaue Flecken auf dem Weg zurück in die Kabinen – und den Kater vom nächsten Morgen.

Am nächsten Tag freute ich mich dafür umso mehr über den geglückten Einstand. Und hatte auch kein Problem damit, in einem Hauptsatz meine Bitte zu platzieren, dass man das mit den Lampions auf den nächsten tausend Seemeilen besser erst mal bleiben ließe.

Wir waren jetzt von Jebel Ali direkt in den IRTC eingefahren, und uns stand die berüchtigte Meerenge von Bab al-Mandab bevor. Sie trennt den Golf von Oman vom Roten Meer. Bislang waren wir relativ sicher gewesen, weil unser Schiff eine große und leistungsstarke Maschine besaß. Wir waren so schnell unterwegs, dass wir für die Piraten eigentlich unattraktiv waren. Doch das relativierte sich nun. Durch Bab al-Mandab kann man nicht rasen. Das liegt daran, dass die Meerenge dieser Bezeichnung nicht nur alle Ehre macht. Den schmalen Weg behindert zusätzlich ein wahrer Streuselkuchen an Inseln und Inselchen. Die Sawabi Islands (sie heißen auf Deutsch »Die Sieben Brüder«) oder das immerhin 13 Quadratmeter große Perim zum Beispiel, eine dem Jemen vorgelagerte Vulkaninsel. Da diese Inseln keine Süßwasserquellen besitzen, sind sie allesamt unbewohnt. Und sie behindern die Fahrrinne. Wenn man sich jetzt noch einen Haufen kleiner Fischerboote und die entgegenkommenden Handelsschiffe anderer Parteien dazudenkt, wird klar, warum man in Bab al-Mandab so auf der Hut sein muss: Es lässt sich praktisch nicht vermeiden, dass die Fischerboote sehr dicht an die Frachter herankommen. Für die Piraten ist es hier ein Leichtes, sich mit ihren Skiffs unter die Fischer zu mischen oder sie sogar absichtlich als Schutzschilde zu benutzen.

Es gab noch einen zweiten Grund, warum wir bei der Tour besonders aufpassen mussten. Mit dem Piratengeschäft ist es wie mit dem Verkauf von Eiscreme oder Pudelmützen: Alles eine Frage der richtigen Saison. Und wir befanden uns gerade in der Hochsaison, es war nämlich Monsunzeit. In dieser Phase ist es den Piraten im Indischen Ozean und im Arabischen Meer zu ungemütlich. Da erinnern sie sich sozusagen ihrer Anfänge und ziehen sich in den Golf von Aden und auf die andere Seite, ins Rote Meer, zurück. Um dort gleich umso heftiger zu randalieren. Und die Meerenge von Bab al-Mandab ist ihnen dafür am liebsten. Eben weil man sich zwischen den ganzen Fischerbooten und Inselchen so gut verstecken kann.

Ein Blick auf das Radar zeigte mir, dass ich mit meiner Problemprognose richtig lag. Da schwammen über dreißig Kontakte um uns herum. Aus den *piracy reports* wussten wir, dass es in den letzten Tagen allerhand Zusammenstöße gegeben hatte. Ein bisschen erinnerte die Fahrt daher an einen Orientierungslauf durch vermintes Terrain, nur dass es keine Minen waren, die explodieren würden, sondern Fischerboote, auf denen plötzlich jemand eine RPG zückte.

Jetzt machte sich bezahlt, dass der Kapitän auf unserer Seite war. Schließlich war er es, der bei allen Entscheidungen das letzte Wort hatte. Alle Maßnahmen, die ich nun vorschlug, hätte er genauso gut mit einer verächtlichen Geste beiseitewischen können. Er wäre nicht der Erste gewesen, der darauf bestand, einfach seinen gewohnten Stiefel zu fahren.

Fünf Meilen vor der kritischen Zone ordnete ich also an, dass man das ganze Schiff komplett dichtmachte. Alle Mitglieder der Crew, die nicht unbedingt gebraucht wurden, warteten unten an der *muster station*. Bei Alarm hatten sie innerhalb kürzester Zeit im *safe room* zu verschwinden. Meine Jungs hatte ich mit der Kanone im Anschlag rechts und links auf der *bridge wing* aufgestellt: J. J. steuerbord, die anderen beiden backbord. Und ich flitzte nun ständig zwischen den beiden Seiten hin und her, während ich die Skiffs um uns herum mit dem Fernglas im Blick hatte und die Signalraketen schon abschussbereit in meiner Weste steckten. Auch Takashi Ban hatte einen Gefechtshelm aufgesetzt und trug die kugelsichere Weste meiner Firma. Außerdem wurde das Schiff in dieser Situation natürlich von Hand gesteuert, damit wir schneller reagieren konnten.

Der Kapitän blieb in der Regel auch unter Beschuss weiter auf der Brücke. Ihn würde ich erst im allerletzten Moment runterschicken zur *muster station*, falls das Schiff tatsächlich geboardet wurde. Nur Guards hatten im *safe room* nichts zu suchen. Wir mussten das Schiff bis zur letzten Sekunde verteidigen, auch wenn die Piraten schon an Deck waren.

Mir ist nur ein Fall bekannt, in dem Guards ein Schiff im Stich gelassen haben. Und auch erst kurz bevor die Piraten das Schiff enterten. Das war irgendwann Ende 2008. Damals sollten drei Mitarbeiter einer britischen Sicherheitsfirma die *MV Biscaglia* durch den Golf von Aden begleiten. Die *Biscaglia* war ein mit chemischen Gütern beladener Tanker, der unter liberianischer Flagge fuhr. Das Unternehmen warb damals damit, mit sogenannten non-letalen, also nichttödlichen Waffen gegen die Piraten vorzugehen. Damals waren zum Beispiel Schallkanonen, sogenannte LRADs (Long Range Acoustic Devices) sehr beliebt. Diese akustischen Waffen senden schrille Töne mit bis zu 150 dB aus. Das ist etwa so laut wie ein startender Düsenjet. Wer den Geräten zu nahe kommt, kann sich das Gehör nachhaltig verletzen. Doch natürlich sind die Piraten irgendwann dazu übergegangen, einfach Ohrstöpsel zu benutzen. Sie ließen sich dann von dieser Waffe nicht mehr sonderlich beeindrucken.

Nachdem es den Guards auf der *Biscaglia* nun also nicht gelungen war, den Angriff von fünf Piraten mit Hilfe von Wasserwerfern und akustischen Waffen abzuwehren, beurteilten sie ihre Lage als aussichtslos und versuchten, sich so schnell wie möglich selbst in Sicherheit zu bringen. Sprich, sie sprangen einfach ins Wasser. Dort wurden sie von einem deutschen Militärhubschrauber gerettet. Die größtenteils indische Besatzung wurde derweil von den Piraten als Geiseln genommen.

Diese unrühmliche Story machte damals unter Sicherheitsleuten natürlich die Runde. So etwas darf nicht passieren. Ein Guard lässt seine Besatzung nicht allein. Auch wenn die drei Männer zugegebenermaßen fürchten mussten, als einzige weiße Männer und Guards den Mordgelüsten der Piraten als Erstes zum Opfer zu fallen. Vor diesem Zwischenfall waren akustische Waffen ziemlich beliebt und erfuhren viel Unterstützung, nicht zuletzt von Menschenrechtsorganisationen. Immer wieder hieß es, dass mit scharfen Waffen ausgerüstete Guards nur für eine weitere Eskalation der Gewalt sorgen würden. Nach dem Vorfall war dieses Gerede endlich vom Tisch. Ich halte die ganze Debatte ohnehin für hochgradig verlogen. Wenn die Guards für ein weiteres Aufrüsten sorgen, dann kann man das bedauern. Aber was ist das letztlich mehr als kluges Geschwätz von ein paar Besserwissern, die in ihren gemütlichen Büros sitzen und über keinerlei praktisches Einsatzwissen verfügen? Denn was wäre die Alternative? Ins Wasser zu springen kann ja wohl nicht die Lösung sein. Und das friedfertige Ausdiskutieren würde ich an dieser Stelle auch lieber anderen überlassen.

Immer mal wieder sahen wir nun also rechts und links Skiffs mit dem charakteristischen *dschät!* an Fahrt aufnehmen und die Bugspitze aus dem Wasser recken. Dann hatten wir plötzlich zwei Skiffs gleichzeitig an uns hängen. Ich riet Takashi Ban, ruhig zu bleiben und zu beschleunigen, so schnell es die Fahrrinne erlaubte. Die meisten Schiffe verhalten sich in der Meerenge wie Autos im Straßenverkehr, sie fahren mit Vollgas rechts hinein und links wieder heraus. Da wurde auch nicht mehr so penibel auf den Sicherheitsabstand geachtet, da war sich jeder selbst der Nächste. Vor uns schien die Fahrt glücklicherweise frei zu sein. Hinter uns tuckerte nur ein langsamer Frachter, der Malta geflaggt war.

Die Skiffs blieben neben uns. So ging es eine Weile. Man beäugte sich gegenseitig. Die Piraten loteten ihre Chancen aus, wir hielten unsere Gewehre noch ein bisschen fester im Anschlag.

Kommt noch eine Stückchen näher, und ihr fangt euch eine, dachte ich.

Zu groß, zu schnell, zu hohes Freibord, dachten die Piraten. Irgendwann drehten sie ab und ließen uns ziehen.

Wenig später hörten wir über Funk, dass sie sich dem langsamen Frachter hinter uns zugewandt hatten. Und das, obwohl die *coalition forces* angeblich irgendwo in der Nähe sein sollten.

Wir konnten die verzweifelten Hilferufe der Malteser auf dem Kanal *one six* mitverfolgen. Die wachsende Panik in der Stimme des Kapitäns war deutlich zu hören, das ging uns sehr nahe. Wir konnten praktisch jeden einzelnen Schritt des Überfalls mitvollziehen: wie sie beschossen und durch immer präzisere Schüsse auf das Brückenhaus zum Anhalten gezwungen wurden. Wie die Piraten längsseits kamen und mit ihren Enterleitern an Bord kletterten. Uns schnürte es die Kehlen zu. Wir mussten praktisch live mit anhören, wie die Besatzung bis zur letzten Sekunde verzweifelt hoffte, dass ein Hubschrauber oder ein Kriegsschiff kommen und sie retten würde. Dann brach die Funkverbindung ab. Später lasen wir im *piracy report*, dass der maltesische Frachter als entführt gemeldet worden war.

J. J. war ja spätestens nach dem letzten Trip zu einem meiner besten Freunde geworden. Er hatte mich sogar schon einmal in Deutschland besucht. Es war immer ein gutes Gefühl, ihn dabeizuhaben. Das war auch etwas, was ich meinem Chef später immer beizubringen versuchte: Ein gutes Team durfte man nicht zerreißen.

Außerdem hatte ich auf der *Kentridge* noch zwei Neue im Team. Sebastian war ein umgänglicher, unkomplizierter Typ, der vorher bei den Royal Marines gewesen war, irgendwas Logistisches, also aus dem Kompanietrupp. Einer von der guten Sorte, echt fit und nett. Außerdem Tommy, ein schon etwas älterer Exoffizier. Tommy war allerdings ein Fall für sich. Ich merkte das schon, als ich mit ihm in Dubai in den Flieger stieg. Irgendwas stimmte nicht mit ihm. Das fing schon damit an, dass er einem immer viel zu nah kam. Eigentlich weiß das jeder: Menschen, die weder ein Liebespaar sind noch beste Freunde im Vollrausch, halten in der Regel einen gewissen Mindestabstand ein. Mich wunderte, wie jemand das in seinem Alter immer noch nicht mitbekommen haben konnte. Und auch, dass es anderen irgendwann übel aufstieß, wenn man immer alles besser wusste, aber keinen Blick hatte für die eigenen Defizite, hätte ihm vielleicht schon vorher einmal jemand sagen können.

Bei mir fiel er von Sekunde eins an negativ auf, weil er mir viel zu ausführlich erzählte, wo er überall gearbeitet habe und was er alles könne. Dann stellte er zur Abwechslung auch mal eine Frage. Doch ich durfte kaum Luft holen, um ihm zu antworten, da merkte ich schon, dass die Frage rein rhetorisch gemeint war. Er war nämlich bereits dabei, sie mir zu beantworten.

Offensichtlich war es ihm eine irre Freude, mir ganz genau zu erläutern, wie er dies und jenes an meiner Stelle handhaben würde. Er hatte wohl Käse zum Frühstück gegessen, stellte ich fest. Denn während er sprach, wehte beständig sein Atem in mein Gesicht.

Auch sein übertriebenes Selbstbewusstsein gefiel mir gar nicht. Egal, was ich sagte, er grätschte dazwischen, meistens mit einem Satz, der anfing mit: »Also ich würde das ja völlig anders machen, nämlich …«

Warte, Bürschchen. Wenn du jetzt auf der Tour nicht die allerbeste Leistung ablieferst, dann wirst du deine neunmalklugen Sprüche noch bereuen, dachte ich mir. Überfreundlich bedankte ich mich für seine Ausführungen. Er lächelte zufrieden. Ironie schien er grundsätzlich nicht zu bemerken.

Meine Aufgabe als Teamleader nehme ich sehr ernst, und ich übe auch regelmäßig mit meinen Jungs. Taktik ist mein Steckenpferd.

Ich weiß, dass meine alten Kumpels vom Bund das vermutlich anders sehen – aber ich würde sogar behaupten, dass der Contractor-Job nach dem Militär die nächsthöhere Stufe der Einsatzführung darstellt. Als Guard hat man komplexe Aufgaben zu lösen, man muss mit noch weniger Ressourcen auskommen und sich selbst dann noch gut organisieren, wenn um einen herum absolutes Chaos herrscht.

Selbst wenn man nicht in Kompaniestärke und mit der entsprechenden Logistik im Hintergrund antritt, kann man mit einem kleinen Team, das sehr gut ausgebildet und hochmotiviert ist, im Zweifel eine 120 Mann starke Kompanie an Feuerkraft und Effizienz ersetzen. Entscheidend ist dabei, wie gut das Team zusammenspielt.

Ein einfaches Beispiel: Es gibt hundert Möglichkeiten, einen Raum, der beschossen wird, gemeinsam zu verlassen. Die simpelste Methode: einfach wild schießend hinausrennen. Im unglücklichsten Fall stecken dann allerdings alle Mann gleichzeitig in der Tür fest und geben ein prima Kanonenfutter für den Gegner ab. Daher ist es sinnvoll, sich zu überlegen, wie man sich am besten aufstellt, einzeln abläuft und einander gegenseitig Deckung gibt. Das nennt sich beim Häuserkampf »dynamische Raumgewinnung«, und so etwas muss man natürlich trainieren, damit es im Ernstfall zumindest halbwegs funktioniert.

Sind wir nun zum Beispiel in einer schräg versetzten Reihe hintereinander in einem Raum aufgestellt und schießen nach vorn, dann kommt von mir der Befehl: »Moving!« Sobald ich loslaufe, geht meine Kanone runter, damit ich niemanden verletze. Im Vorbeilaufen tippe ich meinem Vordermann als zusätzliches Zeichen auf die Schulter, und während die anderen Deckung geben, zählt er nun ebenfalls runter: »22, 23 – *moving!*« Und das gleiche Spiel beginnt von vorn: Die Kanone geht runter, er tippt seinen Vordermann an, und so fließt das ganze Team einer nach dem anderen und bei größtmöglicher Sicherheit seitlich durch die Tür ab.

Viele dieser Dinge lernt man beim normalen Militär nicht, auch wie man schießt und gleichzeitig vorangeht, wie man sich entfaltet, wie man mit einem anderen Operator Schulter an Schulter aus dem Brückenhaus nach vorn geht, wie man die Waffe oder das Magazin wechselt, wenn man nur eine Hand frei hat oder verletzt ist, wie man Auf- und Niedergänge in Treppenhäusern nimmt, ohne dass nur einer aus dem Team dabei ohne Deckung gehen muss. Und all das sind Dinge, die ich mit meinen Teams trainiere, manchmal bis zum Abwinken. Ich weiß auch, dass im akuten Notfall trotzdem immer alles schiefgeht, was schiefgehen kann. Aber je besser so eine einmal eingeübte Choreografie sitzt, desto wahrscheinlicher ist es, dass wir sie im Ernstfall wieder abrufen können.

Das ist auch der Grund, warum die Männer bei der *Division Spezielle Operationen* (DSO), sprich bei den Fallschirmjägern oder eben beim KSK, immer ein bisschen mehr getriezt werden als die Soldaten der anderen Einheiten: Zum einen will man sich den sogenannten *muscle memory effect* zunutze machen – so bezeichnet man Automatismen, die durch permanente Wiederholung im Körper entstehen und die man später selbst unter großem Stress noch zuverlässig abrufen kann. So wird vermutlich ein Mensch nie verlernen, wie man läuft oder geht oder sich hinsetzt, obwohl das eigentlich hochkomplexe, aber eben komplett intuitiv gesteuerte Bewegungsabläufe sind. Und zum anderen sorgt dieses Training dafür, dass die Männer eine höhere Stressresistenz entwickeln. Sie können zum Beispiel bis zum letzten Moment den Finger ruhig am Abzug liegen lassen und eröffnen das Feuer erst, wenn es gar nicht mehr anders geht. Denn sie wissen, dass sie im Zweifel immer alles unter Kontrolle haben.

Dafür muss man bestimmte charakterliche Voraussetzungen mitbringen. Denn sobald die ersten Kugeln fliegen, kommt zu dem Stress die Angst um das eigene Leben dazu, und deren Heftigkeit ist selbst durch das beste mentale Training nur schwer in den Griff zu bekommen. Wer dann panisch wird und anfängt durchzudrehen, gefährdet sich, die anderen und nicht zuletzt natürlich den Ruf der Branche. Ist einen gewisse Grundgelassenheit vorhanden, kann man mit den Männern arbeiten. Und die Stressresistenz durch gezieltes Training noch einmal beträchtlich steigern.

Meinen Teamkollegen muss ich vertrauen können. Sie müssen im Zweifel auch auffangen, dass uns der Background einer großen Armee fehlt. Das Reizvolle an der Arbeit mit kleinen Einheiten und einem bunt zusammengewürfelten Team ist ja, dass jeder gute Soldat aus seiner Armee die besten Taktiken mitbringt, und man versucht dann, alle auf den gleichen, optimalen Stand zu bringen.

Auch wenn wir eine ruhige Tour vor uns hatten und mit wenig Trouble zu rechnen war, sorgte ich dafür, dass ungefähr alle drei Tage ein kleines Training stattfand. Ich durfte die Jungs allerdings nicht nerven oder überlasten. Denn durch die Hitze und das viele Rumstehen waren die Einsätze auch dann schon schlauchend genug, wenn wir noch nicht einmal ein einziges Piratenskiff aus der Ferne zu Gesicht bekamen. Ob die Sonne schien oder Eisregen herunterprasselte: Bei mir standen die Operator immer draußen und hielten Wache. Da wird sich nicht gemütlich in die Brücke gehockt und beim Kaffeetrinken nebenbei mit einem halben Auge auf den Radar geschielt. Der Chef hat mir einmal vorgeworfen, dass meine Einsatzkleidung immer so ausgeblichen aussah und von Salz regelrecht zerfressen war. Ja, Mann, habe ich mir gedacht. Weil ich meinen Job wenigstens ernst nehme und bei Wind und Wetter draußen stehe!

Zugleich muss ich im Team auch für gute Stimmung sorgen. Irgendwie sollen die Kollegen zufrieden sein mit ihrer Arbeit und mich zugleich als Autorität respektieren. Das ist ein schwieriger Balanceakt. Wir habe schließlich kein strenges Dienstgradsystem im Hintergrund, wie bei der Bundeswehr. Und daher kann es sogar recht leicht passieren, dass meine Autorität als Teamleiter in Frage gestellt wird. Zum Beispiel, wenn einer immer zu spät kommt: Was soll ich dann machen? Soll ich ihn dafür bestrafen? Ihm eine Abmahnung schreiben oder ihm den Nachtisch wegnehmen? Er könnte im Zweifel den ganzen Einsatz boykottieren. Meine Sanktionsmöglichkeiten sind begrenzt.

Blitzschnell kann sich im Team eine schlechte Dynamik entwickeln, dafür muss sich nur ein Zweiter dem ersten Quertreiber anschließen. Ich kann dann warnen, dass ich eine Beschwerde an die Firma verfassen werde. Finde ich aber auch nicht so optimal, wenn man damit drohen muss, beim Chef zu petzen. Und wenn sich zwei verbünden, dann findet sich auch immer ein Zeuge, der vorm Chef bestätigt: »Wieso, Marko Mustermann ist doch immer pünktlich gewesen, ich kann das bestätigen.« – »Michael Meier hat seinen Dienst stets tadellos geleistet, ich bin Zeuge.«

Ich habe mich daher entschlossen, eher ein netter Teamleader zu sein. Ich will meinen Mitarbeitern lieber zutrauen, selbst Verantwortung für das Team zu übernehmen und sich korrekt zu verhalten. Ich will so wenig Zwang und Druck anwenden wie möglich. Nur wenn einer sich aufbläst und schlechte Arbeit leistet, kann ich auch schon mal ein bisschen ungemütlich werden. Und genau so ein Fall war Tommy.

J. J. jedenfalls kannte das Spiel. Ich weiß ja, dass er die Prozedere aus dem Effeff beherrscht. Deshalb sagte ich ihm vor seiner Schicht Bescheid: »Zieh dir heute mal 'ne Viertelstunde früher deine Büx hoch.« Damit wollte ich ihn wissen lassen, dass er nicht überrascht sein sollte, wenn es später Alarm gab. Es war nur ein Test. J. J. musste sich nicht beweisen. Ich wollte die Neuen im Team auf die Probe stellen.

Die allerdings durften gern ein bisschen überrascht gucken, wenn der Alarm losging. Ich stand dann auf der Brücke und maß die Zeit, die sie brauchten, um einsatzbereit bei mir oben an der Waffenkiste zu erscheinen. Es gab zwei Alarmstufen: Das sogenannte DEFCON *(defense readiness condition)* white und DEFCON red.

DEFCON *white* hieß: Es bahnt sich etwas an, trödelt nicht. Da erwartete ich mein Team auf der Brücke, und zwar innerhalb von drei Minuten, so dass es sich in Bereitschaftsposition begeben konnte. DEFCON *red* hieß: Die Luft brennt. Dann war es mir sogar egal, ob jemand in Pyjamahose erschien oder noch seine Gurkenmaske im Gesicht trug. Dann wollte ich, dass er in Windeseile oben stand, die Waffe schussbereit in der Hand.

Als ich nun in Absprache mit der Schiffsführung einen DEF-CON *white* ausrief, kamen die Neuen ordentlich angeflitzt, aufgescheucht wie die jungen Hühner und mit leichter Röte im Gesicht.

»Schön, dass ihr alle wach seid«, sagte ich dann zur Begrüßung. »Übungstag!«

Es stellte sich natürlich schnell heraus, dass Tommy zwar theoretisch über vieles reden konnte, aber in praktischen Fragen eine Menge Defizite hatte. Ich weiß nicht, was die ihm in seiner Zeit beim Militär beigebracht hatten, viel Sinnvolles war jedenfalls nicht hängengeblieben.

Schon am ersten Tag war ich auf der Brücke an seiner Kanone vorbeigegangen – und hatte gestutzt. Wir lagerten unsere Waffen inzwischen nicht mehr in der Kabine, denn die konnten wir auf den neuen Schiffen ohnehin nicht abschließen, sondern ließen sie mit unseren Westen und dem Helm oben auf der Brücke in einem eigenen Waffenschrank. Die Brücke hatte den Vorteil, dass sie die ganze Zeit bewacht war. Außerdem hatte nur eine eng begrenzte Zahl von Leuten Zugang zur Brücke: außer uns Guards nur noch die Schiffsführung, also der Kapitän, seine Offiziere und die Bootsmänner.

Irgendetwas sah mir merkwürdig aus an Tommys Waffe. Ich schaute etwas genauer hin. Da hatte dieser Trottel doch tatsächlich den *booster*, also das Vergrößerungsgerät, direkt vor den *aim point*, also das Zielpunktgerät montiert. Eigentlich ist der *booster* dazu da, dass man die kleinen Piratenskiffs auf weite Entfernung besser erkennen kann. Keine unwichtige Sache für einen Schützen, würde ich mal sagen. Und eigentlich war es auch ohne höheres Physikstudium relativ einsichtig, dass man den *booster* <u>hinter</u> den *aim point* baute.

Nicht so Tommy. Der hatte sein Gewehr komplett verkehrt herum zusammengeschraubt. Keine Ahnung, vielleicht guckte er ja beim Schießen auch von der Laufseite in sein Gewehr hinein, wenn er sichergehen wollte, wo das gefährliche Ende seiner

Kanone war? Ich kratze mich fragend am Kopf und beschloss, die Sache erst einmal auf sich beruhen zu lassen.

Beim Abendessen sprach ich Tommy dann eher beiläufig darauf an. Ich wollte ihn ja nicht gleich bloßstellen vor den anderen.

»Sag mal, du kommst klar mit deinem Gewehr, alles schon fertig eingestellt?«

»Ja, alles perfekt!«

»Bist du sicher?« Ich schaute ihm über die Suppe hinweg direkt in die Augen. Das war seine Chance zuzugeben, dass er von der Waffe keine Ahnung hatte. Das konnte passieren. Gut, man musste schon ein bisschen doof sein für diese Art der Montage, auf der anderen Seite verlangte ich von einem FNG nicht unbedingt, dass er sich mit allen Waffensystemen der Welt auskannte. Theoretisch durfte er durch das *aim point*, so wie er es angebracht hatte, so gut wie nichts erkannt haben. Das hätte ihn doch zumindest wundern müssen.

»Ja, das habe ich alles optimal für mich eingestellt!«, sagte er und biss glücklich in sein Käsebrötchen.

Nachdem ich DEFCON *white* ausgerufen hatte, standen nun also meine drei Operator vor mir, die Gewehre in der Hand, den Schreck über den Alarm noch ins Gesicht geschrieben. Und bevor ich mit der ersten Übung begann, checkte ich ihre Ausrüstung. Ich ging zu Tommy hinüber, der mich freundlich anlächelte.

»Tommy, zeig mir doch mal dein Gewehr!«

Tommy reichte mir sein Gewehr.

»Sag mir mal, was du siehst, wenn du durchs *aim point* guckst.«

Tommy sagte irgendwas. Dann baute ich sein Gewehr um, so dass der *booster* nicht mehr vor dem *aim point* war und so die Sicht verzerrte.

»Schau mal, wie klar und gut da auf einmal alles zu erkennen ist. Toll, oder?«

Tommy schaute hindurch, nickte. Er lächelte immer noch.

Ich baute jetzt alles an seinen vorgesehenen Platz und reichte ihm das Gewehr erneut zurück.

»Und jetzt kann man sogar noch viel besser sehen! Nämlich so, wie es eigentlich gedacht ist.«

Es war ein bisschen schade, dass Tommy da immer noch nicht aufgehört hatte zu lächeln.

Von dem Tag an hatte Tommy ein schweres Leben.

Wie gesagt, ich versuche grundsätzlich, ein netter Mensch zu sein, und ich halte nichts davon, Teammitglieder zu schikanieren. Aber ich mag es nicht, wenn man den Dicken macht, während man eigentlich überhaupt keine Ahnung hat. Und wenn man bei Tommy etwas genauer hinschaute, merkte man, dass er von so gut wie gar nichts eine Ahnung hatte.

Auch was die soziale Intelligenz anbelangte, hatten wir mit ihm leider kein großes Los gezogen.

Irgendwann ging ich runter zum Essen, weil J. J. mich per Funk gerufen hatte: »Komm mal bitte her und guck dir das an.«

Tommy hatte sich auf den Platz des Kapitäns gesetzt. Das hätte noch nicht einmal der ägyptische Lotse gewagt. Dabei redete er wild gestikulierend und mit der Gabel in die Luft stechend auf den Chefingenieur ein.

Der Ingenieur war ein kleiner, schon ziemlich alter Mann, dessen weiße Beine wie dürre Stöckchen aus der Hose stakten. Ich hatte den Kerl vom ersten Augenblick an ins Herz geschlossen. Er war so etwas wie der liebe Opa, den ich mir als Kind immer gewünscht hatte. Vor Tommys Annäherung schien er ein bisschen hilflos in Deckung zu rutschen, ohne zu wissen, wohin mit sich und seinem Teller.

Ich schnappte mir Tommy und zog ihn von seinem Sitz. Es war ein ungeschriebenes, aber eben doch ziemlich wichtiges Gesetz, dass man sich nicht auf den Platz des Kapitäns setzte. Man mag die alte Ordnung für autoritär und überkommen halten, aber ich zum Beispiel fand mich darin gut zurecht. Es hatte viele Vorteile, dass es an Bord für alles klare Regeln, Zuständigkeiten und Gesetze gab. Und wenn jemand wie Tommy einfach darüber hinwegtrampelte, dann löste das bei mir Verachtung aus.

Auch wenn wir an Land gingen, während das Schiff im Hafen lag, zeigte Tommy sich von seiner ungeschickteren Seite. Wir setzten uns gern in gute Hotels und Bars und bestellten, was die Karte so hergab. Am Ende wurde das Geld einfach zusammengeschmissen. Tommy, der immer am meisten von allen wegfraß, hatten dann zufällig sein Geld vergessen. Damit sammelte er natürlich Minuspunkte bei den anderen.

Auch in der Messe, an Bord. Es war ja genug für alle da. Aber so gierig wie Tommy konnte man gar nicht sein. Ich fand, das gab ein schlechtes Bild ab. Ich wies ihn mehrfach darauf hin und bat ihn, sich etwas unauffälliger zu bedienen.

»Ey Tommy, es gibt auch noch Abendessen!«

Das störte ihn nicht. Er schaufelte weiter wie ein Wehrpflichtiger.

Irgendwann wollte ich den Typen einfach nur noch loswerden. Ich überlegte, wie ich das am fairsten deichseln konnte. Ich sagte Tommy, dass ich ihn nicht weiter in meinem Team beschäftigen wollte und dass auch der Rest des Teams ihn nicht mehr haben wollte. Das war hart. Ich versprach ihm aber, davon nichts in meinen Abschlussbericht zu schreiben. Den musste ich ja über jeden Neuling verfassen und am Ende seines ersten Einsatzes an den Chef schicken.

»Ich werde ihm stattdessen schreiben, dass du deinen Job vernünftig gemacht hast«, versprach ich Tommy.

Aber ich würde ihm auch vorschlagen, Tommy das nächste Mal in ein anderes Team zu versetzen. Weil es für ihn sicherlich gut wäre, wenn er auch einmal andere Führungsstile mitbekäme. Ich wollte Tommy nicht anschwärzen, ich wollte ihm das Leben nicht unnötig schwer machen. Denn ich wusste aus eigener Erfahrung, wie schwierig es war, in der Branche Fuß zu fassen.

Tommy hatte mir auch irgendwann erzählt, dass er nach dem Militär lange arbeitslos gewesen war. Auf der einen Seite tat er mir leid. Auf der anderen Seite erzählte er die Story aber auch immer so, dass er nur Opfer war und alle anderen einfach nur gemein.

Nun gut, ich war ein bisschen stolz, weil ich mir einbildete, eine besonders elegante Methode gefunden zu haben, wie ich ihn loswerden konnte.

Vor meiner nächsten Tour meldete sich der Chef bei mir am Telefon. Es sei alles so weit in Ordnung, sagte er und lobte mich auch für meine guten Berichte. Allerdings habe er beschlossen, dass ich für Tommy genau der Richtige sei und er ab sofort immer in meinem Team mitfahren solle.

Es war zum Verrücktwerden. Also blieb uns nichts anderes übrig, als uns Tommy irgendwie zurechtzubiegen.

Bob, ein Kumpel, der noch ein bisschen länger als ich bei den 76ern gewesen und in Djibouti stationiert gewesen war, ging mit Schwätzern weitaus robuster um als ich. Der arme Tommy hatte auf der nächsten Fahrt das Pech, mit Bob in einer Kabine untergebracht zu sein. Wir hatten Doppelkabinen, und da natürlich klar war, dass ich mir eine Kammer mit J.J. teilen würde, blieb Bob nichts anderes übrig, als mit Tommy Vorlieb zu nehmen. Am ersten Abend erklärte er Tommy, dass er eines ganz besonders hasse: wenn er nachts aufgeweckt würde. »Dann hab ich richtig schlechte Laune«, sagte er.

Bob ist eigentlich ein super Kerl. Allerdings ist er ungefähr zwei Meter groß und sieht so aus, als könnte er Laternenpfähle umknicken und Bierflaschen aufbeißen. »Wenn du schnarchst, dann pennst du besser woanders«, riet er Tommy.

Irgendwann beobachtete ich Tommy, wie er abends von seiner Wache zurückkam. Er hielt vor der Kabine inne, und dann zog er sich noch vor der Tür bis auf seine Shorts aus. Auf Zehenspitzen, wie ein geprügeltes Kätzchen, schlich er in die Kammer.

Bob wachte eines Nachts sogar davon auf, dass Tommy minutenlang unentschlossen vor seinem Bock gestanden hatte, weil er überlegte, wie er auf sein Bett kommen konnte, ohne in Bobs hineinzutreten.

»Was machst du denn da eigentlich?«, fragte Bob, der ohnehin mit Ohrenstöpseln schlief, aber jetzt von Tommys Schattenspiel wach geworden war. Er zog sich die Stopfen aus den Ohren und richtete sich verwundert auf.

»Ich wollte dich nicht aufwecken«, sagte Tommy.

»Du hast sie doch nicht alle, du solltest doch nur leise hereinkommen!«

»Ich hatte Angst vor dir«, gestand Tommy.

Ich konnte ihn ein bisschen verstehen.

Einmal hatte Tommy an Bord zu tun, er schleppte irgendein schweres Stück Metall auf der Schulter mit sich herum. So kam er Bob auf der Treppe entgegen, natürlich schwitzend und schnaufend.

»Hi Bob!«

»Hi Tommy.« Bob hielt an und sah sich Tommy noch einmal genauer an. »Sag mal, Tommy, was schwitzt du denn so?«

»Ich arbeite!«

»Wenn du noch einmal so schwitzt, dann knallt es hier«, sagte Bob. »Sollen die Leute denken, wir sind nicht fit, oder was?«

Bob ging weiter und feixte sich einen. Danach sah man Tommy immer mit einen Tuch, mit dem er sich den Schweiß von der Stirn tupfte.

Das Schlimme war, dass Tommy uns irgendwann mal seinen Ausweis zeigte. Wir staunten nicht schlecht. Das hätte ich nie gedacht, gut in Schuss war er ja. Tommy hätte fast unser Vater sein können. Vielleicht waren wir doch etwas hart mit ihm umgegangen.

Auf der anderen Seite konnte unser Job nur gutgehen, wenn jeder im Team funktionierte. Es war nicht unser Fehler, sondern der Fehler der Firma, dass sie Leute auf Tour schickte, die den Aufgaben an Bord nicht gewachsen waren. Was sollte ich tun, ich konnte ja schlecht auf meinen vierten Mann verzichten. Also baute ich mir einen.

Jeden Tag bekam der arme Tommy nun Druck von uns. Ich paukte mit ihm das ganze Programm durch, irgendwie fehlte es an allen Ecken und Enden.

Meine Teammitglieder waren leider nicht die einzigen Kollegen, die mir Probleme bereiteten. Irgendwann bekam ich eine merkwürdige E-Mail von Jerry. Er habe gehört, dass ich mit meinen Jungs hin und wieder an Land ein Bierchen trinken gewesen sei. Er wollte nur sagen, dass der Chef von ihm nichts erfahren würde. Ich antwortete nicht. Ich fragte mich nur, was das sollte. War das eine Drohung? Wollte er mir damit sagen, dass er im Zweifel etwas gegen mich in der Hand hatte? Es war ziemlich absurd.

Der Job selbst war so angenehm wie schon lange nicht mehr. Wir waren neuerdings auf wirklich komfortablen Schiffen unterwegs. Wir konnten im Kraftraum trainieren, was eine angenehme Abwechslung darstellte, denn so viele Filme konnte man gar nicht auf seiner Festplatte speichern, dass einem auf einem langen Törn nicht irgendwann die Unterhaltung ausging. Und man behandelte uns freundlich. Takashi Ban ließ uns irgendwann sogar eine Persenning, also eine dicke Plane über der *bridge wing* anbringen, wenn die Sonne auf uns niederballerte. Wenig später rollten uns die Fipse auch noch zwei Tonnen nach oben, so dass wir sitzen konnten.

Wir revanchierten uns zu Weihnachten, indem wir ordentlich Geld in einen Topf warfen und im nächsten Hafen einen der Seeleute losschickten, für die Mannschaft eine neue Karaoke-Anlage zu kaufen. Natürlich wurde ein riesiges Teil angeschafft, das kaum durch die schmalen Schiffsluken passte. Denn bei den Fipsen galt, dass besonders groß zugleich für besonders gut stand. Laut war das Teil natürlich auch. Und es lief in den nächsten Tagen tagein, tagaus, schließlich sollte es vor der Feuerprobe an Heiligabend noch fachmännisch getestet werden. Ich fragte mich, ob es überhaupt bis zum 24. überleben würde. Und auch wenn wir unser Geschenk insgeheim bald bereuten, wurden wir dafür doch umso inniger geliebt.

Einmal hat mich Takashi Ban allerdings doch enttäuscht, so gern ich ihn auch mochte. Wir waren schon auf dem Weg nach Hause, kurz vor dem Suezkanal, weil wir mal wieder von Kreta aus zurückfliegen sollten. Und weil es keinen einzigen Überfall gegeben hatte, saßen wir auf einem riesigen Berg Munition. Ich hatte daher die glorreiche Idee, mit meinen Jungs noch ein kleines Übungsschießen zu veranstalten. Der Chef unserer Firma war natürlich einverstanden. Das hatte wirtschaftliche Gründe: Für so einen Berg Munition musste man auf dem Heimweg ein Heidengeld zahlen, denn das war natürlich alles Übergewicht. Da war es besser, die verbleibenden 600 Schuss im Meer zu versenken. Die Jungs freuten sich riesig. Kurz vor dem Spektakel bat mich Takashi Ban auf die Brücke. Und verbot den Spaß.

»Tut mir leid, Mister Bühler, aber das ist kein Übungsschießen mehr. 600 Schuss, das ist Krieg.«

Ich mochte ihn wirklich gern, aber in dem Moment musste ich schlucken.

Der Boss hatte derweil entschieden, dass wir das Zeug loswerden mussten, so oder so. Ich fragte den Kapitän, was ich jetzt tun sollte. Die Antwort hätte ich mir denken können. »Dann kippen Sie die Munition halt über Bord«, sagte er.

Als ich zurückkam, erwarteten mich die Kollegen schon mit leuchtenden Augen.

»Is' nich', Leute«, sagte ich. »Wir müssen die Patronen so über Bord kippen.«

»Wie, was?« Sie guckten mich an, als hätte ich ihnen soeben mitgeteilt, dass ich zum Islam übergetreten sei.

»Der Kapitän will hier keine Übung«, sagte ich.

Ui, das gab lange Gesichter. Es ist ganz schwer, einem Soldaten zu erklären, dass er Munition wegschmeißen soll. Ein Soldat lässt sogar Zahnpasta oder Brot zu Hause, um noch zwei Packen Munition mehr einzustecken. So wird uns das jedenfalls beigebracht. Weil das unsere einzige Lebensversicherung ist. Essen findet man immer irgendwo, aber wenn die Munition aus ist, dann geht gar nichts mehr. Auch mir fiel es schwer, die Zuneigung zu meinem Lieblingskapitän und Semi-Landsmann danach noch auf gewohntem Level zu halten.

Er war der Boss. Ich hätte sicher anders entschieden.

Ich rief mir daher schnell in Erinnerung, wie angenehm der

Fipsen-Kapitän immer gewesen war: Wir hatten keine Schwierigkeiten gehabt, unsere Sicherheitsvorkehrungen durchzusetzen. Takashi Ban hatte sich stets superprofessionell verhalten und war immer auf Nummer sicher gegangen. Und dass ein Seefahrer andere Prioritäten hatte als ein ehemaliger Soldat, musste ich letztlich wohl auch akzeptieren. Dafür hatte ich am Ende aus den ganzen Patronen, die ich eine nach der anderen über Bord schnipste, eine hübsche kleine Perlenkette von Port Said bis Kreta gelegt. Hänsel und Gretel wären stolz auf mich gewesen.

Während also unsere Touren weitgehend gemütlich verliefen, gab es nun ständig Stress von oben. Nicht nur von Jerry' Seite dräute Ungemach. Auch unser Chef, der mir zunächst noch sehr sympathisch und umgänglich vorgekommen war, fing an, immer mehr Druck aufzubauen. Er konnte sich vor Aufträgen kaum retten, gleichzeitig gingen noch mal doppelt so viele Bewerbungen bei ihm ein. Also musste er wohl zu seinen alten Mitarbeitern nicht mehr so nett sein wie früher. Wir waren für ihn austauschbar geworden. Sollte es mich überraschen, dass mir noch einmal das Gehalt kräftig reduziert wurde? Man hatte meinen Lohn ja schon von 3000 auf 2500 Euro heruntergesetzt. Nun senkte man meinen Wochenlohn noch einmal, so dass ich nur noch 2000 bekam. Immer noch viel Geld, keine Frage, aber psychologisch war das vielleicht nicht ganz optimal gelöst. Ich dachte mir schon damals, dass ich das in einer eigenen Firma anders machen würde. Da würde jeder Operator 450 Dollar und jeder Teamleiter 550 Dollar am Tag bekommen.

Klar, wird man sagen, für einen Lohnempfänger ist das eine verständliche Perspektive. Da ist es immer einfach, mehr Geld zu fordern. Ich sehe das allerdings immer noch so, obwohl ich heute kurz davor stehe, etwas Eigenes aufzubauen, und ich vielleicht bald über die Gehälter anderer zu entscheiden habe. Gute Leute müssen halt gutes Geld bekommen, ist so.

Ich habe eigentlich kein Problem mit Autoritäten. Allerdings erleichtert es mir die Anerkennung, wenn derjenige, der Autorität einfordert, sie auch verdient hat.

Ich erinnere mich noch gut an den Tag, als der Chef mit J. J. und mir schießen gegangen ist. Da hat sich nämlich gezeigt, wie lächerlich wenig Ahnung er von dem ganzen Handwerk hatte. Der Typ kannte noch nicht mal die Grundbegriffe. Wir gingen die unterschiedlichen Schießpositionen durch, und er wollte uns dann zum Beispiel erklären, wie ein sogenannter *low ready stance* auszusehen habe, und beschimpfte uns, als wir ihm die richtige Haltung zeigten – J. J. und ich waren da übrigens ganz einer Meinung, obwohl wir nie in der gleichen Armee gedient hatten, sondern im Gegenteil, maximal weit voneinander entfernt, in Deutschland und in Südamerika. Wir standen nun also am Schießstand und mussten das dümmste Gequatsche über uns ergehen lassen, das wir seit Sandkastenzeiten je erlebt hatte.

Schlimm war auch, dass unser Chef die Angewohnheit hatte, vor neuen Mitarbeitern seine Teamleiter vorzuführen. So sollte es mal wieder einen gemeinsamen Übungstag geben. Wir waren ein Gruppe von etwa fünfzehn Leuten, ich sollte ein paar Grundlagen des Verteidigungsschießens zeigen. In der Firma hatte der Boss höchstpersönlich mir noch ganz genau erklärt, welche Munition und welche Waffen ich einzupacken hatte – Widerspruch war zwecklos. Nun standen wir vor versammelter Mannschaft am Schießstand. Und er herrschte mich an, warum ich Vollidiot denn nicht die richtige Munition dabeihabe. Als ich ihn dann darauf hinwies, dass er selbst entschieden hatte, was ich einpacken sollte, flippte er völlig aus. Am besten, man erwähnte so etwas gar nicht erst. Er gab erst Ruhe, wenn man sich in aller Form entschuldigte und eingestand, dass man wohl nicht richtig mitgedacht hatte. Ehrlich gesagt: Ich fand das etwas anstrengend.

Wenn ich im Einsatz war, musste ich außerdem jeden Tag in der Firma anrufen und meinen Lagebericht abgeben. Wenn der Einsatzleiter nicht da war, hatte ich die Meldung direkt an den Chef zu machen. Der allerdings beharrte stets darauf, dass man zu einem festen Zeitpunkt anrief. Wer schon ein paarmal mit einem Satellitentelefon auf dem Ozean unterwegs war und versucht hat, zu einem festen Zeitpunkt irgendwo anzurufen, der weiß, wie schwierig das ist. Vor allem bei einer geschlossenen Wolkendecke war es oft unmöglich, eine Verbindung zur gewünschten Zeit zu bekommen. Dasselbe galt für Häfen, die von hohen Hängen oder Bergen umgeben waren. Das kapierte der Chef aber nicht, was nicht zuletzt daran lag, dass er wenig praktische Einsatzerfahrung hatte. Daher flippte er regelmäßig aus, wenn man ihn nicht pünktlich anrief. Also gab ich alles, um nach meiner Schicht mit dem Telefon in der Hand aufs Deck zu flitzen, wobei ich betete, dass ich auf eine günstige Wolken- und Satellitenkonstellation treffen würde. Ich hatte schon eine Stunde vor dem Termin richtig schlechte Laune. Irgendwann erreichte ich ihn dann drei Tage hintereinander gar nicht. Ich machte mir ernsthafte Sorgen, verbrachte ewig viel Zeit mit dem Telefon und hatte einen Heidennerv deswegen. Wenn ich ihn zur verabredeten Zeit nicht erreichte, versuchte ich es im Halbstundentakt erneut.

Ich kann wirklich gut mal fünfe gerade sein lassen, mein lockeres Surferleben früher mochte ich schließlich auch. Aber wenn ich im Dienst war, dann war ich gewissenhaft, eigentlich ein anderer Mensch. Viele Freunde hätten mich nicht wiedererkannt. Das erwarte ich dann auch von anderen. Jeder hatte sich an die Vereinbarungen zu halten.

Natürlich machte ich mir zunächst Sorgen, ob wir ein ernsthaftes Problem miteinander hatten, der Boss und ich, und er deshalb nicht mehr mit mir sprach. An Tag vier erreichte ich ihn dann wieder, und er sagte mir fröhlich, er habe sich ein bisschen müde gefühlt und daher beschlossen, mal eine kleine Auszeit auf dem Sofa zu nehmen und zu relaxen. Ich dachte, mir platzt gleich der Hintern.

Dass er sich nicht die Spur an unsere Verabredung gehalten hatte, hinderte ihn natürlich umgekehrt nicht daran, mich am nächsten Tag minutenlang rundzumachen. Ich hatte ihn wegen dichter Wolken fünf Minuten zu spät erreicht.

Ich beschloss einfach, dass das Satellitentelefon am nächsten Tag kaputtgehen würde, und stieg auf E-Mails um. Ich hatte keine Lust mehr auf diesen Tyrannen. Die Telefonate waren ohnehin der absolute Tiefpunkt des Tages. Sie bestanden in der Regel aus reinen Monologen, in denen es einzig darum ging, was für ein Held unser Oberboss doch war und wie verblödet und unfähig der Rest der Menschheit. Zeitgleich herrschte er mich ständig an, weil ich angeblich irgendwas nicht richtig gemacht hatte. Ich wüsste wirklich gern, warum das menschliche Bedürfnis nach Gemecker so groß ist. Welchen evolutionären Nutzen es haben könnte, ist mir ein echtes Rätsel.

Ich glaube jedenfalls, so etwas geht nie lange gut. Man kann mit Strenge führen und auch mit Autorität. Man darf sich Privilegien herausnehmen und reich werden mit seinem Business. »Wer macht, hat recht« ist meine Devise. Ich habe kein Problem damit. Aber man muss fair bleiben dabei. Man darf seinen größten Lustgewinn nicht aus sinnloser Schikane ziehen. Und man muss es als Chef vor allem selber ein bisschen draufhaben. Sonst fangen selbst die Mitarbeiter mit der größten Gehorsamsbereitschaft irgendwann an, ihren Job zu hassen und die bestehende Machtverteilung in Frage zu stellen.

Der Chef machte J. J. und mir beispielsweise immer wieder die Hölle heiß, wenn er den Eindruck hatte, wir würden es mit der persönlichen und operativen Sicherheit (im Militärjargon: PERSEC und OPSEC) nicht genau genug nehmen. Niemandem gegenüber durften wir uns auch nur ansatzweise als Guards zu erkennen geben. Auf jeden Fitzel, der uns hätte verraten können, wies er uns mit einem Riesenaufriss hin. Wenn wir aber mit dem Chef zusammen in einem Hotel saßen, dann war er der Lauteste von allen. Ob die anderen Hotelgäste wollten oder nicht – zwangsläufig bekamen sie mit, auf welch gefährlicher Operation der Boss hier mal wieder unterwegs war. Dass er uns permanent schurigelte, war mehr als unnötig und einzig aus dem Bedürfnis geboren, andere zu belehren und zu kritisieren. Vielleicht macht das jeder Mensch gern, wenn man ihn denn lässt. Aber er hatte doch schon seinen kleinen Jack Russell Terrier, warum lebte er sein Dominanzbedürfnis nicht einfach an dem Hund aus? Ich glaube, er hatte zu viele miese Militärfilme gesehen und wollte nach außen gern einen Typen darstellen, der über sein kleines Firmenreich herrschte wie Julius Cäsar über das römische Imperium. Dabei war er selbst einer von denen, die nur das Glück gehabt hatten, im rechten Moment ins richtige Business einzusteigen. Das musste man ihm ja allerdings lassen. Geschäftssinn hatte er bewiesen, und tüchtig war er auch. Das war letztlich der Gedanke, der mich über meinen Frust hinwegtröstete und mich die Bedingungen trotz allem akzeptieren ließ.

Überhaupt bin ich ein eher gutmütiger Mensch, der auch eine ungute Situation über Monate mit sich allein ausmachen kann. Wenn es aber mal richtig in mir überkocht, dann gibt es kein Zurück mehr.

Die Piratenbraut

Ich habe noch gar nicht von Linda erzählt. Meiner afrikanischen Piratenbraut.

Immer mal wieder machten wir auf unseren Touren Halt in Mombasa, der Hafenstadt an der Küste Kenias. So auch auf unseren nächsten Touren, die uns vom Oman im Südosten der Arabischen Halbinsel an der Ostküste Afrikas hinunter bis nach Dar es Salaam führen sollten und dann wieder zurück, die Küste hinauf in den Oman.

Ob in Hamburg oder selbst in Salalah – in modernen Häfen kann ein großes Schiff innerhalb von eineinhalb Tagen komplett ent- und beladen werden. Anders in Mombasa. Die Hafenanlage ist alt, teilweise werden die Container hier noch mit Treckern oder Eseln und auf dem Boden schleifend weggezogen, und die Frachter müssen ihre eigenen Schiffskräne in Betrieb nehmen.

Als wir das erste Mal für eine längere Entladung in Mombasa Halt machten, stand neben der Anlegestelle ein Mädel und wartete neben ihrem Auto. Sie winkte zu mir hoch. Ich fragte sie, was sie wolle. Sie rief zurück, ob ich vorhabe, die ganze Zeit auf dem Schiff zu bleiben.

Natürlich nicht. Das wollte keiner. Und Bella, die junge Taxilady, kam da natürlich gerade recht. Ich hatte auch gleich einen lukrativen Job für sie. Sie sollte mich zum Strand fahren. Zu einem Strand mit Surfschule und Bordverleih. Ich hatte das alles bereits im Internet gecheckt. Schon als wir draußen noch auf Reede lagen, hatte ich mir von einem Fischerjungen eine kenianische Mobilfunkkarte besorgt.

Wir wurden uns schnell einig, und schon saßen J. J. und ich

bei der jungen Afrikanerin im Auto und ließen uns von ihr nach Nyali Beach fahren.

Linda war erstaunlich gut informiert. Natürlich wollte sie auch wissen, woher wir kamen und was wir an Bord so trieben. Normalerweise sagen wir immer, wir seien Berater – oder Schiffstechniker. Sich als Guard zu erkennen zu geben, war nicht ganz ungefährlich.

In unseren Kreisen erzählte man sich noch die Geschichte von den britischen Guards, die mit ein paar afrikanischen Frauen ins Hotel gegangen waren. Am nächsten Tag fand man sie mit durchgeschnittenen Kehlen in ihren Hotelzimmern. Ihr Schiff musste am nächsten Morgen ohne Sicherheitsteam in See stechen – und wurde prompt von Piraten überfallen. Keiner von uns glaubte, dass das ein Zufall war.

Die somalischen Clans sind gut vernetzt. Der Küstenfunk funktioniert ausgezeichnet, die Häfen sind ein regelrechter Basar für Informationen. Die Küstenregion um Mombasa ist im Gegensatz zum christlichen Rest des Landes islamisch geprägt. Nirgends sieht man so viele Moscheen wie hier. Und nirgends arbeiten so viele Somalis wie in Mombasa. Das weiß auch jeder. Denn der geschäftstüchtige Teil der somalischen Bevölkerung investiert sein Geld mit Vorliebe im sicheren Nachbarland. Kenia bietet im Vergleich zu Somalia eine funktionierende Volkswirtschaft und politische Stabilität. Und die Hafenstadt Mombasa ist dafür bekannt, dass hier viele Exil-Somalis ihre Geschäfte tätigen. Eine Zeitlang wurden hier auch viele Piratenprozesse geführt. Bis die Prozesse den Kenianern zu teuer wurde. Und ein paar finanzkräftige Somalis ihren Einfluss geltend machten, wie hinter vorgehaltener Hand immer wieder mal gemunkelt wird.

Am Strand genossen J. J. und ich Wind und Wasser, während Linda sich zurückzog. Das war ein wahnsinniger Komfort, so einen Chauffeur wünschte man sich auch mal in Deutschland. Zur verabredeten Zeit erschien sie wieder am Strand, um uns zum Schiff zurückzufahren. Wir konnten sie sogar spätabends anrufen, wenn wir uns noch in einen der vielen Clubs fahren lassen wollten. Ihr Service war für unsere Verhältnisse spottbillig, und sie stand nach fünf Minuten mit ihrem Auto da und hielt uns freundlich lächelnd die Tür auf.

Natürlich war mir nicht entgangen, dass sie viele neugierige Fragen stellte. Und auch nicht, dass sie einen deutlich helleren Teint hatte als die meisten Frauen, die einem sonst in Kenia so über den Weg liefen. Ihre Familie kam ganz sicher nicht aus der Gegend. Ich bin kein Ethnologe, aber natürlich waren J. J. und ich uns schnell einig, aus welchem Clan die Lady in Wirklichkeit kam. Es war auch gar nicht so einfach, im Hafen eine Lizenz zu bekommen für ein Taxiunternehmen. Linda hatte offenkundig ausgezeichnete Kontakte.

Und einmal rutschte ihr eine seltsame Bemerkung heraus. Ich war mit meinem Schiff noch draußen auf Reede und rief sie an, dass sie mich am Abend in einen Club fahren solle.

»Wieso seid ihr denn schon da?«, fragte sie überrascht. »Ihr solltet doch erst morgen einlaufen.«

Das stimmte eigentlich. Und war erst vor einer knappen Stunde anders entschieden worden. Woher konnte sie das wissen? Offensichtlich war sie gut informiert, besser jedenfalls, als man es von einem stinknormalen örtlichen Taxibusiness erwarten würde.

Ich erzählte ihr trotzdem irgendwann, dass ich als Guard arbeitete. Das war an einem Abend, an dem sie uns in den Club gefahren hatte und dann selbst noch auf ein, zwei Getränke mitkam. Dass wir Freunde geworden waren, wäre sicherlich zu viel gesagt. Wir verstanden uns gut. Und ja, gut möglich, vielleicht war das ein bisschen leichtsinnig von mir. Aber ich dachte mir in dem Moment: Wir übernachten weder in Hotels noch laden wir jemanden zu uns aufs Schiff ein. So groß schien mir das Risiko also nicht.

Am nächsten Tag genehmigte ich mir nach dem Surfen in Nyali Beach mit J. J. an der Strandbar noch ein Bier. Na gut, vielleicht waren es auch zwei. Weil das kenianische Bier nicht sonderlich gehaltvoll war, musste man eben ein bisschen häufiger nachbestellen. Und so eine Strandbar war doch ein bisschen

lustiger als ein schmuckloser Frachter, der in etwa das Vergnü-
gungspotential einer Gefängniszelle bot.

Als wir Linda anriefen, damit sie käme uns abzuholen, war
es schon ziemlich spät. Rumpelnd ging es in ihrem Lancia
durch die zappendustere Landschaft zurück nach Mombasa.
Es war bereits nach Mitternacht, als wir die ersten Ausläufer
der Stadt erreicht hatten.

Erst im Auto fiel mir ein, dass wir außer unserer malzigen
Flüssignahrung noch gar nichts gegessen hatten. Ich wollte un-
gern mit leerem Magen zurück aufs Schiff – wie ich die Geizer
kannte, hatte der Koch die Pantry schon vor Stunden abgeschlossen. J. J.s Magenknurren unterstrich meinen Gedanken.

»Bella, kannst du uns wo hinfahren, wo wir noch was zu
essen bekommen?«, rief ich nach vorne.

Ich sah im Rückspiegel, dass sich Bellas Gesicht aufhellte.

»Ja, klar!«, sagte sie erfreut. »Ich kenne da was Cooles.«

Wenig später setzte sie den Blinker und bog von der erleuch-
teten Hauptstraße ab auf eine verlassene Schotterpiste. Sofort
hatte uns die Nacht wieder voll unter ihrer Fuchtel – ich hatte ja
schon viele üble Gegenden gesehen, aber hier wurde es auf einmal richtig finster. Es gab es keine Elektrizität mehr, keine Stra-
ßenbeleuchtung, keine leuchtenden Neonschriften, geschweige
denn Straßenschilder – nur Mülltonnen, in denen Feuer brann-
ten und um die Menschen herumstanden. Die Straße selbst war
eigentlich keine Straße mehr, sondern nur noch eine Sandpiste
mit Schlaglöchern, groß wie Bombenkrater. Anstatt von Häu-
sern waren wir umzingelt von Wellblechhütten. Ich fragte mich,
wo die ganzen Leute auf einmal herkamen und was es zu bedeuten hatte, dass die Menschen in Kenia offensichtlich eher nacht-
aktiv waren. Wen hofften sie in der Dunkelheit zu überraschen?

Es gab jedenfalls ein paar Ecken in Mombasa, wo man als
Fremder besser nicht aussteigen sollte, und schon gar nicht mitten in der Nacht. Diese Gegend gehört ganz sicher dazu.

Kurz dachte ich, dass Linda uns jetzt zu ihren somalischen
Kumpels fuhr und wir unseren Frachter nie wiedersehen würden. Und dann würde unser Schiff in zwei Tagen ohne seine

Guards wieder aufs Meer fahren, um dann zufällig von ein paar Piraten überfallen zu werden.

Im Auto hatten J. J. und ich uns bislang eigentlich immer sicher gefühlt. Wir waren zu zweit, zwei kräftige Kerle, Linda war allein, was hätte sie schon ausrichten sollen. Aber hier sah die Sache plötzlich ganz anders aus. Kurz verfluchte ich meinen gesunden Appetit.

Ich hatte schon mal darüber nachgedacht, zumindest meine Kurzwaffe mit auf die Landgänge zu nehmen – den Gedanken dann aber ganz schnell wieder verworfen. Die Waffen lagerten im *bounded locker*, und wir würden gegen Landesrecht verstoßen, wenn wir sie aus dem Hafen schmuggelten. Auch wenn das sicherlich nicht schwierig gewesen wäre, war das illegal!.

Linda lenkte den Wagen an den Straßenrand und trat auf die Bremse. Dann drehte sie sich zu uns um. »Dahinten könnt ihr euch was zu essen holen.« Sie zeigte auf eine Art Bretterverschlag am Ende der Straße. J. J. und ich schauten uns an.

Ich zuckte mit den Schultern und machte ein Kopfbewegung. »Na, dann los!«

Ich stieg aus und marschierte Richtung Imbissbude, J. J. kam hinterher. Bildete ich mir das nur ein, oder hatte Linda kurz ein bisschen gelächelt, als sie das gesagt hatte? Und warum und mit wem telefonierte sie jetzt? Es war allerdings so dunkel, dass ich ihr Gesicht kaum hatte erkennen können.

Ein eigentümliches Gebrabbel lag in der Luft, als würden die Leute um uns herum alle irgendwelche Musik hören oder gleich selbst singen. Es war auch hier noch erstaunlich viel los auf den Straßen.

J. J. blieb ein bisschen hinter mir. Wir machten das immer so: Einer guckte nach vorn, einer nach hinten. Vielleicht brachte es unser Beruf mit sich, dass wir immer auf der Hut waren. Aber mir gingen automatisch ein paar ungute Szenarien durch den Kopf. Was, wenn Linda uns zu einem Piratennest gefahren hatte? Wenn sie jetzt telefonisch Verstärkung holte?

Wir waren in der Dunkelheit nicht als Weiße zu erkennen gewesen, das änderte sich schlagartig, als wir den Imbiss betraten. 30 neugierige Augenpaare, die sofort auf uns gerichtet waren. Mein Blick hingegen ging sofort Richtung Grill. Dort brutzelte Hähnchenfleisch. Es roch gut, und ich hatte Hunger.

Ich begrüßte den Mann hinter dem Grill, zeigte auf die Spieße, die auf dem Rost lagen, formte eine Zehn mit den Fingern und hielt dem Typen einen größeren Geldschein entgegen. Während J. J. und ich einen Schritt auf den Grill zugemacht hatten, war uns die ganze Kenianer-Bande gefolgt. Die 30 Augenpaare bohrten sich jetzt also von hinten in unsere Rücken. Es war ganz schön heiß, so direkt vor dem Grill.

Der Typ fing an, die Holzspieße vom Rost zu klauben und auf eine alte Pappe zu legen. Wir waren jetzt von allen Seiten von Kenianern umzingelt. J. J. stellte sich noch ein wenig breitbeiniger auf und räusperte sich. Mir brach der Schweiß aus. Der Grill gab verdammt viel Wärme ab.

Der Typ reichte mir die Spieße in einer Papiertüte. Wir wollten uns bedanken und auf dem Absatz umdrehen, doch das war nicht so einfach möglich, schließlich stand eine ganze Menschenmenge in unserem Rücken. Mir war ein wenig unbehaglich zumute.

»Hey!«, rief der Typ vom Grill. Ich drehte mich wieder zu ihm um. Er hatte sich unter seine Theke gebückt und schien nach etwas zu suchen. Auf dem Tisch lagen große Messer, mit denen er wohl normalerweise das Hähnchenfleisch zerteilte, bevor er es auf die Hölzchen spießte. Sie sahen recht scharf aus.

Kurz dachte ich: Scheiße, der Typ sucht nach seiner Waffe, gleich sind wir tot. Ich warf einen schnellen Blick zu J. J. Der wirkte ebenfalls alarmiert.

»Ihr Wechselgeld, Sir«, sagte der Kenianer und reichte mir eine Handvoll Scheine. Ich atmete erleichtert auf.

»Ist für Sie. Trinkgeld!«

Dann gingen wir zurück zum Wagen.

Linda freute sich, uns zu sehen. Ich hörte noch, wie sie ihren Mund zu einem Kuss formte und sich dann von der Person auf der anderen Seite verabschiedete.

»Mein Sohn«, sagte sie erklärend. Ihre Stimme klang ein bisschen stolz.

Wir teilten nun gerecht unsere Beute und aßen die Hähnchenspieße noch im Auto auf. Ich musste kurz darüber schmunzeln, was ich Linda alles zugetraut hatte. Konspirative Absprachen am Hähnchengrill, Auftragsmord, Organisation von Piratenüberfällen in 200 Seemeilen Entfernung. Aber sie hatte nur ihrem Ältesten eine gute Nacht gewünscht und war offensichtlich selbst ziemlich hungrig gewesen.

Ich beschloss, ihr noch einen Spieß abzutreten, sozusagen als stille Entschuldigung für mein übertriebenes Misstrauen. Natürlich war es nur ein Gedanke gewesen, durch meinen Job war ich ein bisschen darauf trainiert, immer mit dem Schlimmsten zu rechnen. Doch zum Glück hatte mich meine Menschenkenntnis nicht im Stich gelassen.

Von Affären mit Mädchen habe ich in meinem Team nie etwas mitbekommen. Dafür waren meine Jungs viel zu ängstlich. Natürlich war es uns offiziell auch verboten, die Mädels mit an Bord zu nehmen, das gehörte in die Bereiche persönliche und operative Sicherheit. Dahinter stand die Angst, dass jemand Externes an Detailinformationen über die Situation an Bord kommen oder die Identität der Guards bekannt werden könnte. Das versuchte man zu vermeiden. Natürlich hätten die Jungs draußen etwas mit den Frauen anstellen können, das hätte von uns niemals jemand mitbekommen. Und Angebot gab es zur Genüge. Keine Frage: Unter den Frauen, die sich abends im Club an unsere Seite gesellten, waren zum Teil echt hübsche Mädels. Allerdings glaube ich wirklich, dass so gut wie nie einer von meinen Jungs etwas mit einer Einheimischen anfing. Dafür hatten die auch viel zu große Angst, sich etwas einzufangen. Schließlich hatte ich ihnen die Ansteckungsgefahr und die Konsequenzen von Krankheiten in den allerfinstersten Tönen geschildert. Fast war es ein wenig witzig, wie leicht es war, sie zu verschrecken.

Mich selbst reizten die Afrikanerinnen wenig. Spätestens

wenn ich mitbekam, wie sehr sie es auf mein Geld abgesehen hatten, machte ich mich schleunigst auf den Heimweg.

Natürlich wurden wir sowieso ständig abgezogen. Jeder wollte an unser Geld. Wir hatten zum Beispiel in Tansania einen Fahrer, der J. J. und mich ein bisschen herumfuhr, ins Beach Ressort oder zum Shoppen zum Beispiel. Wir haben ihm alles bezahlt, Essen, Trinken. Das Einzige, was er tun sollte, war rechtzeitig zur Stelle zu sein, sobald wir weiterwollten.

Nachdem wir uns am ersten Tag prima verstanden hatten, ließen wir am zweiten Tag bereits vertrauensvoll unsere ganzen Sachen im Auto, während wir zum Shoppen gingen oder uns etwas in der Stadt anguckten. Der Fahrer blieb ja in der Nähe, was sollte schon passieren.

Als er uns dann am Abend an der Anlegestelle ablieferte, bat er uns, ihm das Geld für den Folgetag schon im Voraus auszuzahlen. Alles klar, kein Problem, er wollte damit schon mal das Auto volltanken, das machte Sinn. Also drückten wir ihm die Scheine ohne weitere Diskussion in die Hand.

Da wusste der Kerl im Gegensatz zu uns allerdings schon, dass wir am nächsten Morgen auslaufen sollten. Er nahm das Geld und verschwand in dem sicheren Wissen, dass er uns nie wiedersehen würde.

Noch schlimmer war, dass J. J. wenig später feststellte, dass er auch seinen Rucksack samt Portemonnaie leergeräumt hatte. Wir hatten an der Anlegestelle unsere Sachen aus dem Wagen gegriffen, ohne sie noch einmal zu überprüfen – und uns noch herzlich vom Fahrer verabschiedet, nachdem wir ihm das Benzingeld überreicht hatten.

Mich ärgerte so etwas ziemlich. Gerade weil wir mit den Fahrern und Agenten immer so großzügig wie möglich waren. Ganz gleich, was es Gutes zu essen und zu trinken gab, sie waren immer eingeladen. Schon klar, dass wir für die Menschen dort einfach reiche Volltrottel waren. Auf der anderen Seite verdienten sie gut an uns und vermasselten letztlich nicht nur sich, sondern auch allen anderen Fahrern künftige Geschäfte.

Ich hoffte, dass dieser Fahrer zumindest kurz ein schlechtes Gewissen hatte. Wir hatten ihm nämlich ein echt fettes Trinkgeld in die Hand gedrückt.

Mit der *Kentridge* waren wir schon einige Wochen unterwegs gewesen und sollten nun von einem anderen Team in Salalah abgelöst werden, das noch einmal die gleiche Tour fahren würde wie wir. Wir hatten für die Übergabe alles so gut wie irgend möglich vorbereitet. Vor allem Jerry gegenüber wollte ich mich gern überkorrekt verhalten.

Das war jetzt schon das zweite Mal, dass sein Team meines direkt ablöste. Und während er beim letzten Mal dadurch wohl in Erfahrung gebracht hatte, dass wir hin und wieder einen trinken gingen, und mir die seltsame Drohmail geschrieben hatte, erfuhr ich nun umgekehrt, was die Schiffscrew so über Jerry dachte.

Sein Team schien sich an Bord ziemlich selbstbewusst, fast schon arrogant zu verhalten. Wir waren bei den Leuten hingegen sehr beliebt. Ich hatte inzwischen auch eine ganz wirksame Strategie entwickelt, wie ich zu der Besatzung in guten Kontakt kam. Das klingt vielleicht komisch, aber die Waffen waren unsere Eisbrecher. Denn das war ein Thema, das bei der Besatzung eigentlich immer auf Interesse stieß. Man musste nur darauf warten, bis die erste Frage kam: »Was ist das eigentlich für eine Waffe?« »Darf ich die mal halten?« »Kann man damit wirklich einen Menschen erschießen?«

Dann wurden Fotos gemacht. Und irgendwann erlaubte ich – unter strenger Aufsicht und nach einer gründlichen Einweisung natürlich – auch mal ein paar Probeschüsse für den Kapitän oder die Offiziere. Schon hatte man ein Thema und war im Gespräch. Das klappte fast immer, selbst mit den härtesten Kerlen konnte man auf diesem Weg Freundschaft schließen. Oder gerade mit denen.

Das mit den Waffen funktionierte auch schichtübergreifend. Also selbst bei so aristokratischen Fipsen wie Takashi Ban. Der wollte auch irgendwann unbedingt einmal probeschießen. Dafür wartete er allerdings, bis niemand mehr auf der Brücke war. Dann ließ er sich von mir die Basics erklären und absolvierte einige Probeschüsse. Er wollte wohl um jeden Preis verhindern, dass ihn jemand aus der Besatzung dabei beobachtete, falls er sich ungeschickt anstellte. Tat er übrigens gar nicht. Er war sogar einer der sichersten Schützen.

Bei dem bevorstehenden *crew change* gab es nun eine Besonderheit. Das hatte organisatorische Gründe. Ein Teil von uns würde nach der Tour direkt nach Hause reisen, Jerry' Team hingegen war gerade erst frisch und ohne eigene Waffen eingeflogen. Deshalb blieb uns nichts anders übrig, als mit dem Schiff auch unsere Waffen zu übergeben.

Ich hatte grundsätzlich kein Problem damit, mein Gewehr einer anderen Person zu übergeben. Vorausgesetzt, ich konnte mir sicher sein, dass sie mit der Waffe anständig umging. Vermutlich war davon auch auszugehen, denn mein Nachfolger aus Jerry' Team ist ja mit großer Wahrscheinlichkeit früher ebenfalls beim Militär gewesen. Er wusste also, wie wichtig das war.

Vielleicht werden jetzt einige denken – ertappt: der Bühler ist ja doch ein ganz schöner Waffennarr. Aber ich finde es nicht so ungewöhnlich, dass ich eine enge Beziehung zu meiner Waffe habe, so wie viele Menschen eine enge Beziehung zu ihrem Arbeitsgerät haben. Man muss mal einen Autor an einen fremden Rechner setzen oder einen Handwerker mit fremdem Werkzeug auf Montagereise schicken – Stress gibt das immer. Meine Waffe war perfekt auf mich eingestellt. Normalerweise achtete ich daher sehr darauf, dass ich nach jeder Heimreise unbedingt meine Waffe wiederbekam, und das ließ sich eigentlich immer problemlos arrangieren. J. J. ging es da kaum anders. J. J. ist ja Präzisionsschütze, und sein Zielfernrohr ist genau auf seine Augen eingestellt. Im Irak war war er *counter sniper*. Und selbst wenn er jetzt bei den Touren den Job des Scharfschützen auch hin und wieder anderen überließ – mit so einem Typen konnte man eigentlich alles machen. Man konnte ihm die Stiefel wegnehmen oder die Hose oder das Dach über dem Kopf. Aber nie das Gewehr. Hört sich komisch an. Ist aber so.

Ich hatte einen Klebestreifen an meiner Waffe, damit ich sie unter Hunderten erkennen würde. Ich wusste, dass sie funktionierte und dass sie gepflegt und geölt war. Das Gleiche galt für meine Magazine. Der Federpressdruck musste zum Beispiel unbedingt stimmen, darauf achtete ich. Was mir auf meinem ersten Trip mit der behelfsweise besorgten Waffe passiert war, als meine Kanone mitten im Feuergefecht streikte und beim Nachladen blockierte, hatte mich fast das Leben gekostet. So was sollte möglichst nicht noch einmal vorkommen. Deshalb prüfte ich immer alle Magazine, markierte sie mit einem gelben Klebestreifen und nummerierte sie. Auch den Pistolengriff und den Griff, an dem die Lampe befestigt war, hatte ich sehr präzise auf mich persönlich abgestimmt.

Es gibt bei den Waffen übrigens eine Art Taktik-Fashion. Das muss man sich ähnlich vorstellen wie die Tatsache, dass die Kleiderwahl von Promis Einfluss hat auf die neueste Frühjahrsmode. Das *Navy SEALs Team 6* zum Beispiel finden viele interessant und richtungsweisend, das sind nämlich die, die Osama bin Laden erledigt haben. Wenn die jetzt für sich feststellen, dieser oder jener Style sei gerade der effektivste, dann überlegen sich tausend Einheiten auf der ganzen Welt, ihre Waffen genauso hinzurüsten.

Bob und ich orientieren uns eigentlich immer an den Ansichten von Kyle Lamp, das ist ein ziemlich bekannter Exsoldat der amerikanischen Eliteeinheit *Delta Force*, der heute auch private Trainings gibt. Bob und ich halten ziemlich viel von ihm und befolgen daher sein Schulungskonzept. Und Kyle Lamp vertritt die Meinung, dass man sich lieber nicht nach der Mode, sondern eher nach den eigenen Bedürfnissen richten sollte. Klingt ja auch logisch. Ich hatte zum Beispiel meinen Sturmgriff so eingestellt, dass er ganz weit vorne saß. Ich lief also beim Schießen mit einer nahezu ausgestreckten *support hand* herum, wie man den Stützarm nennt, während ich das Gewehr mit der Schusshand an Griff und Abzug hielt. Wenn man die *support hand* weiter vorn hält, kann es nämlich nicht so schnell passieren, dass man einen Schuss verkantet. Verkanten heißt, dass man zwar das Ziel richtig anvisiert, aber die Waffe ein bisschen nach links oder rechts verzieht und dadurch sein Ziel komplett verfehlt.

Mein Griff und meine Lampe sind also ziemlich weit vorne angebracht. Das ist für viele Schützen eher ungewohnt, sie kämen damit vermutlich weniger gut zurecht. Es würde mich umgekehrt aber ziemlich nerven, wenn jetzt jemand an meinem Gewehr herumschrauben und meine erprobten und gewohnten Einstellungen verändern würde.

Daher war die Stimmung kurz vor der Übergabe bei uns ein wenig angespannt. Wir ahnten, dass die anderen Jungs sich die Kanonen ja doch so hinbasteln würden, wie es gut für sie war.

Dennoch gaben wir uns noch ziemlich viel Mühe mit den Waffen. Ich orderte »Arsenalzustand« an. Wir hockten uns alle in den Raucherraum der Offiziere und machten unsere Waffen schick. Das hieß, dass sie nicht nur übergeputzt, sondern richtig auseinandergebaut, dick eingeölt und gereinigt wurden. Das wäre vielleicht nicht nötig gewesen, aber in meiner Welt übergibt man eine Waffe so und nicht anders. Die anderen mussten aus Sicherheitsgründen die Waffen eh erneut überprüfen und entölen.

Irgendwie verlief die Übergabe dann ziemlich frostig, und das lag ganz sicher nur zum geringsten Teil an unserer eigenen angekratzten Laune. Der Kommissar und Jerry überprüften schweigend die Waffen, dann stellten sie sich vor uns auf und warteten mit in die Hüften gestemmten Händen, bis wir unser Zeug zu Ende zusammengeräumt hatten.

Keine Ahnung, was mit Jerry los war. Ich bat ihn noch kurz mit hoch zum Kartentisch, um mit ihm auf der Brücke die Lage und unsere Verfahren an Bord zu besprechen. Ich hatte das Gefühl, er und sein Team hatten in der Zwischenzeit beschlossen, so distanziert wie möglich mit uns umzugehen: bloß nicht lächeln, kein Wort zu viel reden – und dabei gucken, als hätten wir ihnen den ganzen Proviant weggegessen. Jerry und der Kommissar wirkten ja ohnehin immer wie eine konspirative Einheit, und ihre beiden FNGs hatten sie bereits gut unter ihrer Fuchtel, die guckten uns nicht weniger feindselig an.

Ich versuchte trotzdem, mit Jerry oben auf der Brücke ins Gespräch zu kommen, nicht zuletzt, um dabei vielleicht herauszuhören, was zwischen uns nicht stimmte. Doch von ihm kam nichts. Er sprach auch das mit den Feiern nicht noch einmal an.

»Gibt es noch irgendwas zu besprechen?«, fragte ich.

»Nein, nichts«, sagte er, zuckte mit den Schultern und schaute absichtlich an mir vorbei.

»Na gut«, sagte ich.

Dann verabschiedeten sich die Teams, wir sagten der Mannschaft und der Schiffsführung Lebewohl und gingen von Bord.

Ich hatte ein mieses Gefühl. Es war jetzt natürlich nicht mein Job, für Friede und Freude auf Erden zu sorgen. Wenn die anderen nicht mit uns reden wollten, dann eben nicht. Ich würde mich von den Pennern sicherlich nicht verunsichern lassen. Aber mir wäre es trotzdem lieber gewesen, wenn man ein bisschen nett gequatscht und dabei den Eindruck vermittelt hätte, dass im Großen und Ganzen doch alles in Ordnung war.

Im Auto schauten wir uns an.

»Was war das denn für eine Nummer?«, fragte J. J.

»Keine Ahnung, irgendwie waren die ein bisschen seltsam drauf.«

Ich war immerhin beruhigt, dass die anderen das genauso sahen.

»Als hätten wir denen was getan«, sagte Sebastian.

»Bin mir keiner Schuld bewusst.«

»Vielleicht haben die erwartet, dass wir diese Runde auch noch übernehmen?«, mutmaßte Sebastian.

Im Vorfeld hatte es ein bisschen Gerangel gegeben wegen der Termine, wie so oft in letzter Zeit. Sebastian, ein blitzgescheiter Junge mit einem guten Blick für soziale Dynamiken, hatte ziemlich schnell kapiert, wie der Boss so tickte. Der wollte uns nämlich am liebsten möglichst lang im Einsatz halten und immer nur dann einen kurzen Heimflug anberaumen, wenn es gar nicht anders ging. J. J. war davon besonders betroffen. Er hatte schließlich gerade ein kleines Baby zu Hause. Vielleicht hätte er mit dem gern einmal mehr als vier Tage am Stück verbracht. Und selbst mir machte es langsam zu schaffen, dass ich nie mal länger nach Hause fliegen und ein bisschen abschalten konnte. Sebastian war da vor seinem ersten Einsatz offensichtlich auch anderes versprochen worden.

Der Boss jedenfalls plante knallhart. Er versuchte immer, seine Ressourcen maximal auszulasten. Das sagte er uns natürlich nie so direkt. Lieber hielt er es in der Schwebe und tat so, als wüsste er selbst noch nicht ganz genau, wie es mit uns weitergehen sollte. Sebastian hatte sich nun einfach die Fahrpläne der Schiffe und der Charterer selbst besorgt und angefangen, ein wenig aufzubegehren.

»Der soll nicht so tun, als wüsste er das noch nicht – nächste Woche stehen wir doch schon wieder im Plan, ich bin doch nicht blind!«, sagte er, wenn ich mal wieder mit einem ratlosen Schulterzucken von meinem täglichen Satellitentelefonat zurückgekehrt war.

Das Problem in unserer Firma war: Wer sich gegen den Boss zur Wehr setzte und einen Vorteil für sich selbst herausholte, musste immer damit rechnen, dass jemand anderes das für ihn auszubaden hatte. Dass nun wir nach Hause flogen, bedeutete zum Beispiel für Jerry' Team, dass es schon wieder antreten musste. Das war schon ganz clever gemacht vom Chef. So lenkte er den Unwillen stets von sich auf andere.

Dass uns Jerry' Team so unterkühlt behandelt hatte, konnte aber noch einen anderen Grund haben. Es hatte wohl in der Firma mal einen Vorfall zwischen Sebastian und Jerry gegeben, über den die beiden sich allerdings hartnäckig ausschwiegen. Was auch immer der Ursprung ihres Streits gewesen war, es war natürlich total kindisch, darum so ein langes Theater zu machen. Irgendwann musste man Frieden miteinander schließen und einen Konflikt begraben. Es gab zumindest keinen Grund, dass sich deshalb ganze Teams gegenseitig den Krieg erklärten. Aber genau das tat Jerry nun offensichtlich.

Ich war schon wieder auf einem anderen Schiff im Einsatz, als mich eine Mail von meiner alten Crew erreichte. Der Zweite Offizier erzählte mir, dass auf der *Kentridge* schlechte Stimmung herrsche. Und er fragte, wann endlich wir wieder an Bord kämen, mit uns sei es so viel entspannter gewesen. Jerry' Team war aber nicht nur unbeliebter bei der Besatzung. Diesmal hätten die Jungs auch richtig Mist gebaut, erzählte Daniel, und jetzt seien alle sauer. Ich wurde hellhörig.

»Mist gebaut?«, fragte ich nach.

Und dann erzählte mir Daniel, der Zweite Offizier, eine Story, die vermutlich nie ans Tageslicht gekommen wäre, wenn ich mich mit der alten Besatzung nicht immer noch so gut verstanden hätte.

Jerry und der Kommissar hatten eine Übung an Bord veranstaltet. Regelmäßige Trainings sind in Ordnung, sogar ein Muss, um das Team in Form zu halten und die Taktik zu trainieren. Aber bevor man eine richtig große Übung machte, musste man der Schiffsführung Bescheid sagen, das war das eine. Und die Übungen mussten auch angemessen sein, das war der zweite Punkt. Das hieß, die Übungen durften die Sicherheit an Bord nicht gefährden. Denn eigentlich war das Team ja für den Schutz der Crew zuständig, und nicht für irgendwelche Manöver auf dem Zwischendeck.

Jerry und der Kommissar hatten nun aber unbedingt eine waghalsige Abseilübung machen wollen. Natürlich kann man so etwas üben. Bei der Bundeswehr hatten wir das in den *boarding*-Trupps der Marineschutzkräfte ohne Ende trainiert. Aber dann brauchte man auch die entsprechende Ausrüstung, mit richtigen Gurten, und die nötige Routine. Vor allem musste es Sinn machen. In unserem Einsatz war das Abseilen aber ehrlich gesagt so notwendig wie Dressurreiten oder Weitspucken.

Ich hätte so eine unsichere Nummer mit meinen Teams nie gemacht, auch nicht, wenn wir danach an Bord für immer als die obercoolen Tarzans dagestanden hätten. Denn ein anderer Grund, das Abseilen mit Notfall-Equipment zu üben, wollte mir beim besten Willen nicht einfallen.

Das sahen Jerry und der Kommissar offensichtlich anders. Die verließen sich beim Abseilen allein auf den sogenannten *Rigger's Belt*. Das war eigentlich nichts anderes als ein Gürtel, und er war wirklich nur für Notfälle gedacht, wenn gerade kein richtiges Abseilgeschirr zur Verfügung stand, man aber zum Beispiel dringend einen Mann per Helikopter auf ein Schiff bringen oder von dort runterholen musste. Man hatte an dem Gürtel nämlich recht stabile Metallösen, in die man Karabinerhaken einhängen konnte – oder man schlang sich den *Rigger's Belt* mit ausgestreckten Armen um die Schultern und zog dann das Seil durch die Ösen.

Vermutlich kamen sich Jerry und der Kommissar extrem MacGyver- und kommandomäßig dabei vor. »Alle mal herschauen, das Special Team ist an Bord!«

Daniel erzählte mir jedenfalls genau, was dann passierte. Er hatte es von der Brücke aus ja gut beobachten können. Demnach marschierte das ganze Jerry-Team also hoch zur *bridge wing* und stellte sich lässig am Schanzkleid auf. Aber der Erste der Möchtegern-Tarzans hatte kaum sein Beinchen über das Schanzkleid gehoben, da war das Malheur auch schon passiert. Vermutlich war die *sling*, also der Trageriemen, an dem man die Waffe einhakt, nicht richtig festgemacht. Jedenfalls hat sich am Ende bei der Übung vor allem eines abgeseilt: die Präzisionswaffe von J. J. Sie knallte unten auf das Deck. Das waren bestimmt 15 Meter. Dabei gingen das Zielfernrohr und die Schulterstütze kaputt, und vermutlich nicht nur das.

Das klingt jetzt für einen Außenstehenden vielleicht weniger dramatisch. Aber eine solche Waffe müsste man im Normalfall entweder sofort aussortieren oder zur Endoskopie schicken. Mit bloßem Auge war nämlich nicht zu erkennen, wie viel bei dem Sturz tatsächlich kaputtgegangen war.

J. J. war sehr betrübt, als er davon erfuhr. Denn es war davon auszugehen, dass er die Waffe nicht mehr benutzen konnte. Möglicherweise war sie im Inneren von feinen Haarrissen überzogen. Verwendete man sie weiter, würde sie den gewaltigen Kräften in ihrem Inneren eventuell nicht mehr standhalten können und dem Schützen in der Hand explodieren. Sein Gesicht würde hinterher aussehen wie eine aufgeplatzte Sofaecke. Das war kein Spaß mehr und grenzte für mich – ohne dass man mich da jetzt auf die juristischen Fachbegriffe festlegen darf, bitte – fast schon an fahrlässige Tötung.

Ganz konkret hatte nun vor allem das Team an Bord ein Problem. Jede dieser Waffen wurde gebraucht. Vor allem das Präzisionsgewehr. Mit ihrem Tarzan-Getue hatten Jerry und der Kommissar die Sicherheit an Bord gefährdet. Daher die miese Stimmung. Takashi Ban war stinkwütend.

Natürlich hätte der Vorfall sofort gemeldet werden müssen. Rasend schnell machte die Story unter den Teams die Runde. Alle erfuhren davon, und einige freuten sich schon, dass Jerry jetzt ein bisschen Stunk vom Boss kriegen würde. Jerry hatte sich immer als rechte Hand vom Chef betrachtet. Er redete schon davon, dass er den Job vom Boss bald übernehmen würde. Dass der Boss nur noch nicht die Zeit gefunden habe, das alles schriftlich zu regeln. Bald schon würde Jerry nur noch gemütlich im Büro sitzen und anderen Anweisungen erteilen. Es war nur noch eine Frage der Zeit.

Uns allen gruselte davor, nicht nur unseren autoritären Chef, sondern auch noch diesen Trottel Jerry als Vorgesetzten zu ertragen. Und nachdem Jerry schon so gut wie jedes Team einmal wegen irgendwelchem Bullshit angeschwärzt hatte, freuten sich so gut wie alle, dass er nun zugeben musste, selbst einen dicken Fehler begangen zu haben.

Doch das passierte nicht. Jerry sagte einfach gar nichts. Er wollte uns beim nächsten Törn allen Ernstes die Waffe übergeben und den Vorfall unter den Tisch kehren, als sei nichts gewesen.

Wir sind sicherlich nicht zimperlich. Aber mit so etwas verstand keiner von uns Spaß. Kameradschaft war nicht nur ein Wort. Das bedeutete bei uns immer noch ein bisschen mehr als im normalen Leben. Man musste sich aufeinander verlassen können, weil es wenig gab, was uns während der Einsätze sonst noch aufgefangen hätte.

Im zivilen Leben kenne ich wenig, was sich vergleichen ließe. Einem Kollegen ein defektes Gewehr anzudrehen, das ist ungefähr so wie seinem besten Freund vor dem ersten Date mit seiner ultimativen Traumfrau nicht zu sagen, dass er einen riesigen Popel im Gesicht hat. Und selbst das ist vielleicht ähnlich bösartig, aber in der Konsequenz ja immer noch sehr harmlos. Daher eher: ihm dann vor der Abfahrt oben auf dem Hügel auch noch die Bremskabel durchzuschneiden und zu sagen, er solle sich beeilen, denn Frauen warteten nicht gern.

Es vergingen noch ein paar Tage mit hitzigen Diskussionen und mächtigem Geläster, das auch langsam anfing, mir auf den Wecker zu gehen, weil es viel zu viel Energie von unseren Einsätzen abzog – dann steckte jemand dem Boss den Vorfall. Ich weiß bis heute nicht, wer das gewesen ist, ich war es jedenfalls nicht. Ich schickte Jerry nur eine Nachricht, so als kleiner Witz und Retourkutsche wegen seiner Trinkmail: dass ich da ja etwas gehört hätte und dass es sicherlich nicht so gut wäre, wenn der Chef von anderen davon erführe. Ich weiß ehrlich gesagt nicht, was mich da geritten hat, eigentlich war das nicht mein Stil. Natürlich juckte es mich in den Fingern, aber ich hätte dem nicht nachgeben dürfen.

Ich glaube auch, dass der aufkommende Ärger zwischen den Teams noch einen anderen Grund hatte: Wir waren einfach nicht mehr ausgelastet. Zum einen waren wir auf schnellen Schiffen unterwegs, die so gut wie gar nicht mehr angegriffen wurden. Außerdem war die Gefährdungslage seit Ende 2011 zwar unverändert, aber die Zahl der tatsächlichen Piratenangriffe gleichzeitig zurückgegangen. Mein Verdacht: Wir hatten einfach zu viel Zeit und zu wenig andere Probleme.

Ich muss an dieser Stelle mal eine Lanze für die Frauen brechen. Frauencliquen wird ja gern unterstellt, dass es in ihnen intrigant zugeht und dass da jede über jede lästert. Ich kann mir nicht vorstellen, dass es in irgendeiner Frauenrunde schlimmer zugeht als in unserer Firma damals, da bin ich ganz ehrlich. Was da manchmal an Geläster und falschem Spiel anfiel, zumal in dieser Phase, hatte ich wirklich schon lange nicht mehr erlebt. Und auch hier stimmt vermutlich, was der Volksmund sagt: Der Fisch fängt vom Kopf an zu stinken. Wenn der Chef nicht okay ist, dann zieht sich das durch die ganze Belegschaft. Das war eine Beobachtung, die sich immer wieder bestätigte. War der Kapitän ein guter Typ, war die Besatzung gut drauf. War der Boss in der Firma auf Fairness bedacht, waren es auch die Kollegen.

Immerhin wurde Jerry nun ins Headquarter zitiert und sollte seine Sicht des Vorfalls schildern. Natürlich erzählte er irgendeine krumme Story: Unser Team hätte die Waffen nicht richtig übergeben, daher hätte sich das Gewehr bei einer harmlosen Übung aus der *sling* gelöst, es sei nur ein paar Stufen nach unten gerutscht und unglücklich aufgekommen, womit sich das kaputte Zielfernrohr erkläre.

Ah so. Kein netter Zug, dass er die Nummer jetzt auch noch mir in die Schuhe schieben wollte. Natürlich war er selbst dafür zuständig, die Waffen nach der Übergabe noch einmal zu überprüfen. Das sagte ihm auch der Boss. Und ich war froh, dass J. J. ein neues Präzisionsgewehr bekam. Das war die Hauptsache.

Damit war die Sache eigentlich erledigt. Doch in den Teams war die Stimmung nun endgültig vergiftet. Natürlich machte auch die Runde, dass Jerry noch einmal versucht hatte, einem anderen Team die Schuld in die Schuhe zu schieben. Das kam gar nicht gut an.

Ich hatte mich derweil weiter mit Tommy herumzuschlagen. Er bescherte uns immerhin ein paar totenwitzige Einlagen. Wir hätten sicherlich noch mehr gelacht darüber, wenn es nicht eigentlich recht ernst gewesen wäre. Ich danke den Piraten noch heute, dass sie uns auf all unseren Tommy-Trips komplett verschont haben. Vermutlich hätte es sonst Verletzte gegeben. Bei Tommy war nämlich davon auszugehen, dass sich einer von uns am Ende von ihm eine Kugel eingefangen hätte. Immerhin hatte er sein Gewehr ja auch schon mal falsch zusammengesetzt. Wer wusste, wohin er schießen würde, wenn uns die Piraten ins Visier nahmen und er es womöglich auch noch ganz besonders gut machen wollte.

Als Nächstes wollte ich mit ihm das Zielen üben, damit er das Prinzip des *aim point* verstand. Es gibt ein Phänomen, das nennt sich Parallaxenfehler. Man kann es ganz einfach an sich selbst testen, indem man mit dem aufgerichteten Finger auf ein Ziel peilt und jeweils das rechte oder linke Auge zukneift. Der Finger wird dabei vor dem Ziel regelrecht hin- und herspringen.

Das *aim point* ist nun dazu da, einen solchen Zielfehler zu verhindern. Genau das wollte ich mit Tommy üben. Wir stellten uns dazu nebeneinander an Deck auf.

»Tommy«, sagte ich. »Jetzt nimm dir mal das Abflussrohr da vorne vor und halte dir das rechte Auge zu.«

Tommy tat, wie geheißen. Erwartungsvoll stand er da, auf dass ich ihm den nächsten Befehl erteile. Er sah schon dabei ein bisschen zu beflissen aus, so dass ich mir das Grinsen schwer verkneifen konnte.

Eigentlich ist das Parallaxentraining ein alter Hut, eine der ersten Lektionen im Schießtraining beim Militär.

»So, Tommy, und nun sei doch mal so gut, ziele mit dem Finger auf das Abflussrohr.« Tommy nickte. Er hatte verstanden! Was dann passierte, konnte ich selbst kaum fassen. Tommy richtete den Finger auf den Abfluss wie ein Schlangenbeschwörer die Flöte auf seine Cobra und ging mit schleichenden Bewegungen auf das Teil zu. Dann nahm er den Finger und zielte in das Loch.

Ich weiß, das war gemein. Aber Mann – das sah saukomisch aus! Ich musste sofort J. J. herbeirufen. »Tommy, bleib so, bitte!«, sagte ich.

»J. J., komm her. Guck dir an, was unser Tommy-Boy hier macht!«

J. J. hätte vor Lachen beinahe einen Schwächeanfall hingelegt.

»Was ist das, um Himmels willen, hat er eine Ratte erlegt?«, fragte er mich.

»Parallaxentraining!«, japste ich.

»Fuckin' hell!«

Wir hatten Tränen in den Augen und mussten uns die Bäuche halten, so komisch sah das aus.

Eigentlich gehörte sie auch dazu – aber eine bestimmte Übung ließ ich lieber unter den Tisch fallen, wenn Tommy dabei war: dass wir uns gegenseitig Infusionsnadeln legten. Das war schon so keine sonderlich beliebte Trainingsmaßnahme. Eigentlich sollte das jeder können, das konnte überlebenswichtig sein, so oft wie wir ohne richtigen Arzt unterwegs waren. Aber von Tommy wollte sich garantiert niemand stechen lassen. Also verzichteten wir lieber ganz auf die Übung.

Einmal saßen J. J. und ich in Dar es Salaam in einem Pub, es lief Fußball. Das Pub war so ein typischer Expat-Laden, fast nur Europäer und Amis, keine Touristen, dafür war die Spelunke zu nah am Hafen, wo es sonst nichts gab, was einer Reise würdig war. Außer uns saßen noch ein paar andere Guards im Raum. Sie waren nicht zu überhören. Engländer. Die dominieren die Branche und sind so gut wie überall anzutreffen. Und irgendwie denken sie immer noch, sie wären die Herrscher über die sieben Weltmeere, und dementsprechend laut und rüpelhaft benehmen sie sich. Es lief ein spannendes Spiel: England gegen Portugal, und J. J. und ich beschlossen aus reiner Solidarität mit dem einzigen Portugiesen im Raum, uns auf deren Seite zu schlagen. Wann immer einer von ihnen in die Nähe des englischen Tores stürmte, setzen wir mit einem lauten Jubel ein und erfreuten uns an den patzigen Gesichtern der Briten. Wir hatten mächtig Spaß. Bis Tommy bei uns aufschlug. Es dauerte nicht lange, und er hatte gewaltig einen im Tee. Das ermutigte ihn anscheinend, mal ein offenes Wort mit mir zu reden. Er kam zu mir herüber, setzte sich direkt vor mich auf die Bank und begann, beim Reden mit dem Finger auf meine Brust zu tippen wie auf eine Schreibmaschine.

»Du George, ich glaube, wir haben ein Problem.«

»Jetzt nicht, Tommy, du siehst doch, wir sind hier beschäftigt.« Ich wollte, dass er möglichst schnell wieder verschwand, er versperrte den Blick auf die Leinwand.

»Wir haben aber ein Problem, und das klär ich jetzt«, beharrte er mit dieser bestimmten Art von Trinkeraggressivität, die ich schon immer zum Kotzen fand.

»Tommy, bitte stör mich doch nicht.«

Beim nächsten Klopfen auf mein Hemd wurde es mir zu viel.

»Ja, Tommy, du hast recht!«, explodierte ich. »Wir haben ein Problem. Denn du kannst nichts, du weißt nichts und machst immer einen auf großen Macker. Wir haben sogar ein verdammt großes Problem. Und vor allem: Wenn du mich noch einmal anfasst, dann haben wir ein außerordentlich großes Problem. Geh mir aus dem Weg!« So viel hatte ich noch nie an einem Stück mit ihm geredet.

Das schien Tommy aber nicht sehr zu erfreuen. Er starrte mich entsetzt an. Tränen stiegen ihm in die Augen. Ich drehte mich weg, das war ja nicht mit anzusehen.

Tommy verzog sich zu J. J., um sich bei ihm ein wenig auszuweinen. Leider bekam er von ihm die noch viel größere Abreibung. J. J. sagte ihm nämlich, dass er sich um mehr als 360 Grad ändern müsse, wenn er in diesem Leben noch einmal einen Fuß in die Tür kriegen wolle. Und dass er wenig Hoffnung habe, dass ihm das gelingen könne. »Ich habe noch nie eine so lästige Person erlebt wie dich«, schloss er.

J. J. war ein lieber Kerl. Aber wenn es sein musste, konnte er brutal ehrlich sein.

Tommy verließ heulend das Lokal. Kurz hatten wir Sorge, dass er sich am nächsten Baum aufknüpfen würde.

Am Ende muss ich aber sagen, dass noch ein richtig guter Typ aus ihm geworden ist. Wir ließen nicht locker und trainierten mit ihm, bis er alles draufhatte, was einen guten Operator ausmacht. Ich hätte vorher nie für möglich gehalten, dass wir das hinbekommen könnten.

Und so beförderte ich ihn irgendwann feierlich von einem sauschlechten Operator zu einem durchschnittlichen Operator. Er freute sich riesig. Und ich hatte endlich wieder ein Team, mit dem man arbeiten konnte und in das alle integriert waren.

Privat ist Tommy vielleicht immer noch ein komischer Vogel, aber als Guard ist er heute durchaus zu gebrauchen. Er sagt selbst: Alles, was er kann, hat er von uns gelernt. Auch wenn er durch eine harte Schule gegangen ist, er trägt uns nichts nach.

Der Streit eskaliert

Ich war ja nun seit über einem Jahr fast pausenlos unterwegs gewesen. Die Check-ins der Flughäfen von Dubai und Kreta waren mir vertrauter als anderen ihr Weg ins Wochenendhäuschen. Bei der Hafenbehörde in Mombasa begrüßte man mich bald freundschaftlicher als in meiner Cuxhavener Stammkneipe. Und ich verbrachte zehnmal mehr Zeit mit Typen wie Tommy als mit meiner eigenen Freundin.

Die vergangenen beiden Weihnachtsfeste hatte ich nicht im Kreis meiner Lieben verbracht, sondern mit einer Truppe schlecht rasierter Männer und der Kurzwaffe im Holster.

Genau genommen waren es sogar drei Weihnachten gewesen, das letzte zählte nämlich doppelt: Zunächst hatte ich mit den Fipsen den Heiligen Abend verbracht, zu den kreischenden Klängen ihrer neuen Karaoke-Anlage. Im Januar dann noch mal das gleiche Spiel, unter russischer Besatzung. Die feierte Weihnachten nämlich nach dem julianischen Kalender, also erst am 7. Januar. Da saß ich dann zum zweiten Mal in einer ungeschmückten, weihnachtsbaumlosen Offiziersmesse und gedachte der Geburt des Heilands. Diesmal unter bulligen Zwei-Meter-Männern, die mindestens genauso viel Zeit im Fitnessraum verbrachten wie wir, ausnahmslos, auch der Kapitän. Artig hatte ich mich für die Flasche Wodka bedankt, die jeder zum Weihnachtsessen auf den Tisch gestellt bekam, für jeden ein Liter reinster Getreideschnaps. Keine Plätzchen oder Schokoweihnachtsmänner. Der Kapitän prostete mir zu und zeigte dabei ein paar Goldzähne. Mit seinem blonden Bürstenhaarschnitt sah er aus wie Ivan Drago, der Gegner von Sylvester Stallone in *Rocky IV*. Genauso hatte ich mir früher immer den

Feind aus dem Osten vorgestellt, gegen den ich eines Tages zu kämpfen hätte.

Das russische Weihnachten verlief deutlich statischer als das von Tanz- und Gesangseinlagen gekrönte Fipsen-Fest. Es wurde in rauen Mengen Fleisch am Spieß gegrillt, und es dauerte nicht allzu lange, bis die Russen kreuz und quer und völlig besoffen über den Tischen lagen. Es roch nach Testosteron und Essiggurken.

Ich musste plötzlich an Lebkuchenhäuschen und das Christkind denken, und mich wehte ein Hauch von Nostalgie an. Auch wenn ich diese harte Männerwelt mochte und mit den Russen kaum weniger gut auskam als mit den Philippinos, manchmal sehnte ich mich doch nach ein bisschen deutscher Gemütlichkeit. Jedes Ding lebt von seinem Gegensatz.

Nach der Tour mit den Russen verbrachte ich mal wieder ein paar viel zu kurze Tage in Cuxhaven. Sosehr ich meinen Job auch mochte, fest stand auch, dass ich dringend mal wieder richtigen Urlaub gebraucht hätte. Meinem Boss hatte ich das auch gesagt, nicht nur einmal. Doch die Pausen in Deutschland waren im Laufe der Zeit immer kürzer geworden. Ich konnte froh sein, wenn man mir eine knappe Woche in Cuxhaven gönnte. Das reichte gerade mal für einmal Aus- und wieder Einpacken und allen Freunden Hallo sagen. Viel anderes wusste ich während dieser kurzen Aufenthalte auch nicht mit mir anzufangen. Natürlich blieb bei den anderen nicht die Zeit stehen, nur weil Georgie mal wieder auf Stippvisite in der Heimat weilte. Die hatten ja auch ihre Jobs und Verpflichtungen. Während also die anderen ihrem gewohnten Arbeitsleben nachgingen, musste ich die wenigen Tage oft genug dazu nutzen, nervige Behördengänge zu erledigen, zum Arzt zu gehen und irgendwelche Papiere auszufüllen. Das war zäh, anstrengend und nervig. Zusätzlich störte ich mich jetzt vermehrt daran, dass alles so ineffizient organisiert war. Einmal erwischte ich mich sogar dabei, dass ich der Arzthelferin am liebsten einen Schein zugesteckt hätte, um die Wartezeiten ein wenig zu verkürzen. Ich konnte doch meine wenigen kostbaren Stunden in Cuxhaven unmöglich in einem Wartezimmer verbringen.

Ich fühlte mich neuerdings auch seltsam fremd, wenn ich zu Hause war. Das lag gar nicht so sehr daran, dass hier niemanden interessierte, dass ich Teamleiter war, oder daran, dass ich mich an einen komplett durchgeregelten Tagesablauf gewöhnt hatte. Früher hatte ich eigentlich immer problemlos fünfe gerade sein lassen. Auch nach der langen Zeit beim Militär war es kein Problem für mich gewesen, in mein schluffiges Surferleben zurückzukehren. Ich hatte auch keine große Sorge, dass mir das mittelfristig nicht wieder genauso gut gefallen könnte. Aber es hätte mir mehr Spaß gemacht, wenn ich ein wenig länger Zeit gehabt hätte, mich wieder damit anzufreunden.

In den kurzen Pausen stattete ich auch jedes Mal meinem Orthopäden einen Besuch ab. Mein Knie war schon seit gut einem halben Jahr dick und entzündet und tat immens weh, vor allem, wenn ich länger stehen musste. Der Arzt erklärte sich mit einem Kopfschütteln einmal mehr dazu bereit, mir nur eine Spritze zu geben und mir tütenweise Schmerzmittel zu verschreiben. Ich wusste ja, dass mein Kreuzband eigentlich unters Messer gehörte. Er hatte es mir oft genug erklärt. Und ich sagte wie immer: »Noch einen Törn, Doc, dann können Sie schneiden.«

Ich rief in der Firma an, um die letzten Details zur geplanten Route abzufragen. Als ich den Chef auf die anstehende OP ansprach, hieß es nur: »Ja, ja.«

Das klang mir irgendwie nach einem Ja zu viel.

Abends saß ich mit meiner Freundin am Kamin. Es war ein ungemütlicher Januartag, das Wetter konnte sich nicht so recht entscheiden, ob es nur Eisregen oder richtigen Schnee vom Himmel fallen lassen wollte, und es war schwer vorstellbar, dass ich mir schon am nächsten Tag wieder am Strand von Mauritius die Füße verbrennen würde. Die Wassertemperatur lag dort ziemlich konstant bei 27 Grad. In Cuxhaven hingegen war es im Januar selbst für mich zu kalt zum Surfen. Ich sprach mit meiner Freundin darüber, dass wir einmal zusammen in den Urlaub nach Mauritius fahren sollten. Zumal ich es bislang immer noch nicht geschafft hatte, die legendäre Welle von One Eye zu fahren. Ich sah ihr an, dass sie sich darüber freute. Aber vermutlich glaubte sie es doch nicht so ganz. Ich glaubte mir ja selbst kaum noch. Einen gemeinsamen Urlaub hatte ich ihr schon öfter versprochen.

Ich zählte frische Socken ab und stopfte meine Sachen zurück in meinen Rucksack. Außerdem lud ich eine halbe Videothek neuer Film auf meine Festplatte, um gerüstet zu sein, falls es auf der Tour mal wieder langweilig wurde. Dann versprach ich meiner Freundin hoch und heilig, dass ich eine Pause machen würde, und zwar definitiv und schon nach der anstehenden Tour.

Da wusste ich allerdings noch nicht, dass es ohnehin meine letzte werden sollte.

Der neue Trip ging wieder von Mauritius aus los, und der erste Kollege, der mir am Hamburger Flughafen entgegenstolperte, war natürlich Tommy. Er freute sich riesig, und ich begrüßte ihn mit einem gutmütigen Zwinkern. Mein Gott, man musste sich ja nicht mit ihm anfreunden, aber ich war froh, dass er seinen Job inzwischen beherrschte. Und ich glaube, er hatte umgekehrt auch kapiert, dass ich kein besonderes Interesse an allzu viel Gequatsche mit ihm hatte.

Dafür hatte man mir wieder zwei Neue mitgegeben. Denno hieß der eine. Ein junger, sportlicher Typ mit ordentlich gestutzten Haaren, ein bisschen blässlich. Dem zweiten hatten sie den Spitznamen »Ghetto« gegeben, ich weiß nicht genau, warum. Weder erinnerte er an Elvis, noch konnte er singen wie er. Zum Glück sah er auch nicht sonderlich ghettomäßig aus.

Die beiden Jungs waren einmal mit Jerry mitgefahren und dann ganz lange nicht mehr zum Zug gekommen. Erst jetzt, da der Chef sich vor Aufträgen kaum noch retten konnte, hatte er die beiden wieder aktiviert. Schienen also echte Geheimtipps zu sein.

Das hieß nun auch, dass plötzlich Tommy der einzige erfahrene Operator im Team war. Er wurde damit zu meinem Stellvertreter.

Jemand anderes war dafür nicht dabei, und das war schlimm. Man hatte mir J. J. weggenommen.

Wir hatten unserem Chef beide immer wieder gesagt, dass er das nach Möglichkeit niemals tun dürfe – uns auseinanderreißen. Wir waren ein gutes, eingespieltes Team. Es hatte also auch ganz handfeste sicherheitsrelevante Gründe, wenn ich auf dieser Konstellation beharrte. Zugleich bereiteten uns die zähen Wochen an Bord gleich halb so viel Nerv, wenn wir in Gesellschaft reisten. Ich fragte mich, warum uns der Chef das Leben unnötig schwer machte. Vermutlich entsprach das seiner Vorstellung von guter Führung. Für mich war das eher ein Beispiel für völlig sinnlose, alle Beteiligten nur frustrierende Machtspielchen.

Ich hatte das schon öfter beobachtet: Der Chef war offensichtlich der Meinung, es sei gar nicht gut, wenn wir alle zu glücklich waren und uns zu gut verstanden. Vielleicht stand dahinter der Gedanke, dass man seine Leute immer klein und ein bisschen unglücklich halten musste. Zum einen ging es einem Menschen wie unserem Chef dann in Relation zu seinen Angestellten gleich viel besser. Zum anderen glaubte er so vielleicht verhindern zu können, dass wir aufmuckten und auf die Idee kamen, immer mehr zu fordern. Als gäbe es einen Topf an Zufriedenheit, der immer gleich gefüllt ist, und je weniger man den Leuten gibt, desto weniger verlangen sie. Wenn man uns mit Brotkrumen fütterte, würden wir uns mit einem Kuchen am Sonntag zufriedengeben. Gab man uns jeden Tag Kuchen, würden wir irgendwann anfangen, Kaviar zu verlangen. Wenn er mich das nächste Mal mit J. J. fahren ließ, wäre ich vielleicht schon wieder ganz zufrieden. Und würde es dann auch eher schlucken, wenn er mir erneut keine Pause gönnte. So in der Art schien er zu denken.

Vermutlich war es schon ein Fehler, überhaupt länger über

diese verquere Logik nachzudenken. In einer Gesellschaft, wie der Chef sie sich vorstellte, wollte ich gewiss nicht leben. So wie er dachten nur schlechte Vorgesetzte, die sich nicht vorstellen konnten, dass es motivierte, glückliche Mitarbeiter gab, die sogar bessere Leistung ablieferten, wenn sie nicht unterdrückt wurden und Angst um ihren Job haben mussten. Ich glaube, umgekehrt wird ein Schuh daraus. Zufriedene Mitarbeiter, die hinter ihrem Unternehmen stehen und ihren Chef respektieren, geben sogar noch viel mehr als das, wofür sie offiziell bezahlt werden.

Wir hatten unser Zeug an Bord verstaut, unsere alte Crew begrüßt, die Tour waren wir ja nun schon häufiger gefahren. So weit war alles in Ordnung. Nur als ich Tommy bei unserem ersten Abendessen in der Offiziersmesse traf, bekam ich einen ordentlichen Schreck. Da musste etwas passiert sein. Etwas Ernstes. Eigentlich war Tommy ja ein fröhlicher Typ, immer am Essen und Plappern. Und er hatte selbst in der Zeit, als Bob, J. J. und ich ihm richtig eingeschenkt hatten, nicht so schlecht ausgesehen wie jetzt.

Kurz bevor wir an Bord gegangen waren, hatte er eine SMS von einem Kumpel erhalten, so viel hatte ich schon mitbekommen. Der Inhalt schien nicht sonderlich erbaulich gewesen zu sein. Nach der SMS hatte Tommy ewig mit dem Satellitentelefon rumgemacht. Ich hatte ihn wild gestikulierend übers Deck spazieren sehen. Normalerweise hielt ich mich aus den persönlichen Belangen meiner Leute heraus. Aber wenn sie in eine ernsthafte Krise schlitterten, dann konnte ich das nicht so einfach ignorieren.

Nach dem Essen nahm ich ihn beiseite. Wir gingen in den Raucherraum, und da gestand er mir sein Elend. Seine Freundin hatte ihn betrogen. Das hatte ihn der Kumpel per SMS wissen lassen. Die Freundin selbst stritt alles ab, aber er schien ihr nicht so recht zu glauben. »Ich wünschte, ich könnte sofort zurückfliegen und das persönlich klären.«

»Tommy, das geht nicht. Wir brauchen dich hier.«

»Ich weiß. Aber es lässt mir keine Ruhe.«

Ich entließ ihn mit einem unguten Gefühl. Trotzdem hatte ich die Hoffnung, dass sich die kleine Beziehungskrise wieder einrenken würde.

Doch in den nächsten Tagen entlockte er seiner Freundin Stück für Stück, wie dramatisch die Situation tatsächlich war. Sie hatte ihn nicht nur betrogen, sie und der neue Typ waren nun auch ganz offiziell ein Paar. Am Tag nach Tommys Abreise waren die zwei zusammengezogen. Und zwar in die Wohnung der Frau – die auch einmal Tommys Zuhause gewesen war.

Der Gute ist mir daraufhin komplett eingebrochen. Das war nicht so verwunderlich. Man hatte ihm praktisch seine Homebase unterm Hintern weggezogen.

Als ich noch beim Militär war, hieß es in diesen Fällen, die Leute müssten ausgeflogen werden, da helfe alles nichts. Bevor man sie auf den nächsten Einsatz mitnahm, ließ man sie erst ihren privaten Kram klären. Darüber entschied in der Regel der Kommandant des jeweiligen Schiffes, und die meisten fackelten nicht lange mit der Entscheidung. Schließlich waren sie für die Sicherheit des Teams verantwortlich. So wurde das damals in der Adria auch gehandhabt, bei meinem ersten Auslandseinsatz als 76er. Wenn einer ein bisschen zu lange traurig an der Reling herumstand, gab es beim nächsten Landgang ein Ticket von Alitalia, und es ging zurück an die private Heimatfront.

Das Problem bei richtigem Liebeskummer ist ja, dass die Kollegen nichts mehr leisten. Einige spielen mit Selbstmordgedanken, achten viel weniger auf die eigene Sicherheit, und auch die Kameraden sind ihnen in dem Moment egal. Ich dachte kurz darüber nach, ob es notwendig sei, Tommy seine Waffe wegzunehmen.

Ich hatte mir inzwischen Tommys halbe Lebensgeschichte angehört und konnte ihn nun sogar halbwegs gut verstehen. In einem Job wie unserem, bei dem man ständig unterwegs war, bekam der Hausseegen einen besonderen Stellenwert. Es war ein saudummes Gefühl, wenn daheim alles aus dem Ruder lief und man dazu verdammt war, dem aus der Ferne machtlos zu-

zusehen. Tommy hatte mit seinen Eltern keinen Kontakt mehr. Die Beziehung zu seiner Freundin war sein einziger Anker. Wenn Tommy nach Hause kam, würde er seine Sachen vor der Tür wiederfinden. Tommy hatte nichts und niemanden mehr.

Es half nichts. Ich beschloss, dass wir spätestens in Mombasa den Landgang nutzen sollten, um ihn auszufliegen. Ich informierte den Chef und erklärte ihm die Lage, so gut es ging. Nicht, dass ich mir viel Verständnis von ihm erwartete.

Natürlich ärgerte es mich dann trotzdem irgendwie, wenn Tommy morgens nicht pünktlich zum Dienst erschien. Das hieß normalerweise: fünf Minuten vor Dienstbeginn, um vor der Ablösung noch einen Lagebericht zu erhalten.

»Wo bleibt der Kerl?«, fragte ich die anderen und ging ihn dann doch selbst holen. Bei allem Verständnis für seine Situation, ich brauchte ihn im Team, wo sollte ich hier auch Ersatz herzaubern. Und es war niemandem gedient, wenn er sich jetzt völlig gehen ließ – ihm am allerwenigsten.

Wenn ich an seine Tür klopfte, erschien er mit geröteten Augen und verschlafenem Blick. Beim Landgang musste man ihm die Bierflaschen mit Gewalt entreißen und ihn sich unter den Arm klemmen, um ihn heil wieder aufs Schiff zu verfrachten. Einzig sein Appetit war so gut wie eh.

Er sprach nur noch davon, dass er es keine Sekunde länger an Bord aushielt. Er wollte unbedingt nach Hause, wollte die Sache klären, und wenn es nur darum ging, noch ein letztes Mal von Angesicht zu Angesicht mit seiner Ex zu sprechen.

Es war also mehr als vernünftig, dass ich den Boss beim nächsten Lagebericht am Satellitentelefon noch einmal darauf ansprach und ihn bat, in Mombasa schon einen Ersatz für Tommy bereitzuhalten. Wir waren nur noch gut drei Tage von der Hafenstadt entfernt, und ich hatte natürlich recht mit der Annahme, dass sich der Chef noch um gar nichts gekümmert hatte. Er ließ mich diesmal auch kaum zu Ende reden und verlangte stattdessen, mit Tommy persönlich zu sprechen. Das war kein gutes Zeichen. Es war nicht schwer zu erraten, welchen Ausgang das Telefonat nehmen würde.

Und so kam es dann auch: Tommy wollte auf einmal nichts lieber, als unbedingt weiter an Bord zu bleiben. Der Chef hatte ihm richtig Angst eingejagt. Inzwischen sprach er nur noch so mit seinen Leuten, Druck und Angst waren die beiden einzigen Kernelemente seines Führungsstils. Er gab den Leuten auch immer schlechtere Verträge, mit seltsamen Klauseln, die jemand wie ich, zumal auf Englisch, ohnehin kaum verstand.

Er fing sogar an, den neuen Bewerbern kostenpflichtige Praktika anzudrehen. Das hieß, für ihre ersten Einsätze erhielten die Neuen neuerdings nicht nur keinen Lohn, sie mussten sogar noch etwas draufzahlen. Und Tommy hatte er unmissverständlich klargemacht: Wenn er nach Hause fliegen wollte – kein Problem. Er würde dann allerdings nicht nur seinen eigenen Flug bezahlen, sondern auch für den Hinflug seines Ersatzmannes aufkommen müssen. Und über seine Zukunft in der Firma würde man sich dann in Ruhe noch einmal unterhalten, sobald er wieder auf den Beinen wäre.

»Vermutlich habe ich mich in Ihnen getäuscht, lieber Tommy«, hatte der Boss gegen Ende des Telefonats gesagt. Tommy äffte seinen Ton erstaunlich treffend nach: »Sie sind wohl doch nicht so geeignet für diesen Job, wenn Sie sich von so kleinen Privatproblemchen derart aus der Bahn werfen lassen …«

Das war natürlich die mieseste Tour, die man sich vorstellen konnte. Aber sie zog. Tommy bettelte mich regelrecht an, dass ich ihn den Einsatz zu Ende fahren ließe. Was sollte ich tun.

So schleppten wir uns also durch die Tage, ich frustriert und mit schmerzendem Knie, Tommy krank vor Liebeskummer und die beiden Neuen im Schlepptau, die so viel Erfahrung hatten im maritimen Sicherheitsjob wie Kindergartenkinder mit Differentialrechnung. Die Tour von Salalah nach Mombasa und Dar es Salaam war ich jetzt schon Dutzende Male gefahren, ich zählte die Tage und spulte mich in den Stunden ohne Wachdienst durch die globale Filmgeschichte.

Ich hatte die Schnauze so voll, verdammt. Ich sehnte mich nach Urlaub, nach Cuxhaven, nach meiner Freundin, nach gemütlichen Gesprächen, nach meinen Boards und nach einem Fußboden, der in allen Farben, nur nicht grün, gestrichen war und nicht brummte unter meinen Sohlen. Wenn man wie ich ständig unter den gleichen Bedingungen arbeitet, auf so beengtem Raum, dann braucht man einfach Pausen, um sich dabei noch wohl fühlen zu können.

Diesmal kam mir der Trip vor wie eine halbe Weltreise. Ich fühlte kostbare Lebenszeit sinnlos verstreichen. Am Ende waren wir nur sechs Wochen unterwegs gewesen. Mir kam es vor, als hätte ich zwischen Start und Ziel mindestens drei Geburtstage gefeiert.

Als wir dann endlich in Muscat im Oman ankamen und der Heimflug in greifbare Nähe gerückt war, überraschte mich der Agent an Land mit einer ungewöhnlichen Ankündigung. Wir wurden erwartet. Der Chef war da.

Der Chef war ganz früher einmal selbst im Irak im Einsatz gewesen, aber jetzt arbeitete er schon lange nicht mehr als Operator. Wenn er an einem Einsatzort auftauchte, hatte das meist andere Gründe: Er brauchte einfach mal wieder Urlaub oder hatte ohnehin was mit einem Agenten zu klären. Bei der Gelegenheit traf er sich dann auch gern mit seinen Teams. Für uns war das eigentlich ganz gut, denn dann buchte er immer gleich eine Hotelklasse besser. So brachte uns unser Fahrer in ein Hotel, dessen prunkvolle Fassade schon von weitem so weiß strahlte, als würde sie jeden Tag mir frischer Farbe angestrichen. *Crown Plaza* hieß das Hotel, und es lag inmitten einer exotischen Parklandschaft.

Die künstliche Bewässerung ließ in dem Wüstenklima fantastisch bunte Pflanzen sprießen, in den Gärten roch es süßlicher als in jeder Douglas-Filiale. Zum Hotel gehörte ein eigener Privatstrand. Er lag in einer kleinen Bucht, zu der nur Hotelgäste Zugang hatten.

Wir betraten die Lobby. Ich sah durch die offenen Sitzgruppen, dass im Speiseraum gerade zur Tea Time gedeckt wurde. Ich erschnüffelte Steaks und Kartoffelecken und beobachtete die Kellner, die mit Krümelbürste und Silberservice hantierten oder geschäftig zwischen Pub und Restaurant hin- und herliefen. Sehnsüchtig schaute ich zu den Zapfhähnen der Bar und auf die Teller der Hotelgäste. Wir hatten seit gestern Abend nichts gegessen. Zu gern hätte ich dieses Paradies sofort aus der Nähe in Augenschein genommen. Doch der Chef wartete bereits in der Lobby.

Er gab uns nacheinander jovial die Hand, dann schickte er die beiden Neuen mit einer Kopfbewegung nach oben auf die Zimmer.

»Mit Ihnen rede ich gleich, Sie warten hier«, sagte er und zeigt mit dem Finger auf mich. Dann schnappt er sich Tommy. »Und Sie kommen mit!«

Mr. Imperativ verschwand mit Tommy auf der Terrasse. Ich sah mich in der Lobby um. Überall Marmor und dunkles Holz. Selbst die Schnittblumen in ihren Vasen hielten sich adretter als sonst, ebenso die Pagen am Eingang der Drehtür.

Ich gab einer Bedienung ein Handzeichen, mir einen Mokka zu bringen, und beobachtete die anderen Gäste in der Lobby. Die meisten waren arabische Geschäftsleute, fast alle in diesen typischen weißen Gewändern, einige auch in Anzügen. Zwischendrin kamen ein paar plappernde Touristen von draußen herein, aber insgesamt gab es nur sehr wenige Westler. Ich freute mich über die salzigen Nüsse, die mit dem Kaffee gebracht wurden. Mein Magen knurrte. Ich hatte überhaupt keine Lust, mir gleich das Gerede vom Chef anzuhören.

Als ich mich erneut umschaute, entdeckte ich Tommy, der mir schon mit gesenktem Kopf entgegenkam. »Du sollst kommen«, sagte er.

Ich erhob mich und schlenderte betont langsam zum Tisch vom Boss hinüber. Er hatte sein schwarzes Lederbüchlein aufgeschlagen. Darin notierte er sich immer alles, was während der Einsätze passierte und ihm wert schien, noch einmal thematisiert zu werden. Die ganze Nummer war so durchsichtig. Wir hätten uns das auch locker sparen können, ich wusste ohnehin, was jetzt kam.

Er setzte ein ernstes Gesicht auf und wollte mit mir »dringend ein paar Dinge durchsprechen«. Natürlich ging es um Dinge, die ich angeblich nicht so gut gemacht hatte. Er kam auf die Zollepisode zu sprechen, mit den Waffen, die angeblich nicht richtig deklariert worden waren. Das war nicht mein Fehler gewesen. Das wusste er auch. Ja, sagte er und machte eine dramaturgische Pause, aber er habe sich dennoch mehr Eigeninitiative von mir erwartet. Man sah, dass er sich bemühte, etwas Schlechtes zu finden. Ich wollte lieber über mein Knie sprechen. »Ich wollte mich dann endlich mal einer Behandlung unterziehen«, stellte ich fest.

Ich hätte nicht genug auf mich achtgegeben, erklärte er mir. Zu viel Sport, zu viele Ausflüge, wenn das Schiff im Hafen lag.

»Aber alles kein Problem!«, schloss er. Er habe sich bereits darum gekümmert. Er lächelte mich nachsichtig an.

»Der Agent hat einen wundervollen Arzt hier im Oman aufgetan«, sagte er. Da solle ich gleich morgen früh hinfahren, der würde sich der Sache annehmen.

»Wird er nicht«, entgegnete ich. Ich wollte nicht zu irgendeinem Omani. Schlimm genug, dass überhaupt ein Arzt an meinem Knie herumschnippeln wollte. Das würde aber ganz sicher nicht hier in diesem gottverlassenen Wüstensultanat passieren, sondern in Europa.

Der Boss sagte: »Na, dann kann es ja wohl nicht so schlimm sein.«

Ich: »Jeder vernünftige Mensch wird verstehen, dass ich mich lieber von meinem deutschen Arzt behandeln lasse.«

Boss: »Wenn Sie auf Ihrer Pause bestehen, kann Jerry aber nicht in Urlaub.«

Ich: »Ach, und?«

Er: »Der will sein Haus renovieren.«

»Es geht hier um meine Gesundheit!«, sagte ich empört. »Schlimm genug, dass das allen hier herzlich egal ist.«

Der Boss beugte sich zu mir herüber, riss die Augenbrauen nach oben und sagte langsam: »Bla, bla, bla.«

Mir war vorher nie aufgefallen, wie hässlich er aus der Nähe aussah. Mir sprangen da gleich mehrere Details ins Auge, die ich krampfhaft auszublenden versuchte. Er war mir nie zuvor so nahe gekommen. Als er dann auf einmal noch näher über den Tisch heranrückte, grenzte das aus meiner Sicht schon an eine Drohung.

»Eigentlich habe ich mich doch recht klar ausgedrückt, oder?«, sagte er.

»Ich verstehe grad nicht, was Sie meinen.«

»Was genau verstehen Sie denn da jetzt nicht, Mister Bühler?«

Er beugte sich mit dem Oberkörper noch weiter über den Tisch, ich konnte seine gezupften Augenbrauen sehen – wie dämlich war das denn.

Er schüttelte ungläubig den Kopf, so wie man es tat, wenn jemand unfassbar schwer von Begriff war, und sagte noch einmal: »Bla, bla, bla.«

»Bla, bla, bla?«, wiederholte ich fragend.

Ich hatte eine Entscheidung getroffen. Ich kann viele Dinge aussitzen oder auch ertragen. Oft mache ich mir Entscheidungen nicht leicht, aber manchmal geht das dann auf einmal doch ganz schnell.

»Wissen Sie, was das für mich bedeutet?«

Er hob fragend die Handflächen zum Himmel. Es war ihm egal, was ich sagte und dachte.

»Gut, geben Sie mir bitte fünf Minuten Zeit, ich bin gleich wieder da«, sagte ich. Ich schob den Stuhl zurück. Er sah mich verdutzt an. Bevor er noch etwas sagen konnte, drehte ich mich um und ging durch die Lobby zurück, die Treppe hinauf aufs Zimmer.

»Tommy, mach mal den Rechner an und gib mir einen USB-Stick!«

Tommy verstand nicht sofort.

»Los!«

Ich schnappte mir den Rechner und tippte schnell ein paar Sätze. Dann zog ich mir das Dokument auf den Stick und ging zur Hotelrezeption, um mir das Ganze ordentlich ausdrucken zu lassen.

Der Boss hatte derweil einen Drink und ein paar Kleinigkeiten zu essen bestellt, natürlich nur für sich.

»Was lassen Sie mich hier sitzen und warten wie einen Schuljungen!«, empfing er mich empört.

Ich legte ihm das Schreiben auf den Tisch. Er hatte vor Zorn die Kiefer zusammengebissen, so dass links und rechts die Stränge seines Kaumuskels hervorsprangen. Nachdem er die ersten Zeilen gelesen hatte, verwandelte sich der zornige Gesichtsausdruck in Erstaunen. Dann wurde er still.

»Ich bestelle mir einen Flug«, ergänzte ich das Kündigungsschreiben. »Morgen bin ich weg.«

Es war faszinierend. Ich konnte dem Boss, der sonst immer alles daransetzte, einen energischen Eindruck zu vermitteln, praktisch beim Denken zusehen. Er meinte zunächst, die Kündigung sei nur ein Witz, und sagte das auch. »Wollen Sie mich verarschen, oder was?«

Ich genoss die Situation ein wenig, da sich das Du-Boss-ich-Operator-Spielchen schlagartig erledigt hatte.

Nein, das sei kein Witz, sagte ich. Wir brauchten jetzt auch gar nicht mehr weiter zu diskutieren, sagte ich, ganz der konstruktive Mitarbeiter, meinetwegen könnten wir jetzt aufstehen, es müsse sich ja wohl jeder um ein paar Dinge kümmern. Ich glaube, er konnte immer noch nicht fassen, dass ich das wirklich ernst meinte.

Tatsächlich hatte ich vorher gar nicht an Kündigung gedacht, nicht einen Augenblick. Erst in den zwanzig Sekunden, bevor ich aufgestanden war und das Schreiben aufgesetzt hatte, war es kurz in meinem Kopf hin- und hergegangen: Machen? Nicht machen? Machen? Nicht machen?

Doch so spontan ich das auch entschieden hatte – war ein solcher Entschluss erst einmal gefasst, war er endgültig. Ich hadere nicht, habe ich noch nie gemacht. Ich weiß nicht, ob das eine Stärke oder eine Schwäche ist, ich erspare mir nur gern alle Gedanken, die zu nichts führen und mich nur ärgern würden.

Es war zu sehen, dass ich den Chef völlig aus dem Konzept

gebracht hatte. Er vergaß sogar, mich zu beschimpfen. Er stand auf, nahm sein Telefon, und dann sah ich ihn erst mal die nächsten zwei Stunden nur durch die Hotellobby und über Balkone wetzen und dabei aufgeregt in sein Handy sprechen. Damit war auch klar, wie fest er mich bereits eingeplant hatte. Wie sicher er gewesen war, dass ich mich doch wieder von ihm einwickeln lassen würde, obwohl er mir eine Auszeit versprochen hatte. Er hatte offensichtlich nicht eine Minute darüber nachgedacht, dass es anders kommen könnte. Und es war ihm völlig egal gewesen, was mit meinem Knie passierte.

Aber sein großartiger Plan war nicht aufgegangen. Seine Taktik hatte darin bestanden, mich erst zu kritisieren und klein zu machen, um dann von mir zu verlangen, dass ich mich seinen Wünschen beugte. Klar, ich liebte meinen Job, die Touren mit J. J. und die fernen Länder. Und mir gefiel auch meine Rolle als Guard, der von der Besatzung dafür gemocht wurde, dass er für ihre Sicherheit sorgte. Klar, auch nach den beiden Gehaltsreduktionen wurde ich immer noch besser bezahlt als ein Arzt an der Berliner Charité oder ein Universitätsprofessor. Und natürlich würde ich mir von meinen Freunden anhören müssen, was für ein kompletter Idiot ich war, diesen gut bezahlten Job wegen eines stinkigen Chefs an den Nagel zu hängen.

Aber es war zu viel zusammengekommen. Die Nummer mit Tommy. Der sich letzten Endes sogar überreden ließ, eine weitere Tour zu fahren. Vermutlich hatte er ihm mit Kündigung gedroht.

Ich kann Autorität sehr gut akzeptieren. Aber sie muss durch irgendetwas gerechtfertigt sein, durch irgendeine Fähigkeit, durch Wissen oder besonderes Engagement, einen guten Charakter, menschliche Größe – nicht durch reines Posertum und Gerede.

Jetzt konnte ich mir endlich ein dickes Steak bestellen und mir einen Cidre dazu genehmigen. Erst als ich zufrieden und satt war, ging ich zurück in die Lobby. Der Chef war im Gewimmel der anderen Hotelgäste immer mal wieder in meinem Blickfeld aufgetaucht, das Telefon an seinem Ohr musste inzwischen glühen. Er hatte die drängelnden Auftraggeber in der Leitung – und keinen Teamleiter mehr. Doch der konnte hektisch und mit rotem Gesicht rumlaufen, wie er wollte, das brauchte mich jetzt nicht mehr zu scheren.

Als ich ihm zuwinkte, kam er sofort zu mir herüber.

»Bevor ich noch mal hinüberfliegen muss wegen der Auskleidung – ich gebe Ihnen die Sachen am besten gleich hier«, schlug ich vor. Es war sehr angenehm, nicht mehr nur der Befehlsempfänger von diesem Mann zu sein. Wir gingen schweigend aufs Zimmer. Ich suchte meine Klamotten, den Helm und die Weste zusammen, pflückte alles auseinander und stapelte es ihm auf die ausgestreckten Arme. »Bitte schön!«, sagte ich. Ich lächelte besonders freundlich. Sollte er das meinetwegen in Plastiktüten nach Hause tragen. War jetzt nicht mehr mein Problem.

Ich hatte mir im Internet für den nächsten Tag einen Heimflug gebucht, für mich war das Thema erledigt.

Beim Abendessen war ich als Erster am Tisch, und so nahmen die anderen Jungs ebenfalls dort Platz. Als der Boss in den Speisesaal kam, sah man, dass er kurz darüber nachdachte, sich woanders hinzusetzen. Aber dann merkte er wohl, dass das uncool gewesen wäre: er allein an seinem Platz, während wir lustig zusammenhockten und plauderten, am besten noch über ihn. Also blieb ihm nichts anderes übrig, als sich auch an meinen Tisch zu setzen.

Er vermied es aber den ganzen Abend lang, in meine Richtung zu schauen, und tat so, als wäre ich gar nicht im Raum. Ich bestellte mir ein paar Cidre und genoss es sehr, in seiner Anwesenheit Alkohol zu trinken und mich entspannt zurückzulehnen. Ich fühlte mich von seinen Storys auch gleich nicht mehr halb so genervt wie sonst. Die meisten hatte ich eh schon mehr als einmal gehört, auch wenn sie gelegentlich schwer wiederzuerkennen waren, weil er sie jedes Mal nach Belieben veränderte. Er schaffte es, bei Geschichten selbst dann haarsträubend zu flunkern, wenn Ohrenzeugen dabei waren, die den wahren Verlauf der Story aus eigener Anschauung kannten. Oft waren sie es, die sich für seine Storys dann stellvertretend schämten. Aber jetzt konnte ich den ganzen Zirkus von außen betrachten, und der Cidre sorgte zusätzlich dafür, dass ich milde gestimmt war und mir das ganze Getue herzlich egal war.

Ich fragte mich höchstens, was die anderen dachten. Vielleicht würden sie mir vorwerfen, dass ich sie im Stich gelassen hatte.

Am nächsten Morgen kam der Chef zu mir an den Frühstückstisch, setze sich direkt vor mich und sagte: »Gut, haben Sie es sich noch einmal überlegt?«

Er sah müde aus. Er hatte wohl wirklich ein Problem, wenn ich kündigte.

Was sollte ich mir da überlegt haben? Der tat jetzt echt so, als hätte es diesen Zwischenfall gestern nicht gegeben. Und ich traute meinen Ohren nicht, als er hinzufügte: »Sie wissen ja, wie das ist.«

Ich sagte: »Nee, ich weiß nicht, wie das ist.«

Man sah ihm an, wie er sich wand. »Manchmal sagt man ja im Eifer des Gefechts auch das eine oder andere Wort, das gar nicht so gemeint war.« Er sprach etwas leiser, als hätte er Angst, jemand könnte mitbekommen, dass er gerade fast so etwas ausgesprochen hatte wie die leichte Andeutung einer Entschuldigung.

Natürlich entschuldigte sich einer wie er nicht, niemals. Das war schon der absolute Gipfel an Kleinmütigkeit, was ich hier von ihm zu sehen bekam. Vermutlich hatte er die ganze Nacht überlegt, wie er das heute herausbringen sollte.

Ich holte mein Emirates-Ticket heraus, um noch einmal die Abflugzeit zu überprüfen. »Ich muss jetzt los«, sagte ich dann.

»Ihr bleibt hier«, herrschte er die anderen sofort im gewohnten Kommandoton an. Die guckten uns beide mit großen Augen an, überlegten kurz und bereiteten mir dann eine riesige Freude: Sie kamen alle mit zum Flughafen, um mich zu verabschieden. Ich konnte mir vorstellen, wie sehr es den Boss ärgerte, dass sie seine Anweisung missachteten.

Da standen wir beisammen, quatschten wie Freunde, die sich ihr ganzes Leben lang kannten, machten Witze und rauchten. Mist, das wird mir verdammt fehlen, dachte ich. Dann war es auch schon so weit. Ich warf mir den Rucksack über die Schulter. Ein kräftiger Handschlag von allen reichte, da brauchte es keine Worte. Ich drehte mich noch mal kurz um, nickte ihnen zu und verschwand dann in der Passkontrolle.

So stieg ich also das letzte Mal in Muscat in den Flieger. Als das Flugzeug in einer großen Schleife abhob und Reisehöhe erreicht hatte, konnte ich noch einmal einen fantastischen Blick werfen auf das Türkis des Meeres und die arabische Halbinsel mit ihren aberwitzig vielen Varianten von Braun und Gelb.

Ich war wirklich froh über meine Entscheidung, aber ich fühlte auch einen kleinen Stich. Mein Leben würde sich verändern. Vielleicht würde ich nie wieder auf einen Einsatz fahren, nie mehr mit J. J. an der Reling stehen und den Horizont nach Skiffs absuchen, nie mehr die schweren Stiefel der Jungs über Deck hören, wenn sie mit mir für den Ernstfall probten, nie mehr Reis braun-weiß mit scharfer Soße essen und bei Drei-Meter-Wellen mit den Fipsen zu Karaoke-Klängen auf dem Achterdeck tanzen.

Gut möglich, dass man auf so einen Schritt auch mit Bedauern zurückschaute. Aber ich schob den Gedanken schnell beiseite. Und versuchte, ein wenig zu schlafen.

Epilog

Nach meinem letzten Einsatz war ich noch nicht lange wieder zurück in Deutschland, da stellte sich bei mir ein Geschäftsmann mit großen Ideen und einem Sack voll Investoren vor. Als Erfahrungsträger mit guten Kontakten sollte ich ihm eine deutsche maritime Sicherheitsfirma aufbauen. Ich beriet mich mit Bob, und wir beschlossen nach einiger Zeit, besser die Finger davon zu lassen. Nach diversen Angeboten und einem Zwischenstopp als Geschäftsführer arbeite ich heute als Einsatzleiter für ein anderes deutsches Unternehmen im Bereich der maritimen Sicherheit. Bob und J. J. sind mir bis heute die treuesten Freunde, und wann immer es die Zeit zulässt, besuchen wir uns gegenseitig, ziehen um die Häuser und lachen über alte Zeiten. Niemandem würde ich mehr trauen als diesen beiden Jungs.

Auch mit vielen meiner ehemaligen Teammitglieder habe ich heute noch guten und engen Kontakt. So ist ein mittlerweile ein großes und zuverlässiges Netzwerk entstanden.

Übrigens ist Tommy irgendwann bei einer anderen Firma untergekommen. Wenn man den Buschtrommeln glauben will, gehört er in seiner Firma mittlerweile zu den besten und erfahrensten Teamleadern. Na also – geht doch!

Allen anderen Jungs da draußen an Bord wünsche ich ein stets ruhiges Händchen und viel Glück bei allen Operations.

Rüm hart klaar kimming.
George

Dank

Am Ende dieser Geschichte möchte ich einige für mich sehr wichtige Leute nicht unerwähnt lassen. Sie haben alle auf die eine oder andere Weise dafür gesorgt, dass ich meinen Weg gehen konnte.

An erster Stelle und ganz besonders gilt mein Dank allen Männern der Verwendungsreihe 76, die meine Einstellung und meine Erfahrungen besonders geprägt haben. Das MsichBtl.1 Glückstadt und das MSK Eckernförde waren quasi meine berufliche Kinderstube, in der ich das Rüstzeug für meine späteren Reisen erlernt habe. Hier danke ich vor allem meinem Mentor M. Cornelius und allen Jungs aus Eckernförde.

Ich danke meinem Team *Middle East Wrecking Crew* für alle gemeinsamen Erfahrungen im Einsatz, für unbeschreibliche Kameradschaft und Zusammenhalt – in guten und in schwierigen Situationen. My freakin' best regards to: J. J., Francisco, Mike, SS Muse, Coyote Ugly, Erny, Tom, Darius, Ghetto & Winsel und »Pistolen-Bob«.

Ich danke Tina, ohne die dieses Buch nicht möglich gewesen wäre. Danke an meine Freunde Tobi, Maik, Nadja, Milo und Alexander, die mir immer das Gefühl gegeben haben, dass hier jemand auf mich wartet.

Mein größter Dank jedoch gilt meiner Freundin Sabrina, die diese chaotischen Jahre mitgemacht, große persönliche Opfer erbracht und immer zu mir gehalten hat.

Euch allen danke ich von Herzen.
George

ANHANG

Das sagt der Jurist

Um den juristischen Fragen auf den Grund zu gehen, habe ich mir also Hilfe von einem Experten gesucht – dem Rechtswissenschaftler Tim René Salomon. Ich traf den jungen Wissenschaftler an der Bucerius Law School in Hamburg. Hier ist Salomon Mitarbeiter am Lehrstuhl von Professor Doris König, mit der zusammen er das Papier *Private Sicherheitsdienste auf Handelsschiffen – Rechtliche Implikationen* verfasst hat. Außerdem ist er beteiligt am Forschungsvorhaben *Piraterie und maritimer Terrorismus*. Er ist auch Associate der International Max Planck Research School for Maritime Affairs.

Das Forschungsvorhaben der Bucerius Law School gehört zum Projekt »Piraterie und maritimer Terrorismus als Herausforderungen für die Seehandelssicherheit: Indikatoren, Perzeptionen und Handlungsoptionen (PiraT)«. Neben dem Institut für Friedensforschung und Sicherheitspolitik an der Universität Hamburg sind daran auch das Deutsche Institut für Wirtschaftsforschung (DIW), die Technische Universität Hamburg-Harburg sowie eben die Bucerius Law School beteiligt. Das Projekt wird vom Bundesministerium für Bildung und Forschung gefördert. Die Institute arbeiten an einem Gesamtkonzept, das politikwissenschaftliche Risikoanalysen, Sicherheitstechnik sowie die relevanten ökonomischen und rechtlichen Aspekte zusammenbringt.

»Was rechtlich erlaubt ist, hängt natürlich von der Flagge ab, unter der das Handelsschiff fährt«, sagt Salomon. Sobald ein Reeder bewaffneten Schutz für sein Schiff möchte, muss er bei dem Staat, unter dessen Flagge sein Schiff fährt, die Zustimmung dafür einholen. »Gehen wir von einem Schiff unter deutscher Flagge aus, so ist darauf das deutsche Recht anwendbar«, sagt der Jurist. Fährt ein Schiff hingegen ausgeflaggt, also zum Beispiel unter der Flagge Liberias, braucht der Reeder die Zustimmung eben dieses Staates, und es gilt an Bord auch das liberianische Gesetz. Übrigens fährt ein sehr großer Teil der Schiffe deutscher Eigentümer ausgeflaggt, um Kosten etwa für die Versicherungen zu sparen.

Notwehrrecht

Abwehrhandlungen werden vor allem nach den Vorschriften der Notwehr beurteilt. Generell sei das Notwehrrecht in Deutschland vergleichsweise großzügig, sagt Salomon. Es fordere zum Beispiel keine »strenge Verhältnismäßigkeit der Abwehrhandlung«. Das heißt, man kann sich darauf berufen, in Notwehr gehandelt zu haben, solange kein krasses Missverhältnis zwischen den betroffenen Rechtsgütern vorliegt. Ein Beispiel: Wenn man mit einem Gewehr auf Kinder schießt, die im Garten Kirschen klauen wollen, kann man nicht mehr von Notwehr reden. Wenn Piraten aus vollautomatischen Gewehren auf ein Schiff schießen, stellt sich die Frage nach der Verhältnismäßigkeit hingegen garantiert nicht mehr.

In dem Papier von Salomon und König heißt es sogar: »Im Falle der Verteidigung von Handelsschiffen gegen Piraten [ist] eine Notwehrlage bereits dann gegeben, wenn sich die Piraten dem Schiff auf Schussdistanz nähern und ein weiteres Zuwarten die Abwehrchancen verringern würde.« Die Schussweite bemisst sich natürlich an der jeweiligen Ausrüstung und wird normalerweise zwischen 100 und 200 Metern betragen. »Von diesem Zeitpunkt an sind Verteidigungsmaßnahmen durch Sicherheitsdienstleister zulässig«, heißt es weiter. Sprich: Kommen die Jungs zu nahe, dann darf gezielt geschossen werden, auch wenn damit gerechnet werden muss, dass die Piraten dabei zu Schaden kommen.

Möglichst sollten wir vorher einen Warnschuss abgeben. Aber selbst diese Vorgabe relativiert sich, wenn dadurch die Abwehr selbst erschwert werden würde, man also zum Beispiel wichtige Zeit verlöre, um sich und andere ausreichend zu schützen.

Natürlich ist es daher auch legitim, auf einen RPG-Schützen zu zielen, wie in unserem Fall im Indischen Ozean. Schließlich ist davon auszugehen, dass er eine erhebliche Bedrohung darstellt und mit einem einzigen geglückten Treffer im Zweifel das ganze Schiff in Brand setzen kann.

Wir Guards haben in so einem Fall ohnehin keine Alternative – zu welchem vermeintlich milderen Mittel sollten wir auch greifen? Hypnose? Oder ein Gebet?

Irrtum nicht ausgeschlossen

Aber was passiert eigentlich, frage ich Salomon, wenn ich auf einen vermeintlichen Piraten schieße, und es stellt sich heraus, dass es nur ein harmloser Fischer war? Das ist wirklich eine verdammt heikle Situation: Ein fremdes Boot nähert sich, man weiß nicht, ob es sich um Piraten oder nur um friedliche Fischer handelt, und man muss natürlich erst einmal möglichst gelassen abwarten, ob von dem Boot eine Gefahr ausgeht. Natürlich tarnen sich die Piraten gut, verstecken ihre Waffen und Enterleitern unter Fischernetzen und versuchen, so nah wie möglich an ihre Opfer heranzukommen. Meiner Meinung nach zeigt sich hier, ob ein Guard genug Erfahrung und Sicherheit mitbringt, um nicht in hektischen Aktionismus zu verfallen oder einfach wild draufloszuballern.

Daher bin ich ein ganz klarer Befürworter der *Rules of Engagement* und versuche, für mich und mein Team jede verfügbare Minute zu nutzen. Das fängt schon mit dem Dienst auf der *bridge wing* an. Von dort haben meine Leute das Umfeld mit Ferngläsern abzusuchen, um eine potentielle Gefahr so früh wie möglich zu erkennen. Nur so haben wir eine Chance, die

Verfahren gemäß den *Rules* abzuarbeiten und alle Maßnahmen – wie Kursänderungen, Schiffshorn, Signalraketen und Ähnliches – einzuleiten, bevor ein Schiff zu nah herangekommen ist. Währenddessen kann ich das Verhalten und die Reaktionen auf dem Skiff bewerten und einschätzen, ob es sich tatsächlich um einen Angriff handelt. Hierfür braucht man natürlich etwas Erfahrung und Nerven, aber das ist mir hundertmal lieber, als zu der vorschnellen Entscheidung gezwungen zu sein, einem der Menschen im Boot da drüben die Lebenslichter auszupusten. Erst wenn das Zeitfenster und eine Distanz von ungefähr 200 Metern unterschritten sind, kann ich mir dieses Quäntchen Fair Play nicht mehr leisten. Dann muss auch ich die Sache beenden.

Dabei stellt sich allerdings schon die Frage, ob man überhaupt eine Chance hat zu erkennen, mit wem man es zu tun hat, und vor allem: wie lange man eigentlich warten möchte, bis man das ganz sicher weiß. Auch Salomon sagt, dass es oft gar nicht möglich sei, die eigentliche Absicht zweifelsfrei zu erkennen. Schießt man aus Versehen auf harmlose Fischer, hätte man sich zunächst womöglich wegen fahrlässiger Körperverletzung zu verantworten.

Aber würde man dafür auch bestraft?, frage ich den Juristen.

Vermutlich wohl eher nicht. In ihrem Papier *Private Sicherheitsdienste auf Handelsschiffen – Rechtliche Implikationen* sprechen Salomon und König von einer »Unzumutbarkeit des Zuwartens«. Das heißt: Bevor ich ganz sicher bin, dass die vermeintlichen Fischer nicht nur auf einen Freundschaftsbesuch vorbeikommen, haben die herannahenden Piraten ihren entscheidenden Treffer vielleicht schon gelandet. Irgendwann muss der Guard also handeln. Nach deutschem Recht ist daher auch im Fall eines Irrtums nicht mit einer Verurteilung zu rechnen.

Allerdings gehe ich sowieso davon aus, dass Fischer abdrehen, wenn ich Warnschüsse abgebe. Völlig hilflos ausgesetzt bin ich der Situation also nicht, rechtzeitige Warnschüsse sollten ein Unglück wohl verhindern können.

Die *Rules of Engagement* der Firmen können Salomon zufolge für den Guard keine offizielle Absicherung darstellen.
»Die strafrechtliche Beurteilung findet eben von offizieller
Seite grundsätzlich nur im Rückblick statt und geschieht nicht
als Präventivberatung mit Aussagen dazu, wie man sich wann
zu verhalten hat«, lautet das in seinem Juristendeutsch. Und
jeder Fall müsse da individuell betrachtet werden. Es ließe sich
auf Grundlage der deutschen Rechtsprechung zur Notwehr
aber sehr wohl eine Art Verhaltensleitlinie erstellen, nach der
die jeweiligen Guards relativ abgesichert agieren könnten.

Vor strafrechtlichen Ermittlungen könne sich ein Guard dadurch allerdings nicht schützen, sagt Salomon. Die Staatsanwaltschaft ermittle normalerweise bei jedem Abwehrfall, bei
dem es möglicherweise zu Verletzten oder Toten gekommen
ist.

Keine Erste-Hilfe-Pflicht

Wichtig zu erwähnen ist noch, dass wir Sicherheitsdienste nach
einer solchen bewaffneten Abwehr grundsätzlich keine Pflich-
ten der Seenothilfe gegenüber den Piraten haben. Das kann bei
Soldaten und Polizisten eventuell anders sein. Zwar sind Not-
wehrausübende nach deutschem Recht grundsätzlich nicht
dazu berechtigt, den Angreifer verletzt liegen zu lassen, sondern müssen an Land zumindest noch den Rettungsdienst anrufen, sonst würden sie sich unter Umständen der unterlasse-
nen Hilfeleistung strafbar machen. Aber man ist eben nur zu
zumutbaren Maßnahmen verpflichtet. Es hätte also niemand
von uns verlangen können, auf dem Indischen Ozean umzu-
kehren und die Piraten aus den Wellen zu ziehen, denn das
wäre viel zu gefährlich gewesen.

Reeder aus dem Schneider

Die Reederei ist, was die Strafbarkeit angeht, in einer vergleichsweise komfortablen Situation. Könnte man nachweisen, dass es wegen der Unzuverlässigkeit der Guards zu einem tödlichen Beschuss von einfachen Fischern gekommen ist, würden zwar rein rechtlich auch die Verantwortlichen der Reederei belangt werden. Zum Beispiel, weil sie fahrlässig unzuverlässige Dienstleister engagiert haben, etwa um Geld zu sparen. Dann stünde der Vorwurf der fahrlässigen Tötung auch zu Lasten der verantwortlichen Reedereimitarbeiter im Raum. Allerdings ist nicht bekannt, dass jemals aufgrund einer solchen Sorgfaltspflichtverletzung ermittelt worden ist.

Weil ein gewisses Restrisiko dennoch besteht, haben sich die meisten deutschen Reeder für das bereits erwähnte neue Gesetz »zur Einführung eines Zulassungsverfahrens für Bewachungsunternehmen auf Seeschiffen« ausgesprochen. Künftig müssen sie dann nämlich nur noch überprüfen, ob ein Sicherheitsdienst zugelassen ist. Vorher mussten sie erheblich aufwendiger kontrollieren, ob ein Dienst für diese Aufgabe auch wirklich geeignet war. Schließlich durfte theoretisch jeder ein Unternehmen der maritimen Sicherheit gründen und seine Dienste auf dem freien Markt anbieten.

Jetzt mögen die deutschen Notwehrrechte zwar relativ großzügig sein. »Die Frage ist aber natürlich, ob die Staatsanwaltschaften anderer Länder das auch so sehen«, sagt Salomon. Denn ein Staat darf grundsätzlich auch dann strafrechtlich ermitteln, wenn der Vorfall in seinem Küstenmeer stattgefunden hat und sich auf ihn oder die Ordnung in seinem Küstenmeer auswirkt. Er ist dann auch ermächtigt, uns als verdächtige Personen festzunehmen. »Das größte Risiko für Kapitäne und Sicherheitsdienste ist meiner Einschätzung nach daher auch, dass sie wegen verübter Abwehrhandlungen beispielsweise vor den Gerichten des Oman oder des Jemen landen«, sagt der Jurist. Solche Staaten hätten womöglich eine deutlich engere Vorstellung von Notwehr als deutsche Gerichte, so dass es hier zu erheblichen Strafbarkeitsrisiken käme, selbst wenn eine Handlung nach deutschem Recht erlaubt sei, warnt Salomon.

So landeten zum Beispiel zwei italienische Marinesoldaten in Indien vor Gericht, weil sie von Bord des Öltankers *Enrica Lexie* Schüsse auf ein indisches Fischerboot abgegeben hatten. Das Fischerboot hatte nach dem Beschuss sofort abgedreht, trotzdem starben auf dem Boot zwei Männer. Die genaueren Hintergründe sind noch immer unklar. Zum Beispiel ist immer noch umstritten, ob die Männer auf dem Boot selbst auch Schüsse abgegeben haben, wie die italienischen Soldaten behaupten. Der Besitzer des Fischerbootes jedenfalls warf den Soldaten vor, »ohne Anlass« auf seine Männer geschossen zu haben. Der Kapitän des Öltankers hatte nach dem Vorfall ausgesagt, die Soldaten seien von einem Piratenangriff ausgegangen, weil das Motorboot so nah an das Schiff herangefahren sei.

Im April 2012 hatten sich die Hinterbliebenen der Opfer mit Italien außergerichtlich auf eine Entschädigung von jeweils 144 000 Euro geeinigt und ihre Klage fallengelassen. Doch die indischen Behörden bestanden auf einem Verfahren. Die Italiener argumentierten, der Fall unterliege nicht der indischen Gerichtsbarkeit, da sich der Vorfall in internationalen Gewässern zugetragen habe. Mitte Mai 2012 zog Italien wegen dieses Vorfalls sogar seinen Botschafter aus Indien zurück. Ministerpräsident Mario Monti warnte die indische Regierung vor einem »gefährlichen Präzedenzfall«.

Wie auch immer der Fall ausgeht, ich möchte jedenfalls nicht in der Haut der Italiener stecken, die jetzt in Indien in Untersuchungshaft auf ihr Urteil warten. Der Fairness halber versuche ich mir aber auch vorzustellen, was umgekehrt hier los wäre, wenn indische Marinesoldaten vor der deutschen Küste auf deutsche Fischer geschossen hätten.

Eine gute Möglichkeit für uns Guards, uns im Vorfeld gegen falsche Verdächtigungen abzusichern, sind unsere Helmkameras. Salomon ist sogar der Meinung, dass vieles für eine generelle Helmkamerapflicht spreche. »Sicherheitsdienste können sich damit im Zweifelsfall vor küstenstaatlichen Staatsanwaltschaften entlasten und nachweisen, dass es sich um Notwehr gehandelt hat«, sagt er.

Kaum Schutz vor Wasser-Cowboys

Salomon sieht die aktuelle Rechtslage durchaus kritisch. »Einem möglichen Machtmissbrauch durch Draufgänger kann im Moment nicht viel entgegengesetzt werden«, sagt er.

Im Frühsommer 2012 tauchte ein Video im Netz auf, das eine Schießerei im Golf von Aden zeigte. Der Schusswechsel hatte sich am 25. März 2011 zugetragen. Das Video war auf einer amerikanischen Shipping-Konferenz gezeigt und dann von Unbekannten ins Netz gestellt worden. Über Umwege gelangte es auch auf die deutsche Nachrichtenseite von *SPIEGEL ONLINE*. Bei dem Schiff handelt es sich um die *Avocet*, die von einem vierköpfigen Sicherheitsteam einer amerikanischen Sicherheitsfirma bewacht wurde. Zunächst zeigt das Video nur den ruhigen Blick aus dem Brückenhaus. Das Meer wirkt hell und freundlich. Allerdings ist zu hören, wie sich zwei Sicherheitsleute über Funk aufgeregt miteinander unterhalten. Sie fühlen sich offensichtlich angegriffen von einem nahenden Skiff. Als Nächstes tritt der Teamleiter aus der Brückentür und gibt den Befehl: »*warning shots*«. Er und ein weiterer Guard halten in das nahende Skiff, das wenig später ungebremst in die Bordwand des Schiffes prallt. Die beiden Guards schießen weitere zwanzig Mal in das Skiff. Mit an Sicherheit grenzender Wahrscheinlichkeit lebt zu diesem Zeitpunkt schon lange niemand mehr in dem kleinen Boot.

Meiner Meinung nach war das Verhalten der Guards ein Paradebeispiel für die Unprofessionalität einiger Teams. Der zuständige Sicherheitschef gestand gegenüber der Nachrichtenagentur Bloomberg ein, dass dabei »zumindest einige der Bootsinsassen höchstwahrscheinlich getötet oder verletzt wurden«. Es habe sich um den zweiten Entführungsversuch innerhalb von drei Tagen gehandelt. Vermutlich sei die Anspannung entsprechend groß gewesen. Nachdem die Guards eine RPG auf dem Skiff ausgemacht hatten, hätten sie um ihr Leben gefürchtet. Die Schüsse seien gerechtfertigt gewesen, und die Guards hätten sich verantwortungsvoll verhalten, sagte der Sicherheitschef. Denn sie hätten erst Warnschüsse abgegeben, bevor sie in das Boot zielten.

Ich glaube allerdings nicht, dass die Piraten in diesem Fall überhaupt eine Chance hatten, noch einmal abzudrehen und sich zurückzuziehen. In den Medien war danach von »Blackwater-Verhältnissen im Indischen Ozean« die Rede.

»Und so ein Verhalten wird durch das Fehlen international einheitlicher und verbindlicher Qualifikationsanforderungen an Sicherheitsdienste befördert«, kritisiert Salomon. »Das Problem ist, dass die Staatsanwaltschaften in diesen Situationen selten tatsächliche Anhaltspunkte der begangenen Taten zu Gesicht bekommen werden, die auf ein eventuell schuldhaftes Fehlverhalten hinweisen könnten. Flapsig gesagt: Die Piraten beschweren sich eher selten.« Und die Sicherheitsdienste würden sich natürlich auch nicht selbst anzeigen, auch wenn sie in den meisten Fällen von Seiten des deutschen Notwehrrechts kaum etwas zu befürchten hätten. Dabei läge es natürlich im Interesse aller, die schwarzen Schafe ausfindig zu machen und aus dem Verkehr zu ziehen. Da bin ich übrigens ganz Salomons Meinung. Auch wenn mich die Vorurteile nerven, die viele ungeprüft übernehmen, möchte ich natürlich, dass sich das Image meiner Branche bessert, und daher soll man den Übeltätern so streng wie möglich auf die Finger schauen.

In der Tat mag die unendliche Weite des Meeres manch einen Möchtegern-Cowboy zu der Annahme verleiten, er müsse sich dort an keine Gesetze mehr halten. Ich denke da nur an unseren chinesischen *party chief*, der uns anhielt, auf harmlose Fischer zu schießen. Und der den erschossenen Fischern dann auch noch bunte Knicklichter in den Mund stopfen wollte, weil er das für lustig hielt. Hätte die Besatzung einen solchen Fall verschwiegen – wovon ich bei den Chinesen ausgegangen wäre –, die kleine Ballerei wäre nie ans Tageslicht gekommen.

Fehlende Zeugen

Eine Möglichkeit, fahrlässig handelnden Sicherheitsdiensten auf die Schliche zu kommen, führt in der Tat über die Besatzung, sagt Salomon. Der Kapitän trägt die Verantwortung an Bord. Theoretisch hat er sogar das Recht, Waffen an Bord seines Schiffes abzulehnen, was er natürlich nicht tut. Wenn sich nun der Kapitän über das Verhalten eines Sicherheitsdienstes empört, weil die Guards seinen Anweisungen nicht Folge geleistet hätten, und sich damit an die Staatsanwaltschaft wendet, würde es dann wohl zu Ermittlungen kommen, sagt Salomon.

Das ist durchaus schon vorgekommen, zum Beispiel im Fall eines deutschen Kapitäns, über den der NDR am 21. Juni 2012 berichtete, allerdings ohne seinen richtigen Namen und den seines Schiffes zu nennen. Angeblich hätten die Guards wie »im Rausch« und ohne vorher Warnschüsse abzugeben auf zwei herankommende Skiffs geschossen. Der Kapitän habe ihnen die Erlaubnis dazu ausdrücklich nicht erteilt, heißt es in dem Bericht. Der Vorfall im Indischen Ozean habe ihn seitdem nicht mehr losgelassen, zitiert der NDR den deutschen Kapitän: »Bis heute weiß ich nicht, ob die Menschen in den kleinen Booten tatsächlich Piraten waren oder einfache Fischer.«

Doch durch die bloße Missachtung einer Anweisung des Kapitäns mache sich ein Sicherheitsdienst selten strafbar, sagt Salomon. »Die Sicherheitsleute unterstehen zwar grundsätzlich seiner Verantwortung, haben aber auch das Recht, ihr eigenes Leben zu verteidigen.« Der Kapitän werde sie somit faktisch in den wenigsten Fällen an einem Schusswaffengebrauch hindern können.

Der Rechtsexperte weist in diesem Zusammenhang auf ein besonderes Problem hin: Im Zweifel könne der Kapitän sogar für die Taten der Sicherheitsdienste zur Verantwortung gezogen werden. »Diese Sorge haben viele Kapitäne, und man kann sie ihnen leider nicht ganz nehmen.« Der Kapitän sei nach internationalem und nationalem Recht der Letztverantwortliche an Bord. Es könne daher auch gut zu Ermittlungen gegen ihn kommen, und diese Sorge könnte ihn umgekehrt davon abhalten, sich über die Sicherheitsdienste zu beschweren – ein Teufelskreis, der primär den unseriösen Anbietern nutzt.

Eine Situation, in der Draufgänger tatsächlich Fischer beschießen und töten, könnte problemlos als Piratenangriff bezeichnet oder ganz aus dem Bericht des Sicherheitspersonals getilgt werden. Ob eine solche Situation dann durch den Kapitän gemeldet wird, ist äußerst fraglich, solange dieser zu befürchten hat, dafür mit zur Verantwortung gezogen zu werden.

Es gäbe sicherlich Möglichkeiten, die Kontrolle an Bord von Handelsschiffen zu verbessern. Das Forschungsprojekt, an dem Salomon beteiligt ist, hat daher im Vorfeld des Gesetzesvorhabens einige Forderungen an die zuständigen Ministerien gestellt. So beinhaltet etwa die Maritime Labour Convention aus dem Jahr 2006 konkrete Empfehlungen und Übereinkommen der Internationalen Arbeitsorganisation (IAO), mit dem Ziel, die Arbeits- und Lebensbedingungen sowie die Sicherheit der Seeleute auf der ganzen Welt zu erhöhen und dem Sozialdumping vorzubeugen. Das Übereinkommen sieht unter anderem einen Beschwerdemechanismus vor, auf dessen Grundlage sich Mannschaften an ihre Flaggenstaaten oder an die Hafenstaaten wenden können, um sich dort anonym über schlechte Arbeitsbedingungen an Bord zu beschweren. Einen solchen anonymen Meldemechanismus wünscht sich Salomon auch für Vorfälle im Zusammenhang mit den Sicherheitsdiensten. Er befürwortet außerdem eine verbindliche Helmkamerapflicht für alle Einsätze, nicht nur in unserem eigenen Interesse, sondern auch, um schwarzen Schafen auf die Spur zu kommen. Sicherlich bedeuten Helmkameras nicht zwangsläufig eine bessere Überwachung, da man sie auch absichtlich abdecken oder die Speichermedien verschwinden lassen könne, aber so hätten die Behörden wenigstens Anhaltspunkte, dass unrechtmäßige Vorfälle verschwiegen wurden.

All das ist in dem Gesetzentwurf bislang nicht festgeschrieben. »Ich hätte mir ein paar mehr Zähne in dem Gesetzentwurf gewünscht«, sagt Salomon. Auch, weil er sich von dem deutschen Gesetz durchaus eine Signalwirkung für den internationalen Markt versprochen hatte. »Viele Dienste werden versuchen, sich zu zertifizieren, weil ›Made in Germany‹ für die Außenwirkung immer noch einen hohen Stellenwert besitzt«, sagt er. »Die Unternehmen schließen sich derzeit unverbindlichen internationalen Verhaltensrichtlinien und Selbstverpflichtungsmechanismen an, um nach außen Glaubwürdigkeit und Zuverlässigkeit zu signalisieren.« Ein Siegel wie »Certified by the German government« wäre sicherlich begehrt, sagt Salomon, und daher könnten hohe deutsche Standards in der Branche für einen beträchtlichen Professionalisierungsschub sorgen.

Bericht aus der Schlammzone

Johannes Clair · **Vier Tage im November**
Mein Kampfeinsatz in Afghanistan
416 Seiten mit Bildteil, Klappenbroschur
€ [D] 18,00 · € [A] 18,50
ISBN 978-3-430-20138-4

Johannes Clair, ein 25jähriger Fallschirmjäger, hat den Krieg in Afghanistan am eigenen Leib erlebt. Er war dabei, als erstmals seit dem Zweiten Weltkrieg Artillerie eingesetzt wurde, hat mehrere Sprengstoffanschläge und vier Tage Dauerbeschuss überlebt. In seinem mitreißenden und sehr persönlichen Buch erzählt er von seinem Wunsch, in Afghanistan etwas zu bewirken, vom Leben als Soldat, von seinen Hoffnungen und seiner Todesangst. Clair ist ein reflektierter Beobachter und beschreibt ehrlich, wie der Einsatz ihn verändert hat. Ein sehr bewegendes Dokument über eine moderne Kriegserfahrung.

Econ

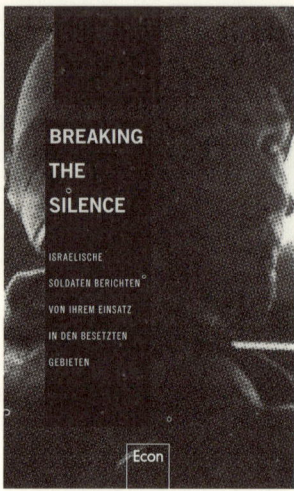

Altersarmut durch private Vorsorge

Holger Balodis / Dagmar Hühne · **Die Vorsorgelüge**
Wie Politik und private Rentenversicherungen uns in die Altersarmut treiben
272 Seiten · Klappenbroschur
€ [D] 18,00 · € [A] 18,50
ISBN 978-3-430-20142-1

Private Altersvorsorge muss sein, so das Mantra der Politik. Doch schützen
Versicherungen wie Riester, Rürup und Co. wirklich vor Altersarmut?
Holger Balodis und Dagmar Hühne decken auf, dass private Altersvorsorge
für mehr als 80 Prozent der Beitragszahler ein Verlustgeschäft ist.

Ein Augen öffnendes, empörendes Buch, das alle künftigen Rentner
dieses Landes interessieren muss.

»Hier decken die Autoren tatsächlich einen Skandal auf.
Ausführlich, nachvollziehbar und beweisbar.«
Süddeutsche Zeitung

Neue brisante Enthüllungen für alle, die sich nicht für dumm verkaufen lassen wollen

Jürgen Roth · **Spinnennetz der Macht**
Wie die politische und wirtschaftliche Elite unser Land zerstört
ca. 350 Seiten · Hardcover mit Schutzumschlag
€ [D] 19,99 · € [A] 20,60
ISBN 978-3-430-20134-6

In seinem neuen Buch beschreibt Bestseller-Autor Jürgen Roth den skrupellosen
Machtmissbrauch einer gesellschaftlich destruktiven Elite. Die Kungeleien
von Politikern, Wirtschaftsbossen und Justiz werden immer dreister.
Roth enthüllt bislang unbekannte Fälle kriminellen und unethischen Handelns.
Neben hochkarätigen Namen aus Politik und Wirtschaft leistet er
eine messerscharfe gesellschaftliche Analyse.

»Roth hat sich einer Lebensaufgabe verschrieben, nimmermüde den
Mächtigen auf die Finger zu schauen.«
Frankfurter Rundschau

Ein Hells Angel packt aus

Bad Boy Uli · **Wir sehen uns in der Hölle**
Noch mehr wahre Geschichten von einem deutschen Hells Angel
368 Seiten · Klappenbroschur
€ [D] 18,00 · € [A] 18,50
ISBN 978-3-430-20151-3

Er war ein führendes Mitglied der gefährlichsten Rockerbande der Welt.
Jetzt packt er aus: Bad Boy Uli verrät die vier großen Geschäftsmodelle der
Hells Angels: Merchandising, Schutzgelderpressung, Drogenhandel, Prostitution.
Und er räumt auf mit dem Mythos des friedlichen Easy Rider:
Gewalt ist für viele Hells Angel immer die beste Lösung.
Während seiner Zeit bei den »Engeln« hat er viel erlebt – und überlebt.
Und er wird immer noch von seinen ehemaligen Brüdern gejagt.

Econ

376/04